Management
Theory of
Modern
Companies

現代企業の経営者論

● 経営実践と経営学理論の統合にむけて

大野貴司 OHNO Takashi

文理閣

はじめに

　2023 年に入り、人々が徐々に新型コロナウイルス（COVID-19）との付き合い方を習得し、日本社会も多少の落ち着きを見せてきたとは言え、日本経済を取り巻く状況は決して大きくは好転してはおらず、依然として楽観できないと言える。第 1 章において詳述するように、わが国における企業の売上高、平均賃金、GPA はこの 30 年の間大きな成長を見せてはいない。この停滞状況を脱しようと日本政府も日本企業の改革を試みてはいるものの、現時点では大きな成果は挙げられてはいない。こうした改革の一つに、「日本版コーポレートガバナンス・コード」に代表される、わが国企業のコーポレートガバナンス改革が挙げられる。詳細は後述するが、そこで目指すべきものは、企業経営の担い手である経営者の役割の重要性を認識し、その権限と監視を強化し、経営者による戦略的意思決定の質を洗練化させていくことであると言える。

　上記の政府の諸改革の事例を用いるまでもなく、洋の東西、規模の大小を問わず、企業の存続・成長において経営者が果たす役割は大きい。その意味では、経営者の選定のみならず、経営者の育成、現役の経営者の能力向上などは企業の経営実践において主たる経営課題となっているが、経営者の高齢化現象や経営者の復帰現象に象徴されるように経営実践において経営者教育の取り組みは十分な成果を見せてはいない。これも本編で検討するが、MBA においても、ファイナンスやマーケティング、会計などの個別の職能に対応した科目は存在しているが、複数の職能にまたがる職能である経営者に対応した科目は存在しておらず、経営者教育・育成については後れを取っているのが現状である。また、経営実践を研究対象とする経営学においてもそれは主たる研究課題として据えられなければならないが、本書第 2 章でも述べるようにこうした問題意識の下に進められている研究や、それを主たる研究課題として取り組んでいる研究者は存在すれども、経営者研究は経営学

の主流を占めている研究とは言い難いのが実情である。またこうした研究において、教育として伝えるべき、そして現役の経営者が学習すべき具体的な経営技能の内容等、経営実践で求められている事柄の核心に十分に迫れていないのも実情である。しかしながらこれも本編にて検討することになるが、経営技能は言語化が容易な形式知というよりも、言語化が困難で、経営者の頭の中にのみ存在する暗黙知的な要素が強く、抽出、言語化が困難なものであることも、経営者研究および経営者教育を困難にしている。こうした状況は、企業における経営者教育のみならず大学、MBA などの高度職業人の養成のための機関を含めた大学院などの研究機関における経営者教育をも困難なものにしていると言える。実際にわが国の大学の経営学部、大学院の経営学研究科などにおいては、起業のためのノウハウや理論を教授するための「起業論（あるいは起業戦略論）」などの科目は存在しこそすれ、経営者そのものを研究対象とする「経営者論」のような講義科目を設置している大学は少ない（設置していたとしても、現役の企業経営者をゲスト講師とするオムニバス講義である場合がほとんどである）。経営者の経営実践のための技能である経営技能を表出化できれば企業における経営者教育はもちろん、大学・大学院における経営者論などの講義科目や演習科目も充実し、アカデミックな経営者教育も活況を呈するものと考えられよう。

　上述のような経営実践および経営学の現状を踏まえ、本書では経営者、すなわち社長をその研究対象として、彼らの能力、すなわち経営者能力や信念、価値観、思想、認識、経営実践のための理論、経営者教育など、企業経営の担い手である経営者の姿を多面的な視点から明らかにしていくことを大きな研究課題としたい。本編にて後述するように、本書では経営者がその戦略的意思決定のよりどころとする経営実践のための理論である自らの経営理論がいかなる要因に影響を受けながら構築され、経営実践の経験の中で拡張していくのか、そのプロセスを明らかにすることにより経営者の姿を明らかにしていきたい。それが成功することにより、経営者の後継者育成のための経営者教育におけるカリキュラムを明確化したり、現役の経営者の資質・能力向上のための自己啓発としての学習のための指針を提供するなど経営実践にも貢献できるものと考えられる。このように本書は、経営者研究のみなら

ず経営実践の側面からも貢献を目指したいと考えている。

　本書は、経営者研究に着手した現任校着任の2019年から2023年までの約4年半の筆者の研究成果を纏めたものである。しかしながら、あくまで本書は現時点での研究成果の報告に過ぎず、今後、読者の方々からのご意見・ご批判などを受け止めながら研鑽を重ね、今後さらに良い研究をしていきたいと考えている。本書の執筆にあたっては現任校において、2019年4月の着任時からコーポレートガバナンス論Ⅰ・Ⅱなどの企業論系の科目、比較経営史特論Ⅰ・Ⅱ（大学院科目）などの経営史系の科目を担当することができたことが役立っている。とりわけコーポレートガバナンスなどの企業論の知見から経営者を捉えることができるようになったことは筆者にとっては大きな財産となった。今後、現任校での教育活動を通し、学生に対して研究成果を還元していく所存である。

　末筆になるが、本書の公刊にあたり文理閣の黒川美富子代表、山下信編集長には様々なご支援・ご助力をいただいた。この場を借りて厚く御礼申し上げたい。

令和5年8月
さいたまスタジアム近くの自宅にて
大野　貴司

現代企業の経営者論

目　次

序章
問題意識と本書の構成

第 1 節　問題意識

　「失われた 30 年」という言葉に象徴されるように、財務省の『法人企業統計調査』などの各種統計資料などを踏まえると、バブル経済の崩壊から 30 年、わが国の企業は大きな売上高の変化は見せておらず、その結果従業員に支払われる賃金もまた大きな変化は見せていない。企業の業績が多分に影響を及ぼしているであろう GDP も停滞を続けているのが現状である。その意味では、日本経済が大きく成長していくためにその主たる担い手である日本企業の経営の活性化が急務であると言えよう。後述するように、三品（2004）をはじめ、先行研究でもこうした指摘及び改善提案は多分になされている。

　こうした日本経済および日本企業の停滞状況を日本政府も静観しているわけではなく、第二次安倍晋三内閣における経済政策、通称「アベノミクス」における政策の三つの柱（三本の矢）のひとつに「民間投資を喚起する成長戦略」が掲げられており、そこにおいてコーポレートガバナンスの強化が謳われている。2015 年には「日本版コーポレートガバナンス・コード」が金融庁と東京証券取引所によって制定され、上場企業にはそこに記載されている原則の遵守が求められるようになった（遵守できない場合はその理由を説明することが求められる＝コンプライ・オア・エクスプレイン）。日本版コーポレートガバナンス・コードにおいては「株主の権利・平等性の確保」、「株主以外のステークホルダーとの適切な協議」、「適切な情報開示と透明性の確保」、「取締役の責務」、「株主との対話」という五つの原則が掲げられており、企業経営の主体である取締役の責務に関する原則が独立して設けられており、経営者の企業経営における役割の重要性、経営者が企業の発展におけるキー

パーソンであると認識していることが伺える（株式会社東京証券取引所, 2015）。日本版コーポレートガバナンス・コードは本書執筆の2023年時点で2018年と2021年の二度の改訂が行われているが、2018年の一度目の改訂において、取締役会が十分な時間と資源をかけて後継者候補を育成していくことという内容が盛り込まれており、経営者が企業の業績向上、発展のキーパーソンであるという認識と、企業の業績の向上、発展における彼らへの期待が強まっている（株式会社東京証券取引所, 2018）。

　日本版コーポレートガバナンス・コードにおける指摘を受けるまでもなく経営者は企業経営におけるキーパーソンであり、彼らの意思決定が企業の戦略、組織のあり方に強い影響を及ぼし、企業業績に影響を及ぼすことになる。その意味では、2018年に改訂された日本版コーポレートガバナンス・コードが指摘するように経営者の育成は企業経営の実務において優先度の高い経営課題であると指摘することができる。しかしながら、現実は、村瀬などが指摘しているように、日本企業の経営者の高齢化や復帰、外部への公募などが行われている現状から考えても日本企業の経営者育成は企業規模を問わず遅れていると言える（村瀬, 2013）。

　このように企業経営の実務において経営者育成が急務である一方、実際の経営者が実際の行っている業務やその職務に必要な能力、すなわち経営者能力などについては、アカデミックな研究においてはその考察が試みられてはいるものの（第3章にて詳述するが、服部（2014）などが指摘しているように、実務家は経営学者による研究成果にアクセスすることはほとんどないため、こうした研究成果が実務家に参照される可能性は極めて低い）、経営実践的な視点からは十分に解明されているとは言い難い現実がある。経営幹部の養成を行うのがMBAであると言われているが、ミンツバーグなどが指摘しているように、MBAにおいては、マーケティング、会計、ファイナンスなどのように個別の職能に対応した科目は存在すれども、マネジメントすなわち経営者に対応した科目は存在しておらず、MBAにおいては経営者を育成するための直接的なカリキュラムは存在していない（Mintzberg, 2004）。また経営者に必要な職務や経営者能力は三品（2006）などが指摘しているように表出化している形式知的なものではなく、経営者の頭の中に存在しているどちらかと

言えば暗黙知的なものであり、言語にして説明することが困難な類なものである。第3章で詳述するように、三品（2006）は個別の要素を組み合わせ、まとまりのある全体を形作ること、経営実践で言えば、企業における各職能を統合し、自社における経営実践の有効性を高めていくことを実現する「シンセシス」こそが経営の神髄であるとしており、楠木（2011）はこのシンセシスは、「専門能力としてのスキル」のどれとも一対一には対応してはいないとしており、特定の職務に分類されるものではなく、特定の職務にまがたるものであることを示している（楠木, 2011）。さらに三品（2006）は経営という職務を経営者が遂行するためには教科書のない世界での数十年単位での鍛錬が求められるとしている（三品, 2006）。こうした形式知化が極めて困難な経営者に求められる職務や能力の性格もまた経営者教育を困難にしていると言えよう。

　企業が経営者の後継者育成を実施していくためには、経営者に求められる職務や経営者能力を明らかにしていく必要がある。それこそは経営実践および経営実践を研究対象とする経営学における研究課題といえよう。また、経営者に求められる職務や経営者能力を明らかにしていくことは経営者の後継者育成のために必要なカリキュラムの構築のみならず現役の経営者にとっても自らすすんで経営者能力の向上のために必要なものを学修していくことが可能となるゆえ意義のあることであると言える。山城（1970）は、経営能力の養成を目的とする経営教育[1]は自己啓発であるとしているが、そうであるならば、経営者は自らの能力の向上のために足りないものを自ら学び取っていくことが必要であり、経営者に求められる職務内容や経営者能力の姿が明確なものとなっていれば、それは彼らが経営者として成長するための「設計図」の役割を果たすことになる。以上のように、企業経営における主たる経営課題でもある経営者の後継者育成、すなわち経営者教育と経営者の自己啓発による経営者能力の習得という視点から経営者に求められる職務内容や経営者能力の姿を明らかにする必要があることが分かる。

　経営学とは経営実践を研究対象とする学問であり、経営実践に関わる諸現象を明らかにすることを目指す学問である。しかしながら、わが国の経営学の発展に大きく寄与した山城（1970）などが経営学とは、経営学の実践主体

である経営者の行為能力の啓発を目指す実践経営学であるべきとしているように、経営学は純粋理論ではなく、経営実践への貢献も目指すべきであるとする見解が存在している。経営者に求められる職務内容や経営者能力の姿を解明することは経営者の後継者育成、すなわち経営者教育や現役経営者の能力向上などの経営実践への貢献が可能となり、経営実践への貢献可能性を有する。そうであるのならば、経営学研究としてこれらの研究を行う意義があると言えよう。

第2章で詳述するように経営者に関する研究は、経営者の役割、経営者能力、経営者の認識、経営哲学など経営学において多様な研究がなされてきた。そこにおいては、経営者の外部環境や内部環境である組織への認識の仕方に影響を及ぼす認知図（後述するように本書ではこの経営者の認知図を「自らの経営理論」と定義している）こそが経営者の戦略的意思決定に影響を及ぼすことが指摘されてはいるものの、こうした認知図がいかにして構築され、一度構築された認知図が経営者の経営実践の中でいかに拡張されていくのか、そのプロセスについては明らかにされてはおらず、また、こうした経営者の認知図がその構築にあたりいかなる要因に影響を受けるのかについては明らかにはされていない。この認知図の構築、拡張のプロセス、いかなる要因に影響を受けるのかを解明することは経営学、特に経営者研究を一歩進めることが可能となると考えられる。また経営実践においても上述のように経営者教育、経営者の自己啓発による経営者能力の向上にも貢献できるものと考えられる。

こうした経営学研究、経営実践における問題を踏まえ、本書では、経営者がその戦略的意思決定の際によりどころとする認知図、すなわち経営者自らの経営理論がいかなる要因に影響を受けながら構築され、拡張していくのか、そのプロセスを理論的に明らかにすることをその研究課題としたい。定量調査や定性調査などの具体的な実証研究については他日を期したい。

第2節　本書の構成

本節では本章以降の本書における構成を述べたい。第1章「日本企業の現

状と課題—コーポレートガバナンスと経営者に注目して—」では、コーポレートガバナンスとその実行主体である経営者の視点から日本企業を取り巻く現状、問題、課題を明らかにしている。具体的には、コーポレートガバナンスは、企業成長の実現と企業不祥事の防止の両側面から注目が集まっているが、コーポレートガバナンスのみに依存してこれらの課題を実現することは不可能であり、企業経営実践の担い手であり責任者である経営者の権力と権力の抑制のバランスを取ること、経営者の経営哲学に基づく自己統治こそが必要となることを指摘している。

　第2章「経営者研究における先行研究の検討と課題」では、経営者に関する先行研究を経営者の役割、経営者能力、経営者の認識、経営哲学に分類した上で検討を行う。そこでは、経営者は、経営哲学をビジネス理論として昇華した事業観、経営観、スキーム、（経営者の）経営理論などとも呼ばれる認知図を自らの戦略的意思決定のよりどころとしていることが明らかにされてはいるが、こうした経営者の認知図がどのような要因に影響を受けながら、そしてどのような彼らの行動によって構築され、拡張されていくのか、その影響要因や構築・拡張のプロセスについては先行研究では明らかにされていないことを指摘し、本書における先行研究に対して有しうる意義を明らかにしている。

　第3章「経営学理論と経営実践」では、経営学がその研究対象である経営実践に対して有しうる貢献可能性について検討している。そこでは、経営学者によって社会的に構築される経営学理論は個別の企業が抱える問題に対して適用可能な個別解ではなく、多数の企業に共通する特徴を有する全体解志向であり、そうであるのならば経営者は経営学理論をそのまま経営実践へと適用することは不可能であり、経営者自身の経営実践のための理論である（経営者）自らの経営理論の修正や再構築に貢献することが求められることを指摘している。

　第4章「経営者と宗教」では、経営者の経営哲学の構築における宗教の役割について明らかにしている。そこでは、宗教は、経営者にとって知識の貯蔵庫としての役割だけでなく、宗教が有する究極的な価値の究明、問題解に関わるという人々の行動を促す性格ゆえ、ステークホルダーの心を掴み、動

かすことに繋がっていること、宗教が社会志向性の高い性格を有するがゆえ、宗教思想を基盤として構築された経営哲学と経営理念はステークホルダーにとっての繋がりと貢献を創出しやすいことを明らかにしている。また、こうした社会志向型、ステークホルダー志向型の経営哲学、経営理念は、ESG投資やCSRが企業の評価、存続に小さくない影響を与えるようになっている今日では、その重要性は高まってくることも指摘している。

　第5章「経営者と企業の社会的責任」では、経営者が企業の社会的責任をどのように捉えていくべきかを明らかにしている。そこでは、経営者は企業がその活動において社会における多様なステークホルダーに依存している実情を踏まえ、その目的として社会に貢献することを据える必要性と、社会への貢献が主で、企業成長と利益の獲得が従という企業観を持つことの必要性を明らかにしている。そのうえで、経営者がそうした企業観を構築するためには、宗教や哲学、歴史などの豊富な人文知に基づく社会観、人間観を構築した上で、それを基盤とする利他の精神を持つこと、これら社会観、人間観、利他の精神を基にした、企業の社会への関わり方の信念である社会的責任観を構築する必要性を指摘している。

　第6章「経営者能力の性格―実践知の視点から―」では、経営者の経営実践を遂行するための能力である経営者能力についての解明を試みている。そこにおいては、経営者能力が、実践のために生み出され、経営者が対面している個別的な問題を解決するために求められる実践知であること、具体的には、経営者が各自の経営実践において意思決定が求められた際のよりどころとなる自らの経営理論を洗練させ、豊かなものにすることに資する能力であること、経営者能力が実践知であるがゆえ、経験と、前向きな経験である実践のみによってしか習得されえないこと、自身の実践について適宜省察を重ねながら、新たな知識を習得し、自らの経営理論に修正を加え、洗練化させていく必要性があること、経営理論の構築や修正には経営学理論がそれをよりよく行う役割を果たすことを明らかにしている。

　第7章「経営者による経営学理論の経営実践への適用」では、星野リゾート代表の星野佳路を事例として、経営者が経営学理論を適用することによって自らの経営理論を構築していくプロセスを明らかにしている。そこでは、

経営者が経営学理論を経営実践に適用するにあたっては、その価値観や思想、個人的な経験が影響を及ぼすこと、経営者は経営学理論を自らのコンテクストに適合するように調整、修正した上で、自らのビジネスモデルや経営実践における信念、経営方法論の総体である自らの経営理論を構築し、経営実践の経験と経営学理論を用いた省察を経て、経営理論を真の意味で自らの経営理論へと昇華させていることを明らかにした。

　第8章「わが国における経営者教育の展開可能性」では、経営者能力の向上の実現を可能とするわが国における経営者教育のあり方について検討している。そこでは、経営教育の受け手である実務者が教育機関と企業の中で学修と実践を重ね、都度自己の経験を省察しながら、経営実践のよりどころとなる自らの経営実践の拠り所となる自らの経営理論を漸進的に進化させることこそが、経営者能力の向上に繋がること、経営者教育の主たる役割は経営者、経営幹部、経営幹部候補生などの教育の受け手による理論を用いた省察をサポートすることであるということを明らかにしている。

　第9章「若干の検討」では、今までの議論を踏まえ、経営者の自らの経営理論がいかに構築され、深化していくのか、そのプロセスを理論的な視点から明らかにしている。そこでは、経営者としての経営実践の経験のみならず、経営者個人の信念、思想、そして宗教思想、経営哲学、社会的責任観などの要因が経営者の価値観、信念の構築に影響を与えており、経営者はそれを基に自らの経営実践における経営方法論が構築し、経営方法論には、経営学理論や（経営者の）社会的責任観が影響を与えること、経営者個人の意思決定による経営結果も彼ら・彼女らの価値観や信念、経営方法論に影響を及ぼすことになり、その意味では自らの経営理論は（経営）実践と（省察による）学習の繰り返しの中で再生産されるものであること、この再生産を経営理論の深化に繋げていくためには、自らの経営実践を顧みて意味付けしていく作業である省察が重要となること、自らの経営実践における意思決定、そしてその結果を振り返り、意味付けしていくことにより、それを自らの経営理論、すなわち経営者としての価値観や信念、経営方法論へと反映させることこそが自らの経営理論の深化を実現することに繋がることなることを明らかにしている。

8

終章「本書の貢献と限界、今後の研究課題」では、本書の結論の確認と、本書が有する経営者研究における先行研究と経営実践に対する貢献を確認するとともに、本書の限界と、筆者の今後の研究課題を明らかにしている。

注
1) 本書では、経営者教育という用語と経営教育という用語が並列されているが、後者は山城章の著書・論文に触れる際に用いていることを注記しておく。ただし、山城が記した著作（山城（1970）などを中心として）などを踏まえると山城は経営教育という用語を経営者の教育だけでなく、管理職などの従業員にも適用しており、その意味では経営教育という用語は経営者教育よりも適用対象が広範なものとなると指摘することが可能である。

第*1*章

日本企業の現状と課題

——コーポレートガバナンスと経営者に注目して——

第1節　問題意識

　「失われた 30 年」という言葉に象徴されるように日本経済及び日本企業の停滞が叫ばれて久しいことは前章でも述べた通りである。GDP、日経平均株価、時価総額、出生率の低下に伴う人口の減少など、その停滞を指摘するデータが巷には氾濫しており、インターネットなどでもそうしたデータを入手することは容易な作業である。こうした状況を踏まえ、本章では、日本企業及びその経営者に対してひとつの示唆を与えるべく、日本企業の経営の担い手である経営者が直面している現状及び問題点、そして問題点を解消するための取り組むべき課題を明らかにしたい。具体的には本章では、企業が不祥事を防止しながら、企業価値[1]の向上を実現していく仕組みであり、健全な企業経営を実現していくためのハードに相当するコーポレートガバナンスと、その実行の責任者である（企業経営におけるソフトに相当する）経営者に注目し議論を進めていくことにしたい。筆者が指摘するまでもなく、コーポレートガバナンスは、2013 年の第二次安倍晋三内閣時の「日本再興戦略」以降、二度の改訂がなされた日本版コーポレートガバナンス・コードに見られるように日本企業の「稼ぐ力」を高めうるものとしてその強化が謳われており（『「日本再興戦略」改訂 2014 —未来への挑戦』など）、コーポレートガバナンスが企業の成長を実現しうる政策との認識が強まっている[2]。また、企業経営を研究対象とする学問である経営学領域における先行研究に目を向けてみても、平田（2008）などは、コーポレートガバナンスは、（経営者がその

構築に責任を負う）経営理念と経営倫理とにしっかり支えられることによってはじめて効果的に機能を発揮しうるとしていたり、青木（2016）などは、経営者には価値創造経営のコーポレートガバナンスを構築する必要があり、そこから知識コミュニティを形成し、対話と実践によって経営者が戦略的意思決定を行っていく必要性を論じており、個々の企業成長を実現させるためには経営者とコーポレートガバナンスこそが重要であり、この二つが有機的に機能してこそはじめて企業の成長が実現されるとしている。以上、実践と研究の両方の視点からもコーポレートガバナンスと経営者、二つの視点から日本企業の現状と問題、そして再生可能性のための方策を明らかにすることは一定の有効性を有すると考えられよう。

第2節　日本企業を取り巻く現状
——コーポレートガバナンスの視点から——

　本節では、企業成長の実現と企業不祥事の防止の手段として注目を集め、政府、経済界を中心にその制度改革が進められ、企業側も積極的な導入・強化が進められているコーポレートガバナンスを中心として日本企業とその経営責任者である経営者を取り巻く近年の動向を踏まえながら、その現状について明らかにしたい。

第1項　株主構成の変化（機関投資家の台頭とステークホルダーの利益重視へ）

　先述のように、バブル経済の崩壊以降、日本経済及び日本企業の停滞が叫ばれて久しい。この約30年間、日本経済及び日本企業の業績は大きくは成長していないということである。三品などは、1960年から2005年までの日本企業は、売上こそ上昇しているものの、利益率には変化がないことを指摘し、実質的な成長がなかったことを指摘している（三品, 2011）。バブル経済の崩壊は日本企業のあり方を大きく変えることになった。その顕著なものは企業同士の株式の持ち合いであろう。友好関係にある企業同士がお互いの株式を持ち合い、お互いの経営に口を挟まないことにより、経営者は経営に対する支配力とイニシアティブを強め、長期的な視点から成長を実現できるよ

うな経営を行うことが可能であった。またメインバンクが企業に対して貸し
付けを行うだけでなく、株式を保有し、株主となることにより影響力を発揮
し、いざという時には経営に介入し、再建を図ることが可能であった（メイ
ンバンクガバナンス）。バブル経済の崩壊により、企業の株式は大幅に下落
し、企業には価値の下落した株式を含み損として保有する余裕はなくなり、
2001 年の時価会計の導入なども後押しし、この株式は売却し、手放される
ことになった。銀行もまた膨れ上がった不良債権の処理のため、含み損を抱
えた株式を売却し、手放すこととなった。野村は不良債権の処理以外に銀行
が保有している企業の株式を売却した理由として、国際決済銀行（BIS）の
自己資本比率規制の見直しに伴い、株価変動リスクの把握と削減が要請され
たこと、金融危機に伴う銀行再編の動きの中で、合併により独占禁止法や銀
行法上の規制を上回ることになった保有株式を放出せざるを得なかったこと
などを挙げている（野村, 2013）。こうしてバブル経済の崩壊以降、日本企業
を支えていた株式の相互持合いとメインバンクガバナンスは影響力を失うこ
とになった。
　企業や銀行が手放した株式は機関投資家の手に渡ることになった。特に
1995 年から 2005 年にかけて機関投資家の株式保有比率が大幅に上昇し、銀
行の株式保有比率が大幅に減少した（林, 2022）。機関投資家は加入者から資
金を集め、その資金を運用し、運用益を上げ、運用益を第三者へ還元してい
る。彼らが企業に投資を行うのは運用益を得る手段であるということは自明
のことである。したがって彼らの目的は投資先企業を支配することではな
く、運用益の確保であり、投資先企業の経営への関心は利益以外には薄かっ
たと言わざるを得ない。勝部なども、機関投資家は、バブル崩壊以前の日本
の大企業の「長期安定」の株主であった事業会社と異なり、「純粋投資家」
の側面が強いと指摘している（勝部, 2021）。それゆえ、利益が上がらなけれ
ば保有株を売却し、関係を解消する関わり方が主流であった（ウォールスト
リート・ルール）。しかしながら、企業の株式保有における機関投資家比率が
高まり、機関投資家の行動が企業や市況に大きな影響を及ぼすようになるに
つれて企業と機関投資家との関わり方にも変化が見られるようになる。儲か
らない場合は保有株を売却して関係を解消するウォールストリート・ルール

から、投資した企業にしっかりとコミットし、儲かるようにしていく「エンゲージメント」[3]への関わり方の変化である。機関投資家は企業の株式保有における比率の高まりにより、企業経営に対して強いコミットが社会からも求められるようになったのである。こうした傾向は2014年に策定された、機関投資家に求められる行動原則である「日本版スチュワードシップ・コード」の策定によりいっそう強まっている。そこでは、機関投資家が、投資先企業やその事業環境等に関する深い理解に基づく建設的な「目的を持った対話」などを通じて、当該企業の企業価値の向上や持続的成長を促すことにより中長期的なリターンを得ることを目指し、それを実現するための原則が示されている（スチュワードシップ・コードに関する有識者検討会, 2020）。

　日本版スチュワードシップ・コードの制定により機関投資家は今までよりもいっそう企業へのコミットを強めることとなる。機関投資家はただの株主ではなく、企業にとっては多数の株を有する大株主である場合が多い。そうした大株主が企業へのコミットを強め、経営者との対話を求めるようになるということは、経営者の意思決定に機関投資家の発言が組み込まれることになり、経営者の元々の意思決定から変容が迫られることになると考えられる。その意味では、株主の意向を気にすることなく自由な意思決定が可能であったバブル崩壊以前とは状況が変わったと指摘することができる。

　日本版スチュワードシップ・コードにおいては企業の持続的な成長を志向して企業と機関投資家とが対話を行う必要性が指摘されているが、先述の勝部（2021）が指摘するように機関投資家はつまるところは「純粋投資家」であり、彼らにとって、やはり重要なことは資金の提供者に還元するために運用益を得ること、すなわち企業が利益を上げることである。成果を上げることのできない経営者に対しては議決権行使により影響力を行使することもあるであろう。経営者が機関投資家のそうした期待に応え、自己の身を守り、さらには業績連動型報酬やストックオプションなどで自己の利益を得るためには確実に利益をあげなければならず、その視点は短期的なものになりがちになる。すなわち、経営者の戦略的意思決定において、成果が上がるのに時間のかかる事業や活動は忌避され、短期的に成果の出やすい事業や活動が優先されることになるということである。経営者がすぐに利益をあげるため

に、売上の出ない新事業開発（オライリー＝タッシュマン（2016）の言うところの「探索」）などは避け、すぐに売上という目に見える効果の出やすい既存事業の深堀り（オライリー＝タッシュマン（2016）の言うところの「深化」）に傾倒することはそう不思議なことではないと言える。後述するような経営者の任期の短さもこうした深化重視の傾向を加速させている。以上を踏まえると、企業・銀行から機関投資家への株主構成の変化が経営者の視野を狭め、企業経営の短期志向へと傾倒させたと考えることもできる。

第2項　日本版コーポレートガバナンス・コードの制定

　コーポレートガバナンスには、企業価値創造、企業成長の源泉となるだけでなく、企業不祥事の防止の側面も期待されてきた（平田, 2008；江川, 2018など）。すなわち、「守りの経営」である。コーポレートガバナンスが注目を浴びるようになったのはバブル崩壊に伴う金融不祥事であった。それ以前も以降も企業不祥事は断続的に発生し、メディアがそれを取り上げない年はなかったが、企業不祥事は顧客を中心とするステークホルダーの信頼を損ね、経済的に甚大なダメージを与えることは言うまでもない。業績は低迷し、その立て直しには長い時間を要するし、最悪倒産する場合もある。企業の業績の低迷や倒産は株主や従業員、取引先など多くのステークホルダーの生活を脅かすことになるため、企業は企業不祥事を起こさないこと、企業不祥事を防止していくことが求められる。コーポレートガバナンスへの期待の高まりは、経営者や企業への牽制を強めるための制度を構築し、それを強化し、企業不祥事を防止しようというのがその理由であったと言える。具体的には、指名委員会等設置会社、監査等委員会設置会社などの従来の監査役会設置会社以外の、監査担当者の権限を強めた監査形態の導入や、当該企業と利害関係のない独立取締役の導入などにより、経営者や取締役会への牽制・監視を強め、企業不祥事の防止を図ろうとしたのである。

　コーポレートガバナンスには、「守りの経営」だけでなく、企業の稼ぐ力を高める「攻めの経営」の側面も期待されている。先述のように日本企業における「稼ぐ力」としてのコーポレートガバナンスの強化は、第二次安倍晋三内閣で提起された「日本再興戦略」の核のひとつに掲げられている。そこ

では、持続的成長に向けた企業の自律的な取組を促すため、東京証券取引所
が、（上場企業に求められる行動原則である）「コーポレートガバナンス・コー
ド」を策定すること、上場企業に対して、当該コードにある原則を実施する
か、実施しない場合はその理由の説明を求めること（コンプライ・オア・エ
クスプレイン）が明記されている（『「日本再興戦略」改訂 2014 ―未来への挑
戦』）。

　金融庁と東京証券取引所の連名で 2015 年 6 月 1 日から適用された日本版
コーポレートガバナンス・コードは、先述のように上場企業に求められる行
動原則である。このコードにより、各企業のコーポレートガバナンスの強化
を図ることにより、不祥事の防止、すなわち「守りの経営」の強化と稼ぐ
力、すなわち「攻めの経営」の強化の両立を実現することがその狙いであ
る。上場企業はコーポレートガバナンス・コードにおいて提示されている原
則に遵守するか、遵守できない場合はその理由を説明する方式（コンプライ・
オア・エクスプレイン）が採用されている。コーポレートガバナンス・コー
ドは拘束力の強いハード・ローではなく、拘束力の緩やかなソフト・ローで
はあるものの、公表主体が上場企業の株式の売買に責任を負う東京証券取引
所であり、コンプライ・オア・エクスプレイン、すなわち遵守あるいは説明
できない場合は公表措置等の対象となる可能性があり（日本取引所グループ
ホームページ）、その意味において上場企業に対する強制力を有していると
言える。

　コーポレートガバナンス・コードは、2015 年の適用から本章執筆時点
（2023 年）で 2018 年、2021 年の二度の改訂がなされているが、2015 年の適
用では「株主の権利・平等性の確保」、「株主以外のステークホルダーとの適
切な協働」、「適切な情報開示と透明性の確保」、「取締役会等の責務」、「株主
との対話」の五つの原則が掲げられた。そこにおいては、株主を含めたス
テークホルダーとの対話・協働や、2 名以上の当該企業と利害関係のない独
立取締役の選任などの原則が含まれている（東京証券取引所, 2015）。

　上述のようにコーポレートガバナンス・コードは、2018 年に一度目の改
訂がなされ、そこでは政策保有株式の縮減、企業年金のアセットオーナーと
しての機能発揮、取締役会が取締役および監査役を選任する際のみならず解

任する際の説明、取締役会の後継経営者の候補者の選定と育成の関与、具体的な取締役報酬制度の決定、取締役会が会社の業績の適切な評価を踏まえ CEO の選任、解任を適切に行うこと、取締役会におけるジェンダーや国際性などの多様化や、適切な経験及び能力を有する者の選任などが付加されている（東京証券取引所, 2018）。

　2021 年には二度目の改訂がなされ、主に取締役会の機能発揮、企業の中核人材における多様性の確保、サステナビリティを巡る課題への取組みにおける改訂がなされ、経営者の意思決定に関わる部分での主な変更点としてはプライム市場上場企業において、独立社外取締役を 3 分の 1 以上選任、指名委員会・報酬委員会の設置、経営戦略に照らして取締役会が備えるべきスキル（知識・経験・能力）と、各取締役のスキルとの対応関係の公表、他社での経営経験を有する経営人材の独立社外取締役への選任などが挙げられる（日本取引所グループホームページ）。

　二度にわたる改訂を経て、コーポレートガバナンス・コードは各企業が遵守する方向に進みつつあるように見受けられる。そこでは、企業は株主をはじめとする多様なステークホルダーとの対話の中で、持続可能性の高い経営を実現するのみならず、戦略的意思決定の質を洗練させるとともに、独立取締役や監査担当者等の多様な制度構築により企業への牽制を強め、企業不祥事を防止していくこと、すなわちコーポレートガバナンス・コードを遵守することにより、攻めの経営と守りの経営の両立の実現が志向されていると言うことができる。林などは、わが国のコーポレートガバナンス・コードは、会社・経営者に対して実務的な「あるべき姿」、すなわち具体的な原則を示す経営指南書であると指摘している（林, 2022）。コーポレートガバナンス・コードを踏まえ、経営者は株主、独立取締役等の多様なステークホルダーとの対話の中で戦略的意思決定を下していくことになる。日本版スチュワードシップ、日本版コーポレートガバナンス・コードなどにより企業と機関投資家との協働の必要性が強調されているとはいえ、先述の勝部（2021）の指摘のように機関投資家は、結局のところは純粋投資家であり、自己の利益のために企業へ投資する。それゆえに、成果を上げることのできない経営者は機関投資家による議決権投資などによりその地位は危ういものとなる。そのた

め経営者の戦略的意思決定は短期的に成果の上がりやすいものに優先されて
いくことになるということは先述した。また、機関投資家に代表される株主
をはじめとするステークホルダーとの対話を重視するということは、戦略的
意思決定へ彼らの意思を包摂していくということになる。その意味では、経
営における自分の「想い」を抑制し、ステークホルダーと対話を行い、そう
した対話を戦略的意思決定へと反映せざるを得ないのということになるとも
言える。企業経営への自己の想いを抑え、多様なステークホルダーと関わり
合いながら戦略的意思決定を下さなければならない経営者のストレスを緩和
させる手段として考えられるのは取締役報酬であると考えることもできる。
コーポレートガバナンス・コードでも、短期型報酬だけでなく、業績連動型
報酬などの中長期型報酬の存在の必要性が明記されている（東京証券取引
所, 2018）。また、経営者の戦略的意思決定に多様なステークホルダーの意思
が包摂されることは、各ステークホルダーの満足度を高めるとともに、多様
な視点を包摂できることはメリットであるとも言えるが、多様なステークホ
ルダーの意思がそこに盛り込まれることにより、その焦点がぼやけ、経営者
による戦略的意思決定の鋭さを失わせ、凡庸なものへと変容させてしまうと
いう危惧もある。次章にて検討するように、経営は経営者とは切り離せない
「アート」であるとの見方もあり、ある種の創造物と言うこともできる。そ
うした創造的な営為に多様な人々の意思が包摂されることにより、その独自
性が失われる危険性も拭うことはできない。吉原なども成功する戦略の条件
として、よく考えられていることと、理屈に合うこと、論理的であることの
ような「なるほど」と納得のできることと、多くの企業がとっている常識的
な戦略とは違う戦略、つまり非常識で、「バカな」といわれるくらい他社と
違うことの二つを挙げている（吉原, 2014）。その意味では、多様なステーク
ホルダーの意思を戦略的意思決定に盛り込んでいくことにより、吉原が指摘
するような非常識、バカな要素は排除され、他社と相違ない、利益の獲得を
困難とさせるような常識的な戦略へと収斂する危険性があるということであ
る。
　コーポレートガバナンスに期待される守りの側面、すなわち企業不祥事の
根絶、防止においては、2015年の日本版コーポレートガバナンス・コード

の適用以降も根絶される気配はなく、毎年のように企業不祥事のニュースがメディアに取り上げられている。経営者主導の企業不祥事においては業績連動型報酬やストックオプションの企業業績と連動した中長期型報酬の存在も関わりが深いと考えられる。確かに取締役報酬において中長期型報酬の比率を高めていくことは、彼らがリスクテイクを行い業績を高めていくことに繋がりやすいと考えられる。しかしながらそれは同時に多額の報酬を得るために社会的に許容されない方法で売上、利益を上げようとしたり、自己保身のために企業不祥事を誘発する危険性も内包している。青木なども経営者インセンティブの強化は不正会計の誘発リスクを伴うとしている（青木, 2021）。いくら社外取締役や監査役の権限を強めたとしても、企業におけるコーポレートガバナンスの制度構築と実践の主体である経営者が主導の企業不祥事であれば、既存研究などでも指摘されているように経営者と社外の取締役や監査役とでは、江川（2008）が指摘するように情報の非対称性が存在しており、それを完全に防止する手立てはないということになる。また、機関投資家が日本版スチュワードシップ・コードにおける原則を受け入れ、いくら長期的な視点を持ち、エンゲージメントしても経営者自体が自己の利益のみを追求する場合は、短期志向から離れることもできないということになる。その意味では、平田（2008）が指摘するようにコーポレートガバナンスの制度のみを洗練させることにより企業不祥事を根絶させようという試みには限界があると言えよう。

第 3 項　第 2 節の小括

　以上、本節では、日本企業およびその経営者が直面している現状について明らかにし、検討することを試みた。そこにおいては、まずは、企業経営における機関投資家の影響力の強まりを確認した。勝部（2021）が指摘するように機関投資家は純粋投資家であり、彼らの企業経営への影響力の強まりは、経営者の短期志向を強め、長期的に利益を上がるような事業や活動は後回しにされる危険性を指摘した。しかしながら、現在好調な事業も将来的に好調である保証はなく、今後利益の見込める事業を発掘・育成することも企業及び経営者には必要となるが、そうした事業や活動は利益を上げられる保

証はない。それゆえに経営者は自らを守り、自らの利益を確実に得るためにそうした事業や活動は優先されない可能性が高いことを指摘した。また、日本版コーポレートガバナンス・コードに規定されているような多様なステークホルダーとの協働は経営者による戦略的意思決定に多くのステークホルダーの意思を包摂し、その満足度を高めることに繋がるが、多様なステークホルダーの意思が盛り込まれるがゆえに、その焦点をぼやけさせ、その鋭さ、独自性を失わせ、凡庸なものへと変容させていく危険性を指摘した。

　コーポレートガバナンスに期待されている守りの経営についても、経営者と社外取締役や社外監査役とでは保有する情報に非対称性が働いており、いくらコーポレートガバナンスの制度を強化したとしてもそれを完全に根絶することは困難であることが明らかにされた。その意味では、「攻めの経営」の側面においては、多様なステークホルダーの意思を戦略的意思決定へと包摂することにより、独創性に欠ける戦略が構築される危険性、また「守りの経営」においても、いくら経営者の牽制を強めたとしても経営者と独立取締役や非常勤監査役などとの情報の非対称性ゆえに彼らの監視をかいくぐることは可能であり、企業不祥事を根絶することは困難であるということであり、コーポレートガバナンスに期待されている機能を果たすことができない可能性もあるということになる。その意味では、平田（2008）が指摘するように「ハード」としてのコーポレートガバナンスの強化のみでは期待される効果を得ることは困難であり、「ソフト」、すなわちコーポレートガバナンスの実行主体である経営者にも目を向けた議論が必要であると指摘することができる。企業経営の担い手である経営者そのものの変化が見られなければ、いくらコーポレートガバナンスについての議論を重ねたとしても企業価値の向上も不祥事も防止も着陸点の見えない議論となろう。そうした見解を踏まえ、次節では経営者の視点から今日の日本企業経営の問題点にアプローチしていく。

第3節　日本企業が直面している問題
——経営者による戦略的意思決定の視点から——

　本節では前節で確認した日本企業が直面している現状を踏まえ、日本企業

が直面している問題を主に経営者の視点から明らかにしていきたい。

第1項　経営者の戦略的意思決定に関する問題

　本項では、株主構成やコーポレートガバナンスの強化という企業を取り巻く外部環境の変化に伴う経営者の戦略的意思決定における問題点を検討する。

　先述のように今日の大企業においては機関投資家が主要な株主として名を連ねており、その影響力は強まっているだけでなく、日本版スチュワードシップ・コードや日本版コーポレートガバナンス・コードなどにおいて機関投資家をはじめとする多様なステークホルダーと企業が協働しながら企業不祥事を防止しながら企業価値を高めていくことが求められている。こうした傾向は、先述のように企業にとっては多様なステークホルダーの視点を包摂しながら戦略的意思決定を構築できる部分にはメリットがあることを指摘した。しかしながら、企業のステークホルダーの中でも影響力の強い機関投資家は投資家であり、企業にコミットする動機、そして最終的なモチベーションは投資により運用益を生み出すことである。そうであるのならば、成果を出すことのできない経営者、経営陣に対しては議決権行使により影響力を行使しうることになる。経営者は自らの立場を守り、さらには業績連動型報酬やストックオプションにより利益を獲得するためには、機関投資家が許容できる時期までに業績を上げ、利益をあげることが至上命題となる。自己の立場を守るため、自己の利益を獲得するために経営者は企業の利益を上げることに囚われることになるが、新規事業、新製品の開発は、長期的な視点であれば利益を見込むことができるであろうが、すぐに利益が出るわけではないし、利益が出ないかもしれない。そうであれば経営者にとっては自己の立場も自己の利益も危うくなる。そうであるのならば、経営者は自己の立場を守り、自己の利益を獲得するためにすぐに利益の出やすい事業や活動に専念し、そこを深堀りするということはそう不思議ではない。しかしながら、既存の事業や活動の専念、深堀りは目先の利益を生む可能性は高いが、長きに渡り利益を保証してくれるものではなく、長期的な視点では新たな事業、製品開発などの可能性を探索することが望ましい。イノベーションは既存の知

識と知識を連結することにより生み出されると言われているが、そうであるのならばイノベーションを実現していくためにも社内に多様なナレッジを構築しておくことが望ましく、多様なナレッジを構築するためには多様な活動を行うことが望ましいと言える。

　以上を踏まえ、機関投資家の企業経営へのコミットの強化やコーポレートガバナンスの強化は経営者の短期志向を強化することに繋がっており、それこそが新事業や新製品開発などの長期的な利益の獲得に繋がる成長可能性を妨げているのではないか、すなわちオライリー＝タッシュマン（2016）の指摘する、既存事業の深耕である「深化」に偏った状態である「コンピテンシー・トラップ」に陥っているのではないかというのが一つ目に指摘したい問題である。橘川（2019）も1990年代以降の日本企業の低迷は、日本企業の経営者が株主重視と短期的利益の追求を同一視し、長期的志向を忘れてしまったことに原因があるとしており、筆者と同様の見解を示している[4]。さらには、橘川は、長期的な成長のために必要な投資を行い、企業成長を実現した経営者である稲盛和夫、鈴木敏文、柳井正、孫正義などの例外を除き、1990年代以降の日本企業の経営者は、成長戦略に見合うきちんとした投資を行わず、生き残りを図ろうとする「投資抑制メカニズム」の状態に陥っており、それこそが日本企業の成長を阻害しており、投資抑制メカニズムは、長期的な視点を持ち、必要な投資を的確に行う行動とは正反対のものであることを指摘している（橘川, 2019）。

　経営者の短期志向の強まり以外の戦略的意思決定における問題として考えられるのは、先述のように多様なステークホルダーとの対話とその結果を戦略的意思決定へと包摂することによる戦略的意思決定の質の問題である。企業を支える多様なステークホルダーの意思を戦略的意思決定へと包摂することは、多様なステークホルダーの満足度を高めること、そして戦略的意思決定に多様な視点を包摂することに繋がると言える。しかしながら、多様なステークホルダーがそこに関わることにより、その焦点がぼやけるだけでなく、そこから独自性、ある種の鋭さが消失し、個性、特徴のないものへと変容してしまうことが危惧される。また、機関投資家をはじめとする多様なステークホルダーとの対話を重ねることは、経営者が自らの企業や経営への

「想い」を重視した戦略的意思決定を下すというよりも、彼らが納得する戦略的意思決定を下すということであり、戦略的意思決定を経営者が元々思い描いていたものから変容させてしまうことにも繋がる。しかしながら、対話により、その戦略的意思決定において多様なステークホルダーの企業や経営への「想い」を包摂しながらも、思うような経営成果をあげることができなければそれは経営者の責任、経営手腕の問題であるとみなされる。その意味では、経営者には多様なステークホルダーとの対話と自らの企業や経営への「想い」を基盤とした企業成長実現のための戦略的意思決定を同時に実現していくという難題を実現することが求められるということになる。こうした難題に経営者がいかに取り組んでいくべきかについては次項にて検討したい。

第2項　経営者に関する問題

　本項では、日本企業の経営実践の責任者である経営者の視点から日本企業が直面している問題について明らかにしていく。

　まず挙げたいのは経営者の任期が短いことである。三品などは経営者の任期は著しく短縮化傾向にあると指摘している。企業組織の変革に関する研究会 (2021) が公表した報告書では、日本企業の経営者の任期は 5 年前後と短いケースが多いとしている。三品は終戦は近年稀に見る創業、または第二創業の機会を提供し、この機会をものにした創業経営者が 20、30 年と指揮をとる中で競争に勝ち残った企業は、長命社長の下で強固な基盤を整備し、世界の檜舞台に踊り出て行ったが、彼らが前線から退いた大企業の中でも、創業者一族から後継者が出ない、または出さないと決めた企業では所有と経営が分離し、専門経営者が登場したと指摘している (三品, 2004)。三品はこうした専門経営者は他の社員よりも年上であり、任期も限られているため、創業経営者が残した事業基盤を守ることに終始すると指摘し、変化に対しても限られた任期では本格的に手を打つ理由も、意欲も能力も欠けていると指摘している (三品, 2004)。

　経営者の任期は短縮化傾向にある一方で、後述の三品 (2006) が指摘するように、経営におけるスキルを習得するには教科書があるわけでもなく、経

22

営実践の中で習得するしかなく、極めて長い時間を要する。

　三品は、マーケティング、セールス、オペレーションズ、ファイナンス、アカウンティング、人的資源管理などの職能におけるアプローチは、大きな事象を構成要素に分解するように、現象を別個に調べ、問題を究明し、解決していくアナリシス（分析）である一方で、経営戦略のエッセンスを「シンセシス（統合）」にあるとしている。シンセシスとは、個別の要素を組み合わせ、まとまりのある全体を形作ることであり、経営実践で言えば、企業における各職能を統合し、自社における経営実践の有効性を高めていくことを実現することである。三品は、この統合の能力は、手順を踏んで真面目に勉強すれば確実に上達するアナリシスの力とは異なり、教科書のない世界での数十年単位での鍛錬が求められるとしている（三品, 2006）。

　実際に、橘川（2019）が投資抑制メカニズムに陥らず、必要な投資を行い、企業成長を実現したとしている稲盛、鈴木、柳井、孫は短期的な任期ではなく、経営者として長期的に経営業務を行っている。こうした長きに渡る経営実践の経験こそが、三品（2006）の言う教科書のない世界での数十年単位での鍛錬に相当し、経営者能力の習得と深化に繋がっているものと考えられる。

　楠木もまた、経営実践の神髄はシンセシスにあるとして、アナリシスとの対比から捉えようとしている。楠木は、経営力は、「専門能力としてのスキル」のどれとも一対一には対応してはいないとし、ビジネススクールにおいては「経営学」という科目は存在せず、「マーケティング」、「オペレーション」、「組織論」、「人的資源管理」など個別の要素に対応した科目があるだけであることを踏まえ、経営力とは専門的なスキルに還元できないとしている（楠木, 2011）。

　辻村は、ビジネススクールでは、形式知を伝授し、実践に導入する方法についてはかなり確立されているが、経営技能に代表される暗黙知の領域での教育方法が洗練されておらず、その意味では、真正の経営者育成のための論理的基盤が確立されておらず、経営技能の理論的考察を欠いた擬制的な経営教育に留まっていると指摘している（辻村, 2002）。

　ベーカーなどは、マネジャーの業務は極めてゼネラルで、可変性に富んで

おり、定義不可能なものであるとしたうえで、マネジャーに求められる中核
的な技能として多様な職能領域、人々の集団、環境にまたがる統合と意思決
定を挙げ、マネジャーの業務は他の専門職とは異なるがゆえに、アナリシス
を重視したカリキュラムではマネジャーの育成は不可能であるとしている
（Barker, 2010）。

　以上、三品、楠木、辻村、ベーカーの指摘を踏まえても経営者能力とでも
いうべき経営者の経営実践、その中核を占める戦略的意思決定に求められる
能力はビジネススクールなどの大学・大学院教育では習得は不可能であり、
経営実践の中でのみ習得されるべきものであると考えることができる（もち
ろん経営学理論の習得は重要ではあるが、経営実践の経験がなければ経営者能力
は養成されないということである）。ミンツバーグなどもマネジメントの要件
の一つとして目に見える経験を基礎に実務性を生み出す「クラフト」を挙げ
ており（Mintzberg, 2004, 2009）、山城なども経営能力の養成の基盤として囲碁
における定石に相当する Knowledge を挙げている（山城, 1968）。以上を踏ま
えると、経営者能力の習得には三品（2006）が指摘するように数十年単位で
の鍛錬が必要であり、今日の専門経営者に与えられている 5 年前後の任期で
はその習得は困難であると言うことができる。それがゆえに創業経営者が残
した事業基盤を守ることや、限られた任期で成果を出すため、タッシュマン
＝オライリー（2016）の指摘するところの「深化」、すなわち既存事業の深
耕に終始する経営者が多いことはそう珍しいことではないということになろ
う。三品・日野などは、日本企業が飛躍の基盤を整えた 1960 ～ 70 年代にお
いては在任期間が 10 年を超える経営者が主力をなしていたこと、大企業中
の大企業においても新卒採用された経営者が 10 年以上は指揮を執っていた
ことに触れ、日本企業は強大な力を誇る経営者が築き上げたと指摘している
（三品・日野, 2011）。石井なども 1960 ～ 80 年代の繊維産業の事例から、社長
ないし会長が長期にわたり企業を経営することにより、強いリーダーシップ
と明確な経営理念によって企業全体が変化するプロセスを導くことができた
としている（石井, 1996）。

　先述のように所有と経営が分離したわが国の大企業においては株主ではな
い専門経営者が経営者として選任される場合が多い。専門経営者は一般社員

として当該企業に入社し、出世を重ねた従業員である。小池（1981）が「遅い昇進」と称しているように日本企業では従業員の昇進は遅く、40代までは一律に昇進し、そこからは熾烈な出世レースが繰り広げられ、最終的な勝者が社長に選任されることはよく知られている。こうした日本企業の昇進システムこそが社長の年齢を引き上げていると指摘することができる。東京商工リサーチの調査によると2021年の日本企業の社長の平均年齢は62.77歳であり、この数値は過去最高であったという（東京商工リサーチホームページ）[5]。帝国データバンクによる調査では、2021年の社長の平均年齢は60.3歳であり、この数値は過去最高であったとしている（帝国データバンクホームページ）。このように専門経営者の場合は、高齢で社長に就任するために必然的にその任期は短いものとなる。

　彼らは高齢で管理者から社長に就任し、経営者としての業務を行うことになるわけであるが、三品（2004）や亀井（2005）が論じているように管理者として求められる能力と経営者として求められる能力は明確に異なる。亀井は経営者の業務は企業価値の向上を目的にするものであり、考慮すべき変数は極めて多く、ほとんどが非定型の業務であるとしている（亀井, 2005）。小椋は経営者教育と管理者教育に触れ、経営者教育はステークホルダーとの対境関係を重視する対外志向及び未来志向であり、管理者教育は管理技法の習得及び経営実践が重視される対内部志向であるとしている（小椋, 2009）。三品は小椋の議論よりももう少し詳細に、経営職は統合を担い、組織部外部環境、すなわち市場や競合他社は政府に働きかけ、管理職は組織の内部、すなわち直属部下や関連部署に働きかける存在であるとしている（三品, 2004）。さらに言えば、経営者は自らの経営哲学を持ち、経営理念を策定し、大きな企業の目的を設定し、それを踏まえた戦略を構築し、それを実現するための組織構造を作り上げ、それを調整していくことが求められる。それは、三品（2006）や楠木（2011）が言及しているように複数の職位にまたがるものであり、それをひとつのまとまりある形へと作り上げていくシンセシスである。一方で、管理職は部下の配置やモチベーション管理を行いながら、協働を促進し、ひとつのチームをまとめ上げ、部署としての成果を高めていくチームリーダーとしての役割が求められるということである。以上を踏まえると、

経営者に求められる役割と管理職に求められる役割は明確に異なり、日本企業の専門経営者は高齢で社長に就任した時に、今まで従事してきた管理職とは求められる役割も能力も異なる社長という職責を担い、その役割を発揮することが求められるということになる。しかしながら、先述のように社長には明確な任期が設定されていることが多く、経営者能力を習得する時間的な余裕もないままに目の前の業務に専念し、忙殺されているうちにその任期は終了してしまうということになるということである。

　経営者の任期の短さ、高齢化の次に直面している日本企業の経営者が直面している問題は後継者の選定と育成である。経済産業省は、経営トップの交代と後継者の指名は企業価値を大きく左右する重要な意思決定であるとしている（経済産業省, 2022）。先述のように 2018 年に改訂されたコーポレートガバナンス・コードにおいても取締役会が最高経営責任者の後継者計画に主体的に関わるとともに、十分な資源と時間をかけて後継候補者の育成を行うよう適切に監督するべきであると記されている（東京証券取引所, 2018）。こうした後継経営者の選抜と育成の必要性が明確に認識され、強く主張されるようになった背景としては日本企業の経営者育成が手薄であったということに尽きよう。村瀬などは日本企業の経営者の高齢化や復帰、外部への公募などが行われている現状を評し、日本企業の経営者育成は企業規模を問わず遅れていると指摘している（村瀬, 2013）。また村瀬は今日の企業を取り巻く急激な環境変化により従来型の階層的な人事制度では対応できなくなっているとしている（村瀬, 2013）。コーポレートガバナンス・コードを受け、取締役会が中心となり後継経営者の選抜と育成が行われることが期待されるが、先述のように経営者能力とは、暗黙知的な要素が強く、経営者としての経験を通じて培われる要素が強い。山城（1970）や小椋（2009）が指摘するように経験を通して体得されていく自己啓発的な要素が強いのである。その意味では、統一的なカリキュラムが存在するわけではなく、各企業が従事する業界や企業規模、経営環境に応じた教育のあり方を模索する必要があると言えよう。

　最後、日本企業とその経営者が直面している問題は企業不祥事の防止が挙げられる。先述のようにコーポレートガバナンスは、企業の稼ぐ力、すなわ

ち企業価値の向上という「攻めの経営」だけでなく、企業不祥事の防止とい
う「守りの経営」の強化が期待されている。しかしながら、2015年の日本
版コーポレートガバナンス・コードの制定から現在まで、コーポレートガバ
ナンス・コードは二度の改訂を経て、各企業がその遵守に努めてきたにも関
わらず日野自動車のエンジン不正問題、かんぽ生命保険の不正契約問題、グ
レイステクノロジーの不正会計等毎年のように企業不祥事が発生しており、
それが根絶される気配はない。そうした状況を踏まえるならば、コーポレー
トガバナンスの強化は企業不祥事の防止においては一定の効果はあると言え
るが、その防止そして根絶においては、コーポレートガバナンスの制度強化
のみに依存することには限界があるということになる[6]。

　コーポレートガバナンスの強化と並行して求められるのは、企業経営にお
けるソフトに相当する経営者である。具体的に言えば、経営者が自分で自ら
を律していくこと、すなわち平田（2008）や青木（2016）が指摘する「自己
統治」である。平田は経営者の自己統治は、自らの経営哲学に自らの倫理観
と社会責任とを注入して、自らの行動規範を策定し、その行動規範に基づい
て自らの行動を一方では法令順守に照らして律するとともに、他方では内部
者と外部者とによる監視、牽制に晒されながら構築されるものであるとして
いる（平田, 2008）。平田の議論を踏まえるのならば、経営者には企業価値を
高めるための手腕だけでなく、経営者としての意思決定に影響を及ぼすのは
経営者個人としての考え方や信念である経営哲学[7]、そしてそこには倫理観
と事業という活動を通して社会にいかに貢献していくべきかという社会的責
任観が包摂されることが求められることになるということである。大野など
は、企業がその存続・成長のためには事業を通じて社会的責任を遂行するこ
とが必要であり、企業が社会的責任を遂行していくためには、経営者個人の
社会観、人間観に基づく、社会的責任観とも言える社会的責任の遂行への信
念が求められるとしている（大野, 2022）。経営者のそうした精神こそが企業
の経営理念、経営戦略、組織構造、内部統制、組織文化へと反映され、コー
ポレートガバナンスの強化と併せて企業不祥事の防止、ひいては企業成長お
よび企業価値の向上を実現するものと言えよう。

第4節　日本企業における経営者が取り組むべき課題

　本節では、今までの議論を踏まえ、日本企業およびその経営者が取り組むべき今後の課題を明らかにしたい。

　まずは、企業経営におけるハード的な側面（コーポレートガバナンス）から日本企業及び経営者が今後取り組むべき課題を検討したい。先述のようにコーポレートガバナンスは経営者や取締役への監視を強めることにより、経営者の暴走を阻止し、最終的には企業不祥事を防止する「守りの経営」を強化する期待がされている。加護野他（2010）などが指摘するように、権力が経営者に集中するために経営者の暴走を阻止する仕組みがなかったことは旧来の日本のコーポレートガバナンスの弱点であった。その意味では、経営者の暴走とそれに起因する企業不祥事を防止するためにコーポレートガバナンスの制度構築と強化はそれに対する一定の効果が見込めると言えよう。コーポレートガバナンスによる経営者及び取締役会への監視は、平田（2008）の言葉を借りるならば、企業の外部者による監視・監督である外部者統治、企業の内部者による監視・監督である内部者統治であり、これらの監視は平田が指摘するように企業を経営危機から守るために欠かせない統治方式であると言える（平田, 2008）。

　また今日は企業を取り巻く経営環境は可変性が高くなっており、経営者が考慮に入れなければならないアジェンダも多様化している。そうした今日の経営者が直面している状況や対処しなければならない経営課題を踏まえるのならば、日本版コーポレートガバナンス・コードなどで求められている取締役会の多様化やステークホルダーとの対話は、経営者が下す戦略的意思決定の前提となる情報収集や知識基盤の構築などにおいて一定の効果があると言えよう。そのためには経営学研究や経営実践上で課題として見なされている経営者と社外取締役、非常勤監査役などの監視者との情報の非対称性を解消していくことも求められよう。ただし、先述のように多様なステークホルダーの意思を包摂することによりその焦点がぼやけ、経営者による戦略的意思決定とその成果でもある戦略が凡庸なものとなる危険性も潜んでいる。そ

うした危険性を回避するためには、経営戦略の策定主体である経営者の企業経営に対する想いや創造性を生かせるよう、その暴走に歯止めをかける仕組みを構築・強化しながらも、戦略的意思決定においてはその想いや創造性を生かせる余地を残せるよう彼らの権力を許容することも重要であると言える。権力と権力に歯止めをかけることのバランスである。コーポレートガバナンスの強化における今後の課題となろう。

　次は企業経営におけるソフト的な側面（経営者）から、日本企業及び経営者が取り組むべき課題を検討したい。まずは、2018年に改訂されたコーポレートガバナンス・コードでも明記されている後継経営者の育成が挙げられる。前章でも検討したように経営者に求められる経営者能力は座学のみで習得できるものではなく、また管理者としての経験によっても身に付くものではなく、経営者としての経験の中で身に着けていくしかない。その意味では経営者としての能力を養成するには経営者になるしか方法はないということになるが、企業の中で経営者としての疑似体験をすることは可能である。小椋（2009）、野村マネジメント・スクール・野村総合研究所（2011）が提案しているような子会社の経営者、海外事業の責任者など経営者としての疑似体験ができる場所であれば、疑似経営者としての経験を積み重ねながら、経営者に求められる経営者能力に近い能力を構築していくことは可能であろう。あるいは、日沖（2002）が指摘するようなアクション・ラーニングにより自社が抱える経営課題に取り組むこともまた経営者としての疑似体験となり、経営者能力に近い能力構築に繋がると言えよう。日本版コーポレートガバナンス・コードでは後継経営者の選抜・育成計画は取締役会が主体的に行うべき課題として明記されているが、後継経営者候補の従業員に、具体的な経営方法論のみならず自らの企業経営に対する信念や事業と社会との関わり方、貢献の仕方などの考え方を構築させていくことが重要となろう。大野（2020a）などは経営者がその意思決定においてよりどころとする経営方法論や経営に対する信念などを統合したものを「自らの経営理論」と称しているが、後継経営者の育成においては自らの経営理論の構築を視野に入れた教育が重要となろう。そうであるのならば、経営実践の経験を積むことのみならずその土台となるような経営学理論[8]、従業員やステークホルダーの心を動かす経営

理念の土台となるような哲学や宗教、倫理学などの素養を養うこともまた必要となろう。

　最後に課題として挙げたいのは経営者の自己統治である。平田はコーポレートガバナンスが外部者統治や内部者統治などの他者統治である限り、企業はいつまでたっても、その甘えや脆弱さから脱出できないとしている（平田, 2008）。自分で自分を律する経営者の自己統治こそが、コーポレートガバナンスを機能させ、企業不祥事を防止し、企業の活動を社会的に有意なものとして、最終的な企業成長や企業価値の向上の前提となっていくものと考えられる。また、そうした経営者の姿勢こそが短期的に成果を上げ、自らの利益をもっぱら追求しようとする行動に歯止めをかけるものと考えられる。平田（2008）でも指摘されているように、自己統治の土台となるのは、経営者個人としての考え方や信念である経営哲学である[9]。そこには企業が自らの事業を通じていかに社会に貢献していくのかという社会的責任観も内包されている。経営哲学は経営理念の基盤となり、従業員が共有する組織文化のあり方に影響を及ぼすのみならず、企業における存続・成長のための計画である経営戦略のあり方にも影響を及ぼす。その意味では経営者の経営哲学は企業のあり方に強い影響を及ぼすのである。経営哲学の構築には、経営実践の経験のみならず、それを理論化するための論理的思考力や哲学的思考力も求められる。そうであるのならば、経営者が自己統治として自らの律することができるような経営哲学を構築するためには、経営実践の経験を積むことや経営学理論の学習だけでなく、豊富な人文知の素養も必要となるということである。三品は、見えない未来に向かって時代の趨勢を読み、世界の動向を捉え、技術と市場の深化を予見し、大きな投資判断をするために必要になるのは、実務能力の確かさではなく、視野の広さであり、歴史観、世界観、人間観が問われているとしており（三品, 2006）、辻村などは経営者の経営観は、哲学的な定言・全称命題であり、それゆえその構築には人文知が不可欠としている（辻村, 2019）。また、民間教育団体に目を向けてみても、一般社団法人日本アスペン研究所主催のアスペン・エグゼクティブ・セミナーでは、プラトン、アリストテレス、孔子、福沢諭吉などの古典を読んだ上でセミナーへの参加が求められ、古典を素材として自らの思考を鍛え直し、対話

を通じて他者の思考を理解し、新しい視点や多元的視点を形成することが意図されている（松本, 2011：一般社団法人日本アスペン研究所ホームページ）。自己統治に繋がるような経営哲学の素養という意味では、今後はサイエンスやマーケティング、ファイナンスなどの素養のみならず人文知やその素養という観点からも後継経営者候補者の選定が行われるべきであると言えよう。

第5節　小括

　以上本章では、企業成長の実現と企業不祥事の防止の両側面から注目が集まり、その強化が試みられているコーポレートガバナンスとその実行主体である経営者の視点から日本企業を取り巻く現状、問題、課題を明らかにした。そこにおいては、日本版コーポレートガバナンス・コードに見られる官民を挙げて取り組まれているコーポレートガバナンスの制度構築と強化は経営者の防止に歯止めをかけること、経営者の戦略的意思決定において必要となる情報を提供し、知識基盤を構築する上で一定の効果が見込まれるが、コーポレートガバナンスの強化のみでは企業成長および企業価値の向上、企業不祥事の防止、根絶は期待できないことが明らかにされた。また、日本版コーポレートガバナンス・コードに明記されているような機関投資家等多様なステークホルダーや社外取締役との対話は経営者にとって多様な視角や情報を提供する効果はあるものの、多様なステークホルダーの意思がそこに包摂されることにより、その独自性、鋭さが失われる危険性があること、また業績連動型報酬やストックオプションなどの中長期型報酬は経営者を企業価値の向上に向けて努力せしめる効果はあるものの、短期的に成果の出づらい新規事業の開発や新製品の開発などの探索を忌避させ、成果の出やすい既存事業の深耕に経営者を傾倒させたり、あるいは不正な方法により利益を上げる誘惑にかられる危険性があることを指摘し、経営者による戦略的意思決定とその産物である経営戦略を独自なものにしていくためには、経営者の権力の抑制と経営者の権力の発揮のバランスを取ることと、そのあり方を模索していくことが求められることを指摘した。

　また、企業不祥事の防止を実現していくためには制度としてのコーポレー

トガバナンスの制度構築と強化による経営者や取締役への監視のみならず、企業経営の主体である経営者の経営哲学に基づく自己統治こそが求められ、そうした自己統治こそが経営者にとっての短期志向により得られる自己利益の誘惑を克服することを指摘した。そのうえで、経営哲学の構築にあたり、前提となる豊富な人文知の素養を有した後継の経営者候補の選定と育成こそが求められることを指摘した。

　そして、日本企業の経営者は社長になった時点で高齢であり、任期も必然的に短くなっていることを指摘し、さらには経営者に求められる経営者能力は経営者としての経験のみによってしか習得しえないため、現時点での日本企業の経営者はほとんどがそうした能力を習得する機会も時間もないことを指摘し、上記の指摘を踏まえ、中長期的な視点からの、豊富な人文知に基づく経営哲学、自らの経営理論を備えた経営者の育成が必要になることを指摘した。

　以上の本章の結論を踏まえ、日本企業がその成長を実現していくためには、経営者が自らの経営哲学を基盤とした独自な戦略的意思決定とその産物である戦略を構築すること、コーポレートガバナンスが彼らのそうした姿勢を後押ししながらも、彼らの暴走を抑止していくこと、豊富な人文知に基づく社会的責任観を包摂した経営哲学を有する経営者を育成することが今後日本企業及びその経営責任主体である経営者および取締役会には求められることが明らかになった。

　以上が本章における結論であるが、本章における議論を通した筆者および今後の経営実践に残された課題としては、経営者がステークホルダーや取締役との対話の中で彼らの意思を包摂しながらも、戦略的意思決定とその産物である経営戦略を独自なものとしていくための仕組み、その前提となる経営者の権力の発揮と権力の抑制のバランスのあり方、経営者育成のプロセスなどを明らかにしていくことなどが挙げられよう。

注
　1) 林は、企業価値を「会社が将来にわたって生み出す付加価値である」（林, 2022：91) としている。
　2) 江頭は、コーポレートガバナンスに含まれる手法には、企業の持続的成長に含ま

れるものは少ないと指摘している（江頭, 2016）。また平田も企業統治には企業不
祥事の抑制力も企業競争力の促進力もなく、企業統治の改革によってたちどころ
に企業不祥事がなくなるわけでも、企業競争力が強まるわけでもないとしている
（平田, 2008）。

3) 村澤はエンゲージメントを「対話を通じて、企業と機関投資家が双方の認識を共
通のものとし、相互の持続的な関係性を確立させ、企業を新たな方向に進化させ
る変革を試みるもの」（村澤, 2021：49）と定義している。村澤のこの定義はエン
ゲージメントを集団としての思考プロセスへと変えるものであり、ステークホル
ダー間で異なる見方がある場合には、対話を通じて収斂させていく利害調整をも
意味しているとしている（村澤, 2021）。村澤の指摘を踏まえるならば、機関投資
家が自己の利益のみを追求するわけではなく、ステークホルダーの利益も考慮し
ていると考えることができる。

4) 橘川はその一方でアメリカ企業は株主重視の姿勢を維持しながらも、長期的な視
点に立って積極的に投資を行い、「日米逆転」を実現したと論じている（橘川,
2019）。

5) この調査では、社長の高齢化に伴い、業績悪化が進む傾向がみられることが指摘
されている（東京商工リサーチホームページ）。直近決算で減収企業は、60代で
57.6％、70代以上が56.8％だった。また、赤字企業も70代以上が24.0％で最
も高く、60代も23.2％だったという（東京商工リサーチホームページ）。

6) 青木などは、コーポレートガバナンスは企業不祥事の防止に影響はあるものの、
不祥事の種類によっては有効なガバナンスが異なること、製品不具合やオペレー
ション不具合などのガバナンスでは防げない不祥事が存在することを指摘してい
る（青木, 2021）。

7) 筆者による経営哲学についての検討の詳細は、大野（2021）を参照されたい。な
お、本書では、経営哲学は小笠原（2004）が指摘する「経営者個人の哲学」とい
う意味で使用しており、経営者哲学と同義であると理解して構わない。

8) 本章では、大野（2020a）に依拠して、経営理論を「経営者の学習、経営実践の経
験により構築された自らの経営実践のための理論であり、経営実践における意思
決定のよりどころとなるもの」、経営学理論を「経営学者により構築された学問と
しての企業経営に関する理論」と定義したい。

9) 注7でも述べたように小笠原（2004）は経営者個人の哲学を、「経営者哲学」と称
し、これを狭義の経営哲学としている。小笠原は経営者哲学とは、経営者・管理
者の経営に関する哲学、特に経営実践に関わる「経営哲学」を指すものであると
している（小笠原, 2004）。

第2章
経営者研究における先行研究の検討と課題

第1節　問題意識

　前章では、日本企業の現状と課題を検討し、日本企業の停滞の原因は経営者にあること、日本企業の今後の発展には経営者が鍵を握っていることを指摘した。具体的には、日本企業の今後の経営課題を経営者育成と経営者の自己啓発による成長に求め、日本企業の発展、成長の視点からも現在経営者研究が求められていることを指摘した。そうした前章での検討を踏まえ、本章では、本書の経営者研究における先行研究に対する貢献を明確にするために先行研究の検討を行う。本書が経営者をその研究対象とするものであるのならば、先行研究においてどのような研究が試みられてきたのかを検討し、その上で本書においてこれらの研究を踏まえ、どのような視角を構築すれば良いのかを考えていくことにより、本書の経営学における存在意義が明確なものとなるためである。本章では先行研究における到達点を明らかにした上で、その未達点、すなわち研究課題を明らかにし、本書がなしうる経営者研究および経営実践への貢献を明らかにすることをその研究課題としたい。具体的には、経営者研究を主に、経営者の役割、経営者の能力（経営者能力）、経営者の認識、経営哲学の四つの視点から検討し、その到達点と未達点を確認し、今後の研究課題を明らかにするとともに、本書における先行研究に対する立ち位置を確認し、その貢献を明確化する。言うまでもなく経営者は企業経営における責任主体であり、彼らの戦略的意思決定が経営理念、経営戦略、経営組織のあり方に影響を及ぼし、企業の業績、ひいては企業の存続・成長に大きな影響を及ぼす。上記の四つの視点はいずれも経営者の戦略的意思決定に大きな影響を与えるものであり、彼らの戦略意思決定と不可分に結

びつくものであり、そうであるのならば、企業の存続・成長に大きな影響を及ぼすものであり、検討に値する領域であると言えよう。

　本章における結論を先取りして言うならば、経営者能力を高めるためには、外部環境や内部環境の適応などの経営者の戦略的意思決定のよりどころとなっている（経営者）自らの経営理論の構築と拡張を促していく必要があること、それにより経営者に求められる業務であるシンセシス（統合）をより良く行うことができる可能性を高めることを明らかにする。そして経営者研究においては、経営者自らの経営理論の構築と拡張のプロセスを、それに影響を与える要因との関連から明らかにすることにより、経営者自らの経営理論の姿とその構築、拡張の具体的な構築・拡張プロセスを明らかにすることは経営者研究の先行研究のみならず実際の経営者の育成や能力構築に対する含意を有すること、経営者の役割、経営者能力、経営者の認識、経営哲学などの多面的・統合的な視点から経営者研究を進めていくことこそが経営者研究および経営者の戦略的意思決定を中心とした経営実践を前進させることに繋がるということを明らかにする。

第2節　経営者の役割に関する先行研究

　本節では、企業経営における責任主体である経営者の役割について検討している先行研究を検討していく。まずは国外の研究について目を向けたい。

　まずは近代組織論の始祖とも言われ、その著書、"The Functions of Executives（邦訳は『経営者の役割』）"が今日もなお多くの研究者に読まれているバーナードである。バーナードは、管理職能は、第一に伝達体系を提供し、第二に不可欠な努力の確保を促進し、第三に目的を定式化し、規定することであるとしている。第一の職能の伝達体系は、組織構造と管理職員の双方が含まれ、職員の配置を完成する過程には、主として人の選択ならびに誘因の供与、人の昇進、降等、解雇などに効果をあげる統制技術、人の調和をその本質的な特性とする非公式組織の確保などが含まれ、第二の職能の不可欠な努力の促進は、人を組織との協働関係に誘引すること、この関係に誘引したのち、活動を引き出すことの二つの主要部分に分けられ、第三の職能の目的の

定式化と規定は、広く分散した職能であり、そのうちより一般的な部分だけ
が管理者の職能であり、それは鋭敏な伝達体系、解釈上の経験、構想力、お
よび責任の以上を必要とする職能であるとしている（Barnard, 1938）。

　また、バーナードは、管理職位は、（a）複雑な道徳性を含み、（b）高い責
任能力を必要とし、（c）活動状態のものもとにあり、（d）道徳的要因とし
て、対応した一般的、特殊的な技術的能力を必要とし、（e）他の人々のため
に道徳を創造する能力が要求されるとして、管理責任は、複雑な道徳準則の
遵守のみならず、他の人々のための道徳準則の創造をも要求するということ
を特色とするとして、組織の存続はリーダーシップの良否とその基盤にある
道徳性の高さから生ずるとしている（Barnard, 1938）。

　バーナードの議論を踏まえるならば、組織の長であるリーダーの役割は、
組織目的の定式化と規定であり、組織目的の達成のために組織メンバーを動
かすことであり、組織を機能させるための伝達、コミュニケーション体制を
構築することであると言える。また組織を機能させるためには、これらが機
能しなければならないが、そのためにはリーダーシップが重要であるが、そ
のリーダーシップとは道徳性の高さを基盤とするものでなければならないと
いうことである。組織目的は大きく抽象的なものであれば経営哲学、理念、
もう少し具体的なものであれば、ビジョン、経営目標などがそれに該当しよ
う。

　その著書"Management（邦訳のタイトルは『マネジメント』）"が多くの人々
に知られるドラッカーは、マネジメントには、自らの組織に特有の目的と
ミッションを果たす、仕事を生産的なものとし、働く人たちに成果をあげさ
せる、自らが社会に与えるインパクトを処理するとともに、社会的な貢献を
行うという三つの役割があるとしている。ドラッカーは、第一の役割につい
ては経済的な成果をあげることであり、第二の役割については、人を生産的
たらしめるためには、人を人として、それぞれに責任、動機づけ、参画、満
足、誘因、報奨、リーダーシップ、位置づけ、役割を必要とする存在として
理解することが必要であり、第三の役割については、いかなる組織も社会の
機関であって、社会のために存在し、社会の存在として優れていなければな
らないとしている（Druker, 1974）。

　また、同書においてドラッカーは、マネジメントの課題として、部分の総和よりも大きな全体、すなわち投入した資源の総和よりも大きなものを生み出すことと、自らあらゆる決定と行動において、直ちに必要とされるものと、遠い将来に必要とされるものとをバランスさせることの二つを挙げ、マネジメントの具体的な仕事として、目標を設定すること、組織すること、チームをつくること、評価すること、自らを含めて人材を育成することの五つを挙げている（Druker, 1974）。

　ドラッカーは、別の著書、"The Practice of Management（邦訳のタイトルは『現代の経営』）"においては、マネジメントには、三つの機能があり、第一の機能は、事業をマネジメントすることであり、これはマネジメントと経営管理者に対し、活動範囲を厳しく限定するとともに、創造的な行動への大きな責任を課すことであり、第二の機能は、経営管理者をマネジメントすることであり、人的資源を使って生産的な企業をつくること、具体的には経営管理者をマネジメントすることであり、第三の機能は、人と仕事をマネジメントすることであり、これは人に最も適するように仕事を組織し、最も生産的かつ効果的に仕事ができるように人を組織することであるとしている（Druker, 1954）。

　またドラッカーは、"Innovation and Entrepreneurship（邦訳のタイトルは『イノベーションと企業家精神』）"において企業家精神には四つの条件があるとしている。ドラッカーは、第一の条件はイノベーションを受け入れ、変化を脅威ではなく機会とみなす組織をつくりあげることであり、第二の条件は、イノベーションの成果を体系的に測定することであり、第三の条件は、組織、人事、報酬について特別の措置を講じることであり、いくつかのタブーを理解しなければならないということであり、第四の条件は、行ってはならないことを知らなければならないということであるとしている（Druker, 1985）。

　以上ドラッカーは経営管理者の役割について体系的な議論を展開している。そこでは、経営管理者の外部環境の変化に対する認識、組織としてのミッション、目的、事業の定義、社会性など外部志向的な経営管理者の役割、組織の目的達成のための人や組織（組織構造）のマネジメントなどの組織マネジメントについての議論が多面的に展開されている。

　ミンツバーグは、マネジャーの役割を、マネジャーの肩書と権限に結び付いている「対人関係の役割」、情報の発信と受信に関わる「情報関係の役割」、重要な意思決定を下すことに関連する「意思決定の役割」の三つに分類した上で、対人関係の役割に相当する役割としてフィギュアヘッド、リーダー、リエゾン、情報関係の役割に相当する役割としてモニター、周知伝達役、スポークスマン、意思決定の役割に相当するものとして企業家、障害処理者、資源配分者、交渉者という十個のマネジャーの役割を挙げている（Mintzberg, 1973）。

　ミンツバーグが挙げたマネジャーの十個の役割は、トップマネジメントの役割のみならず、ドラッカー同様中間管理職などの管理職の役割も含むものであり、経営者に限定したものではない。

　多国籍企業の経営戦略、組織研究において著名なバートレット＝ゴシャールなどは、成功を収めている企業は、戦略や（組織）構造、システムには共通点は少ない一方で、それらの企業ではリーダーが驚くほど一貫した哲学を保持していることを指摘している。また、彼らは明確な戦略計画よりも豊かで魅力的な企業目標の構築、公式的な組織デザインよりも効果的な管理プロセス、従業員の行動のコントロールよりも彼らの能力開発と視野を広げることに重点を置いていることを指摘している。以上を踏まえ、バートレット＝ゴシャールは、成功を収めている企業は、戦略、構造、システムという戦略に関する古典的な教えから脱し、目的（Purpose）、プロセス（Process）、人（People）の開発、構築に基づいたより柔軟でより有機的な組織へと移行していることを指摘している（Bartlett & Ghoshal,1994）。

　バートレット＝ゴシャールの議論は、組織及び従業員を動かすための組織論的な議論、そしてそこにおける経営者の役割を中心にしたもの、その意味では彼らの議論は、企業が外部環境に適応するための手段＝戦略＝ソフトよりも、企業が外部環境に適応するための受け皿＝経営組織＝ハードを中心にした議論であると言えよう。

　次は国内の先行研究に目を向けたい。わが国を代表する経営学者の一人である伊丹は、経営者はリーダー、代表者、設計者という三つの機能的役割を果たす必要があるとしている。リーダーとしての役割は、組織の中で働く多

くの人々を束ね、統率していくこと、リーダーシップを発揮して、自分自身が組織の求心力の中心となることである。代表者としての役割は、その組織を代表するただ一人の人間として、外部に向かっての代表者としての役割を果たすことである。設計者としての役割は、企業のグランドデザインの提示者であり、伊丹はグランドデザインは大きな設計図であり、市場の中の組織の活動の設計図と組織の中の人々の活動の役割と連携、その管理のための構造設計図から成り、その二つの設計図を組織に提示することが誰にも任せられない経営者の仕事であるとしている（伊丹, 2007）。

　伊丹の指摘もまた、経営者の役割を組織と従業員のマネジメントに関する役割と、そのいれものである組織構造の設計・デザインに関する役割、外部環境との関わり方と対応に関する役割とに分類している。伊丹の指摘からもこれらの内容の異なる役割と統合的に実施していくことが経営者には求められるということが理解できよう。

　日本企業の経営者について複数の著書や論文を公刊している石井は、その単著書において、1960 ～ 80 年代の日本の繊維産業において 1 人のリーダーが 25 ～ 30 年という長期に渡って社長ないし会長としてその企業を経営してきた「長征」に成功した企業は、彼らの強いリーダーシップと明確な経営理念によって企業全体が変化するプロセスを導くことにより、外部環境への適応を可能とし、企業成長の実現を可能としたことを指摘している。また石井は企業をこうした成功へと導いた経営者はオーナーや同族の経営者ではなく、内部昇進の経営者であったことを指摘している。内部昇進により経営者が選任されることについて、石井はエレクトロニクス産業により、当該業界に所属する企業においては取締役、ミドルマネジメントのインセンティブとして機能したことを指摘している（石井, 1996）。

　石井が論じている「長征」については、三品（2006）においてもその必要性が指摘されており、経営者が自らに必要な役割と職務を遂行するための能力を構築するためには、経験による学習以外は困難であり、長い時間を要するとされている。

　平田は、経営者には、従業員の人権を尊重し、労働環境を整備し、自らの経営姿勢を対話と教育を通じて社会に浸透させ、従業員と共苦共感しあうこ

とにより、従業員から対人的信頼を獲得することと並行して、自己または企業の経営哲学に自己または企業の経営倫理観、社会の倫理、行動規範、ルール、自己または企業の社会的責任などを注入して、企業の倫理規定、行動規範、社内規則などを策定し、それらに基づいて内部統制、法令遵守を社内に徹底することにより、役員、従業員からの信頼を獲得することが求められるとしている。そしてこれらを基に経営者は社内の聖域を無くし、風通しの良い企業風土を醸成し、経営の透明度を高めることにより、企業全体の信頼を獲得し、そうして獲得した対内的信頼を基盤として社会からの信頼を勝ち得ていくことが求められるとしている。そして後述するように平田はこれらのことを実現していくためには経営者の自己統治に裏打ちされた経営者の経営力が必要となるとしている（平田, 2008）。

コーポレートガバナンスを中心として精力的に研究活動を展開している青木などは、コーポレートガバナンスにより企業の価値創造を実現していくためには、経営者の戦略的意思決定が必要になること、価値創造のコーポレートガバナンスの実現のためには企業全体が経営者の価値観を共有し、同じ方向でベクトルを合わせて責任ある経営を行っていくこと、経営者が創造的に適応したコーポレートガバナンスを確立することが求められること、創造的に適応したコーポレートガバナンスから知識コミュニティが形成され、対話と実践によって経営者が戦略的意思決定を行っていくことが重要であるとしている（青木, 2016）。

また、青木は事例研究から、創業以来の理念あるいは哲学を時代に適応させ、新たな価値観として経営理念を策定していること、経営理念を経営者と従業員が共有し、同じ方向でベクトルを合わせて経営を行っていること、経営理念を基に長期経営計画が構想され、経営の基軸になること、その経営の中に企業の社会的責任活動が組み込まれていること、創造的に適応したコーポレートガバナンスにより、社会の意識と企業体質が変革・改善し、経営力の源泉となる経営革新を誘発し、収益性に結び付けることなどにより、経営者の価値観に基づく知識創造が絶えず行われ、それが組織化し、共有していくことによって価値創造経営は確立されるとしている（青木, 2016）。

平田、青木の研究では、企業及び従業員の企業観、倫理観、社会的責任観

などの価値観や信念、行動を規定する経営理念や組織文化の構築主体としての経営者の存在を強調している。経営者がどのような企業観、倫理観、社会的責任観を持ち、経営理念や組織文化などの形でいかにして従業員と共有できる形にしていくことにより、組織的に共有し、社会の信頼を勝ち得て、ひいては企業の存続・成長の可能性を高めていこうということが平田、青木の指摘の根幹にあると言える。その大前提にあるのが経営者自体の信念であり、それらを支える自己統治であり、平田、青木ではその重要性が謳われていると指摘することができる。

　以上本節では経営者の役割に関する先行研究の検討を試みた。そこでは、大きく分けると、企業という経営組織の長としてのリーダーとしての役割、すなわち組織やそこにいる人々（従業員）をいかにマネジメントしていくかを考えていく責任者としての役割（＝対内的なマネジメントの役割）、外部環境への適応の方法である戦略や組織の構想責任者としての役割（対外的なマネジメントの役割）の二つが中心的に検討されていることが明らかになった。誤解を恐れずに言うならば、対内的なマネジメントの役割は経営組織論・経営管理論に該当する議論であり、対外的なマネジメントの役割は経営戦略論に該当する議論であると言え、その意味では、経営者研究とは経営組織論・経営管理論と経営戦略論にまたがる研究テーマであり、多面的な検討が必要であると指摘することができよう。

第3節　経営者能力に関する先行研究

　本節では、経営者能力について言及している先行研究について検討したい[1]。まずは前節でも紹介したバーナードである。バーナードは組織における協働の起爆剤となるのはリーダーシップであるとしている。バーナードはリーダーシップには二つの側面があるとしており、ひとつは局部的、個人的、特殊的、一時的である。体力、技能、技術、知覚、知識、記憶、想像力における個人的優越性の側面であり、もうひとつはより一般的で、より普遍的であり、特定的に育成することが難しく、より絶対的で、主観的であり、社会の態度と理想およびその一般的諸制度を反映するものであり、具体的に

は決断力、不屈の精神、耐久力、および勇気における個人的優越性の側面である。そしてバーナードは、先述のように組織の成否に影響を与えるのがリーダーシップであるとしており、リーダーシップそのものを重視している（Barnard, 1938）。

またバーナードは、リーダーの外部から生ずる態度、理想、希望を反映しつつ、人々の意思を結合して、人々の直接目的やその時代を超える目的を果たさせるよう自らをかりたてることがリーダーの能力であるとしている（Barnard, 1938）。すなわち、組織内外の諸要因を統合しながら組織を目標達成に向かって動かし、目標達成させることこそがリーダーに求められる能力であるということである。

バーナードの研究は、組織の管理者として求められる能力、すなわちリーダーシップに関する言及が中心であり、その意味ではミクロ組織論的な議論に終始しており、外部環境への適応という経営者の役割に焦点を当てた議論がまた求められることになろう。

次も前節で検討したドラッカーであるが、ドラッカーは人のマネジメントに関わる能力は学ぶことができるが、学ぶことのできない根本的な資質として真摯さを挙げ、真摯さは初めから身に付けていなければならない資質であり、真摯さは才能ではないとしている。ドラッカーによれば真摯さを持ち合わせたマネジャーは人に一流の仕事を要求する一方で自らにも要求し、基準を高く定め、それを守ることを期待し、何が正しいかだけを考え、誰が正しいかを考えず、自ら知的な能力を持ちながら、真摯さよりも知的な能力を評価したりはしないという（Druker, 1974）。

大野は、ドラッカー（1974）の指摘を踏まえ、真摯さを持って彼らに働きかけ，接していくことによりはじめて部下が自らの業務や行動に責任を持つ下地がつくられるとしている（大野, 2014）。

次も前節で検討したミンツバーグであるが、ミンツバーグはマネジメントを成功させるためには、かなりの量のクラフトにある程度のアート、それにいくらかのサイエンスが求められるとしている。クラフトは経験、現実に即した学習のことであり、経験を通じて学ぶことを可能にし、マネジャーが日々の業務を続けながら問題を解決するために欠かせない要素であり、アー

トは直感を通じた洞察やビジョンを生み出すものであり、サイエンスは研究を通して体系的な知識を獲得するものである。マネジメントにおけるこの三つの要素の役割についてミンツバーグは、アートはマネジメントに理念と一貫性を与え、クラフトは目に見える経験に基づいてマネジメントを地に足の付いたものとし、サイエンスは知識の体系的な分析を通してマネジメントに秩序を生み出すものであるとしており、マネジメントは、アート、クラフト、サイエンスの三要素がそれぞれの頂点をなす三角形の中で行われるものと見なすことができるとしている（Mintzberg, 2009）。

　またミンツバーグは、マネジャーの育成・教育について記した別の著作において、マネジャー育成の目的はあくまでも行動の質を高めることであり、そのために必要なのは行動から一歩後ろに下がって考え、内省することであるとして、マネジャーにおける省察の能力の構築の必要性を提起している。具体的にはミンツバーグは、マネジャーの自らの経験を理論という道具をもって省察することにより、自らの経験を意識的な学習へと変換することのより、仕事の場へと還元し、職場における行動にインパクトを与える必要性を提起している[2]。内省については八木（2011）が取り上げているので後ほど改めて検討したい（Mintzberg, 2004）。

　ミンツバーグがマネジャーの育成・教育にあたり、彼ら自らの経験を題材にして省察する重要性を指摘しているように、省察を促す道具として経営学理論を活用することはあれ、マネジャーがマネジメントに関する能力を構築していくためには座学で学び取ることは不可能であり、自らのマネジャーとしての経験をもって学ぶしかできないということがミンツバーグの指摘からも明らかである。その意味では、山城（1968）の経営能力の養成は自己啓発であるとする主張と類似する部分が大きいと言える。

　「カッツモデル」の提唱者としてわが国でもよく知られているカッツは、有効な管理は、自らの職能に求められる専門技能であるテクニカルスキル、チーム内の協働を構築し、グループとして有効に働かせるヒューマンスキル、問題の全体像を捉えるコンセプチュアルスキルの三つのスキルに基づくとし、ロワーマネジメントにはテクニカルスキル、ヒューマンスキルが重要となり、トップレベルのマネジメントにはコンセプチュアルスキルが重要と

なるとしている（Katz, 1974）。

　カッツが指摘するように経営者に求められる能力と管理者に求められる能力は明確に異なるということは、三品（2005）など少なくない先行研究でも指摘されている。

　ベーカーは、マネジャーの業務は極めてゼネラルで、可変性に富んでおり、定義不可能なものであるとしたうえで、マネジャーに求められる中核的な技能として多様な職能領域、人々の集団、環境にまたがる統合と意思決定を挙げ、マネジャーの業務は他の専門職とは異なり、統合が求められるとしている。経営者に求められる能力は、狭い範囲にとどまるものではなく、多様な職能領域をまとめ、ひとつの形に作り上げていく統合にあるとするベーカーの指摘は、後述の大河内の提唱する「経営構想」や三品、楠木の指摘する「シンセシス」などと共通点があると言える（Barker, 2010）。

　次は国内の経営者能力に関する先行研究について検討したい。わが国の経営学の発展を支えた山城は、経営学とは実践主体（経営者、管理者）の行為能力（経営能力）の啓発（＝教育）に資する「実践経営学」であるべきとし、行為者の経営能力（Ability）は、囲碁や将棋における定石，スポーツにおける基本，指導における正攻法である（経営）原理（Knowledge）、実際の経営経験（Experience）を基に構築されるとする「KAE の原理」を提唱している（山城, 1970）。

　山城は KAE の原理を踏まえ、経営教育とは経営者による自己啓発であるとしている（山城, 1968）。すなわち、経営能力を養成していくためには経営学理論は必要であるが、最終的には自らの経営者としての経験が必須であり、経営者としての経験を通してしか学べないということである。

　経営者を研究対象として長年研究活動をしてきた清水は、その単著書『経営者能力論』において、経営者機能には、「将来構想の構築」、「戦略的意思決定」、「執行管理」の三つがあるとしたうえで、将来構想の構築に対応した経営者能力として野心、洞察力、直観力、戦略的意思決定に対応した経営者能力として対応力、決断力、カシをつくるクセ、説得力、執行管理に対応した経営者能力として包容力、人間尊重の態度、計数感覚、この三つの遂行に求められる経営者能力として健康と情報収集力を挙げている（清水, 1983）。

　このように清水は経営者の役割は多様な職域にまたがるものゆえ、経営者能力も多様なものとなると捉えている。

　大河内は、経営者は、所与の経営環境において、自己の企業経営目的に照らして、経営諸条件のうちに現に生じている多様な現象のなかから、彼の企業の存立に係わると思われる問題を知覚したうえで、将来とるべき経営行為の形を構想して、意思を定めていく行為を経営構想と定義し、経営構想の如何が、将来における当該企業の経営行動を規定し、経営成果を左右するとしている。また、大河内はこの経営構想の実現の過程において経営者は、経営の客観的諸条件のなかから、自己の企業経営行動にとって必要な経営要素を選択し、編成して、経営行為の形を作り出し、もって経営構想を客観化する過程において、経営者が有する動機、理念、意欲、能力などの経営者の主体的条件と、企業経営の客体的条件とが、客観的条件に含まれている経営諸要素の編成の仕方という技術によって媒介されつつ、ひとつの有機的構造を形成するとしている（大河内, 1979）。

　このように大河内は、経営者の役割として、企業をその外部環境に適応させ、存続・成長へと導くための経営者が自らの脳内に有する企業経営の構図とも呼べる経営構想の作成と客観化を挙げているが、経営構想は経営者の意思決定の指針となるものであり、経営者は経営実践の中で、そのような意思決定の指針となる経営構想を洗練化させていくことが重要となると言うことができよう。

　伊丹同様、わが国を代表する経営学者の一人である加護野は、資本主義社会において企業経営を成り立たせるためには、企業で働く人々の内面から人々を律し、動かす心構えが必要であり、加護野はこれを「経営の精神」と定義している。加護野は、経営の精神は以下の三種類に分類されるとしている。一つ目は社会や職場のルールや約束を守り、真剣に仕事に取り組もうとする勤勉さ、克己心ならびに従順さのよりどころとなる市民精神、二つ目は、何ものかを追い求め、さまざまな障害を克服しても志を成し遂げようとする精神であり、闘争心、志を実現しようとする強靭な意思である企業精神、最後三つめは抽象的な利益にこだわり、そのために合理的判断を働かせようとする精神であり、自分自身の利益を基に考えようとする営利精神であ

る（加護野, 2011）。

　加護野の議論は、経営者能力ではなく、経営者能力の前提となる経営者の認識、心構えに関する議論である。経営者が企業経営に対し、どのような認識を有するかにより取る行動や構築する能力が異なってくるがゆえに、経営者が企業経営に対してどのような認識、すなわち精神を有するかが重要であるということである。

　前節でも検討した平田は、経営者の経営力とは、最高管理職能の担い手として企業を経営する経営者に求められる能力のことであり、企業の使命を探索し、企業の未来像を構築し、その実現に向けた戦略を策定するとともに、各職場や各部門の執行機能を連結し、企業全体の最適化を実現し、企業の存続と発展を図る能力であるとし、前者の能力には戦略的発想力、未来像構想力、情報収集力、事業意欲、自己変革力、決断力などであり、後者の能力には指導・統率力、推進・実行力、人間的度量、人間的魅力が求められるとしており、経営者は自らの経営力の強化によって自己統治力を高めるとともに企業の自己統治力を高めていく必要があるとしている（平田, 2007）。

　このように平田は、経営者の能力は、企業の将来構想、戦略など外部環境への適応に関する能力と組織内における多様な職能の調整に関する能力に区分されるものであると捉えている。

　三品は、経営戦略の神髄を大きな事象をまず構成要素に分解し、そのうえでひとつひとつの要素に個別に吟味しようとするアナリシスではなく、個別の要素を組み合わせ、全体を統合しながらまとまりのある全体を作り上げるシンセシスにあるとしている。三品はこの統合は一人の人間の頭の中でするほかはなく、しかも脳の横連携がよくとれているという意味で、頭の熟成が進んでいる人物を必要としており、手順を踏んで真面目に勉強すれば確実に上達するアナリシスの力とは異なり、教科書の無い世界で十年単位の修練が必要となるとしており、その意味において戦略はアートに通じるとしている（三品, 2006）[3]。

　楠木もまた三品と同様に、マーケティングや人的資源管理などの専門的なスキルは経営という大きな事象を構成要素に分解するというアナリシス（分析）の発想に基づいている一方で経営の神髄はシンセシス（統合）にあると

しており、本当の意味での経営力は「専門能力としてのスキル」のどれとも一対一には対応しておらず、シンセシスの力を指すとしている（楠木, 2011）。

　三品、楠木などは経営者における主たる役割、必要な能力としてシンセシスを挙げている。シンセシスを実現していくためには、適切に外部環境を認識し、組織内の多様な職能をまとめあげ、統合していくことが求められるゆえ、適切に外部環境を認識する力、「専門バカ」ではなく、組織における多様な職能に関する理解・知識が求められるということになろう。

　八木はミンツバーグ同様、経営者が行為後に自らの行為について振り返る内省に注目しており、内省を、「内部モデルとしての自己を見つめ、自己に変革を起こす認知である」（八木, 2011 : 71）と定義し、内省により変革を起こす自己とは、自分が認知している対象とその対象を意味づける枠組みの総体、内部モデルであるとしている。八木は自らの研究を通じてリーダーは内省の経験を深めることによってリーダーとしての有効性を高められるとして、リーダーが成長していく具体的なプロセスとして、自分の先入観や情動を一旦脇に置いて判断を保留する、他者の思いや背景を深く受け止める、問題の構造を深く探求する、自分自身がどうありたいかを問い直す、新たな対話を開始するという五つを挙げている（八木, 2011）。

　内省は自己の行為を見直すことにより、自らの行動の変革を実現する行為であると捉えることができる。内省により、後述する経営者の認知図の修正がなされ、行動の修正が実現されると捉えることが可能となる。その意味では、内省は経営者の行動の上方修正を実現していくために必須な要素であるということである。遠田なども、行為が認識において大事な理由として行為（とその結果）という解釈の存在なくしてそもそも認識はありえず、解釈はその素材を必要とするので、つねに回顧的あるいは結果論であるとしている（遠田, 1999）。

　学術研究ではなく、実践・コンサルティングの世界に目を向けると、菅野は経営者に必要なスキルとして、形式知に相当し、講義や演習形式により仕組化が可能である科学系スキルと、暗黙知に相当し、仕組化が容易ではないアート系スキルの二つを挙げている。科学系スキルの例として菅野は、ビジネス知識やロジカルシンキングなどを挙げ、アート系スキルの例として強烈

な意思、勇気、インサイト、しつこさ、ソフトな統率力を挙げている。また菅野は、科学系スキルはすべてを習得する必要はないが、アート系スキルはすべてが必須であるとしている（菅野, 2011）。

　亀井は、ビジネスにおける仕事のレベルを作業、業務、事業、経営に分類し、経営は経営者に求められる仕事であり、それは企業価値の向上を目的にするものであり、考慮すべき変数は極めて多く、経営者に求められる業務はほとんどが非定型の業務であることを指摘している（亀井, 2005）[4]。

　このように実践・コンサルティング的な視点から経営者に求められる能力について論じた書籍も存在している。

　以上、本節では経営者能力に関する先行研究を検討したが、そこでは組織や従業員を動かすリーダーとして必要な能力が求められること、そして、それ以上に、大河内（1978）の「経営構想」のような、企業の経営における責任者として企業を長期にわたり発展させていくための将来構想を練り上げること、その将来構想を基盤として、三品（2006）や楠木（2011）が指摘する「シンセシス」に見られるように、複数の職能をまとめ上げ、戦略や組織を構築していく能力こそが重要となることが先行研究において論じられていることが明らかとなった。そしてこうした能力は三品（2006）が指摘するように経験によってしか鍛えることができないため、その能力を向上させるためには経営者として経験を積む以外に方法はないこと、教科書のような明確なセオリーが存在しないゆえに、山城（1968）などが指摘するように経営教育とは自己啓発であり、ミンツバーグ（2004）や八木（2011）が指摘するような自らの経験を振り返る省察こそが経営者能力を高めうる可能性があることも明らかにされた。

第 4 節　経営者の認識に関する先行研究

　本節では、経営者の認識に関する先行研究を検討する。林（2015）が経営者の認知→戦略として経営者による戦略的意思決定に影響を及ぼすとしていたり、ミンツバーグ他（1998）が挙げた戦略論 10 のスクールのコグニティブ・スクールで戦略形成は戦略家の心の中で起こる認知プロセスであるた

め、戦略形成プロセスのあり方を探るためには彼らの心の中を明らかにする必要があるとされていたり、ラジャゴパラン＝スプレイザー（1996）などがトップマネジメントによる外部環境の状態と変化および組織の状態や変化への認識こそが経営行動に影響を与え、ひいては企業による戦略転換に影響を与えると論じているように、経営者の認識は企業の経営戦略はその変化、すなわち環境適応のあり方、ひいてはその存続・成長に強い影響を及ぼすがゆえに、経営学、とりわけ経営者研究や経営戦略論における研究対象となりうるものであると指摘することができよう。遠田なども、意思決定は環境認識に基づいて行われるものであり、人は因果マップを心のレンズにして世界を見るならば、因果マップによって想造された世界像が実際の世界を創造するとして、意思決定に与える認識の重要性を指摘している（遠田, 1999）。ワイク（1969）もまた、環境とやりとりする過程であるイナクトメントにより解釈のスキーマや特定の解釈が淘汰され（多義性の削減）、それが貯蔵される（保持）と論じている。すなわち、認識が行動を創造し、その後の環境との関わりのあり方を決定づけるということである。

　少なくない先行研究において経営者は自らが外部環境や内部環境に相当する組織についてどのように捉え、戦略的意思決定を下していくのか、そのよりどころとなりうる認知図のようなものの存在とその重要性が指摘されている。経営者はその認知図を基にして外部環境や内部環境を認知し、戦略的意思決定を下し、その戦略や組織を構築・修正・変革し、外部環境や内部環境への適応を目指し、その存続・成長を実現しようとするということである。このように、経営者がその頭脳に保持されている認知図の存在は戦略的意思決定においてきわめて重要なものであり、戦略や組織のあり方に影響を及ぼすものであるのならば、経営戦略論や経営組織論においても重要な研究テーマであると指摘することができる。こうした経営者の認知図の重要性を踏まえ、本節では、経営者の認知図に焦点を当て、経営者の認識に関する先行研究について検討していきたい。

　プラハラット＝ベティスなどは、トップマネジメントやトップマネジメントチームの間で共有された認知構図（スキーマの集合体）として蓄積されている事業を概念化する際に依拠するマインドセットであり、事業における目

標を達成し、重要な資源配分などの意思決定をするための認識枠組みのこと
を「支配的論理（Dominant Logic）」と定義している。プラハラット＝ベティ
スによれば、この支配的論理は、失敗した認識は徐々に衰退し、成功した認
識は補強されるというように、トップマネジメントの経営経験の中で、成功
や失敗の経験を通じて、変化することによって成功の可能性を高める認知図
を構築していくという（Prahalad & Bettis, 1986）。

　プラハラット＝ベティスは、この支配的論理について自らの研究活動を通
じてその論理的な拡張を試みている（Bettis & Prahalad, 1995, ；Bettis, 2000；
Bettis & Wong, 2003 など）[5]。

　大野は、ベティスを中心とする支配的論理に関する研究を受けて、支配的
論理は、未知の事態に対して、支配的論理という既知の経験則を当てはめる
ことにより、合理的な判断を下すことを可能とするのであり、その意味で、
そこにアナロジーの効果がはたらいていることを指摘している。支配的論理
がアナロジーの効果が働いているがゆえに、未知の事態においても、その中
に過去の経験と似た側面を探し、既知の知識を活用することにより合理的な
意思決定を下せるのである（大野, 2014）。

　第 2 節でも検討した加護野は、実務家における経営の実践を支えている知
識の体系を「日常の理論」と呼び、実務家の決定は日常の理論に従って行わ
れるとしている。加護野によるとこの日常の理論は、人々が大量の情報を受
け入れ、それを無数にあるどの情報と選択的に結びつけるかを可能にし、簡
略化させる心的な表象であるスキーマの集合体であり、情報処理の削減、
人々が新たな情報を探索するとき、探索の方向、注意の焦点を定めること、
推論や問題解決を助けること、社会的な事象についての予測可能性を高める
ことなどの機能を有する一方で、過度の単純性の弊害、スキーマの存在が新
しい情報の取り込みを阻害する、すなわちスキーマに合う情報の獲得を促進
するが、それに合わない情報の獲得を阻害するという逆機能を有するとして
いる。このように加護野はスキーマの集合体である日常の理論は一定の硬直
性を有しており、変化に抵抗するという頑強性を有しており、既存のスキー
マに合致した学習よりも、テーマの変革を伴うような学習のほうが難しいこ
とを指摘している（加護野, 1988）。

　プラハラット＝ベティスの支配的論理や加護野の日常の理論のような経営者が外部環境を捉えるうえでレンズの役割を果たしうる認知図のようなものについては、「戦略スキーマ（沼上他, 1992）」、「アーキタイプ（Greenwood & Hinings, 1993）」、「メンタルモデル（Hodgkinson & Johnson, 1990；Porac, & Thomas, 1990）」などとも呼ばれている。

　経営教育学において多くの著作、論文を公刊している辻村は、経営実践における解、すなわち経営解は普遍解である必要はなく、個別解であり、経営教育の学習者が得ることになる経家技能は個々の学習者のものであって普遍的なものである必要はない、すなわち学習者は独自の経営観を創造（＝独自の経営技能の習得）すればよいとしている（辻村, 2001）。

　経営観について辻村は、暗黙知に属するものであり、記述言語化しえない性格のものであるとしており、敢えて記述を試みようとすれば、「あなたにとって経営とは？」という問いに対して、「経営って、○○○のようなものだ」、「経営、○○の如し」といった“ソクラテス・メソッド”的な問答において思い付いた言葉にシンボライズされるとしているが、経営観のすべてを言葉にするのは不可能であり、ある人の経営観は、彼の行動から類推するしかないとしている。このように経営観の性格が「自分探し」のようであるのは、辻村はそれが求道者的・東洋哲学的な思索を求めるからであるとしている。またこの経営観であるが辻村は、経営教育の学習者がケース分析を通じて経営者の苦悩の所在を感得した上で、自ら透徹した経営観を確立するべきであるとしている（辻村, 2001）。

　そして辻村は、経営行為は経営理論の完成をもってなされるわけではなく、おのおのの経営観に従った経営行為が先であるとしている。その意味で、経営実践における「信じているもの（＝経営観＝心の中の経営理論）」の意義は極めて大きいとしている（辻村, 2001）。

　また辻村は後の研究において、「経営手腕」と「経営理論の適用行為」とは似て非なるものであり、前者は、「非再現的な（一回限りの）オールファクターズ・マッチング」の性格を有する実践概念で、苦悩を伴う「個別総合的行為」として理解されねばならず、それは経営者の文学的感性ともいうべききめ細かな観察と真善美を考え抜く哲学的志向によって構築される「独自の

経営理論＝持論」[6] を築く営みに他ならないとしており、経営実践における自らの経営方法論とも呼べる経営理論の重要性を指摘している（辻村, 2008a）。

　持論について辻村は後の研究においては、「マイ（My）経営学原理」と称し、経営教育学の目的は経営者育成であり、経営者育成の目的は学習者のマイ経営学原理の構築であり、「経営者教育論＝経営教育学＝マイ（My）経営学原理」という公式が成立するとしている（辻村, 2019）。

　前節でも検討した三品は、個々の経営者の判断を間接的に規定する準拠枠のことを「事業観」と称し、事業観は人が頭の中に持つ基本辞書のようなものであり、この辞書が情報から判断への「翻訳」を司るとしている。三品はこの基本辞書に厚みをもたせることが経営者を経営者たらしめるゆえんであり、そこから生まれる判断を大局的と呼ぶにふさわしいものにするとしている。そして事業観は、経営職に就いてから形成されるものではなく、それが宿るところの人の経験を通して蓄積されるため、突然大きくなるものでもなければ分散するものでもないという。そして三品は、経営職を務める人に求められるのは、完成度の高い事業観であるとしている（三品, 2005）[7]。

　経営者研究において複数の論文を記している佐藤は、経営者は経営実践において経営学を適用するのではなく、経営者の過去の実践と理論を統合させ新しい実践を生み出していくうえで経営者は経営学を学び続けることが求められるというように経営実践と経営学理論との関係を論じている。佐藤によれば経営者は経営実践を通じて自らの経営観とも言うべき経営の普遍性や本質を追求しており、経営学にその根拠を求め、経営観を構築し新しい実践に取り組んでいるという。このように佐藤は経営者が経営実践という営みを通じて経営者が経営観を構築する必要性を指摘しており、経営学とは経営者の経営観の構築を手助けするものであることを指摘しており、そうした視点から経営者による経営学の習得の必要性を提起していると言える（佐藤, 2012）。

　以上、本節では経営者が外部環境や内部環境である組織を認識する認知図の視点から経営者の認識に関する先行研究の検討を試みてきた。それらは多様な呼称でそれぞれの研究者により研究が試みられていることが分かった。こうした認知図は経営者の戦略的意思決定のよりどころとなるものであり、

経営者の人生、経営実践の経験を通じて漸進的に構築されていくものであり、ドラスティックに構築されるものではないこと、その経営実践の経験とともに重厚なものとなっていくことが明らかとなった。未知の事態に遭遇した場合はアナロジーなどを働かせ、応用させながらその事態に対応することは可能であるが、漸進的に構築される類のものであるがゆえに、既存の知識などのアンラーニングが求められる事態に遭遇した場合にその対処が困難であることなども明らかになった。そうした懸念点があるものの、こうした経営者の認識フレームワークは、先述の遠田（1999）やワイク（1969）など組織認識論などの諸研究で指摘されているように外部環境をイナクトする重要な役割を果たすものであり、それは経営者の戦略的意思決定に強い影響を与えるものであるがゆえ、こうした視点からの研究が試みられること、その発展が望まれる研究領域であると言えよう。

第5節　経営哲学に関する先行研究

　本節では、経営哲学に関する先行研究を検討する。経営学及び経営実践においては、経営者の企業経営における考え方や信念のことは「経営哲学」と呼ばれている（大野, 2021）。庭本なども経営哲学を「経営主体の経営行為を導く基礎となる考え方」（庭本, 2003：31）と定義している。経営哲学は、経営者の経営者としての、そして企業経営に対する考え方や信念であるため、経営者の意思決定や行動のよりどころとなるものとなる（大野, 2021）。以下、経営哲学に関する主要な研究を検討するが、ここでは、小笠原（2004）が定義する狭義の経営哲学である、経営者の経営哲学である経営者哲学について検討したい。小笠原は、経営者哲学とは、経営者・管理者の経営に関する哲学、特に経営実践に関わる「経営哲学」を指すものであり、通常これは経営理念とか経営信条、経営思想と呼ばれるものであり、経営者・管理者個人の経営実践上の諸観念を意味しているとしている（小笠原, 2004）。小笠原の指摘するところの経営者哲学は、高田（1967）が論じる経営哲学の三つの領域である経営者の信念であり、イデオロギーである「経営理念（の）論」、高（2009）が提起している経営哲学の領域の経営者の経験に裏打ちされた個

別価値（経営思想）に相当すると言えよう。

　経営哲学研究に長年従事してきた小笠原は、経営哲学は、経営学方法論に相当し、「社会科学としての経営学」の成立根拠を対象論と研究方法論として展開する「経営学の哲学」と〔学としての「経営の哲学」＝経営存在哲学〕と〔実践論としての経営哲学〕から成る「経営の哲学」＝経営実践哲学を明らかにしようとする「経営の哲学」から成り立つとしている。この「経営の哲学」に先述の経営者哲学は含まれるわけであるが、小笠原は経営の哲学は、企業哲学と最狭義の経営哲学、事業哲学に分類されるとしている。この三者を小笠原は、事業は経営の対象＝客体、企業は経営の意思主体、経営は事業の行為主体という関係で相互に円環的関係にあるとしており、〔企業→経営→事業〕という主体―客体関係、および目的―手段関係の中に位置づけられるとしている。また、この三者に位置する人格的主体の代表者としては、企業には出資者・融資者、経営には経営者・管理者、事業には作業者・生活者を当てはめることができるとしている（小笠原, 2004）。

　小笠原の指摘を踏まえるならば、本書において検討の対象となるのは、経営者・管理者が人格的主体の代表者となる経営であり、最狭義での経営哲学がその対象となるとは言えるが、上述のように企業、経営、事業の三者は、相互に円環的な関係を有しており、全く無関係なものではなく、企業哲学、事業哲学もまた検討の対象となると言えよう。

　村田は、経営哲学は、経営の意味の探求、経営学の方法論の吟味、経営理念としての哲学の三つの分野からなるとしている。経営の意味の探求とは、経営という現実が持つ意味を根源において探求することであり、経営学の方法論の吟味とは、経営学の学問的前提を問い、方法論的に吟味することであり、経営理念としての哲学とは、経営学の理念すなわち経営実践のための指導理念として経営者が抱くあるいは掲げる哲学の研究を第一とし、第二には、その経営者の経営理念がいかなる形に具体化されて、企業経営または組織経営において制度化されているかを研究することであるとしている。村田は最後の経営理念としての哲学は、「経営史にみる経営哲学」と言い換えることも可能であり、経営理念とは経営者の理念であると同時に、経営体に浸透して組織文化となったものでなければならないとしており、存続する組織

体では制度的に現れるその組織の価値観があり、それが組織文化の根底をなすとしている（村田, 1997）。

また村田は後の著作において、経営とは何かを根底において問うとき、すなわち経営哲学の意義を問うとき、そこに現れる姿として、第一はそこに現れる人間の、人間自身の姿、第二に経営学が成立するところの根拠を問うところのものとしての哲学、第三に経営者の哲学であり、経営実践の理念を挙げている。村田は、第三の経営実践の理念について、現実の企業経営においてこれが成功するためには、その実践理念がその時代の文明をリードする思想性を持つこと、そして人々の支持されていることが必要であり、前者は普遍に通ずることを要請するものであり、後者は生活者の具体的生活信条において受容されることを要請しているとしている。そして村田は、経営哲学は実践に指針を与えるものであり、それを根源において指し示すものであるがゆえに、日常においては意識の奥深くにあるものである一方で、実はそれが常に日常の表層的活動を支え、しっかりした思想的安定性を支えているとしている。そしてこの哲学は、人間の生きる意味を探求し、それを示し、善く生きること、すなわち「幸福」へと繋がらなければならないものであるとしている（村田, 2003）。

庭本は、経営哲学を経営主体の経営行為を導く基礎となる考え方であるとしたうえで、経営行為を導くには「経営体とはどのような存在であるのか」の問いを含めて、社会における経営体の存在根拠ないし存在目的を明らかにしなければならないとしている（庭本, 2003）。

庭本は、経営哲学と経営理念、経営思想との関係性を以下の様に示している。庭本は、経営哲学は、日常現象としての組織体験や経営実践から生成する哲学であるとともに、経営主体の経営行為を導く実践哲学であり、経営に対する時に無意識な見方や価値観に基礎を置く思考（＝経営観）であり、それを観念的に昇華して一般化し、多くの人に示したものが経営思想であり、経営理念は経営哲学の上に展開される目的達成のための具体的な活動指針や実践規範であるとして、経営哲学と経営思想、経営理念の関係性を明確化している（庭本, 2003）。

さらには、庭本は、経営者個人の哲学が、従業員、顧客、取引業者などの

他社の共鳴を得て、組織価値に浸透するとき、経営体としての哲学や理念となり、大きな力を発揮するとしている（庭本, 2003）。

　高は、経営哲学は、経営という社会現象に臨む学究的姿勢、価値や行動原理を導出する学問、行動原理の実践を具体化する学問、社会制度の設計を検討する学問、経営者の経験に裏打ちされた個別価値（経営思想）、企業が掲げる経営理念・組織文化として定着した考え方、経営現場のプラクティスとしての実践思想の七つの定義に類型化が可能であるとしている。高によれば、経営者の経験に裏打ちされた個別価値（経営思想）、企業が掲げる経営理念・組織文化として定着した考え方、経営現場のプラクティスとしての実践思想の定義については、対象となる価値体系を経営哲学と呼んでおり、経営者の経験に裏打ちされた個別思想については経営者個人の信念や確信を対象としての経営哲学とみなしているとしている（高, 2009）。

　第2節でも検討した平田は、経営者は自らの経営哲学（経営理念）に自らの倫理観と社会責任とを注入して、自らの行動規範を策定し、その行動規範に基づいて、自らの行動を、一方では法令遵守に照らして律するとともに、他方では内部者と外部者による監視・牽制に晒されながら自己統治していく必要性を指摘している。平田はこうした経営者の経営哲学を基盤にした経営者の自己統治こそが企業不祥事を防止し、企業の社会からの信頼の獲得を可能とすることに繋がるとしている（平田, 2008）。

　以上、本節では経営哲学を主に経営者の哲学である経営者哲学の視点からその主要な研究の検討を試みてきた。そこでは、経営哲学は経営者の企業経営に対する信念や思想に関するものであり、経営者の経営方法論や企業の経営理念、経営者の経営実践の基盤となっていることが明らかになった。その意味では前節で検討した経営観などとも共通する部分は多いと言えるが、経営哲学についてはそこに社会や生、善などとの関わりが強調されており、経営観などの概念よりも経営者が経営する企業の社会的使命を強調する傾向が強いように見受けられる。そのため、ビジネス、経営としての側面よりも、生、善、美、社会などの価値に関わる要素が強いものであるということ、すなわち経営哲学は経営者が自ら構築した経営実践のための理論である自らの経営理論の下に来るもの、すなわち土台をなすものであると捉えることがで

きる。経営哲学を基盤として自らの経営実践のための理論である自らの経営理論が構築されることにはなるが、経営者の経営哲学がそのまま経営者の経営理論になるということはなく、経営哲学が経営者の経営理論となるためにはビジネス理論としての昇華が求められるということになろう。すなわち、経営哲学→経営者自らの経営理論（による外部環境と内部環境の認識とそれに基づく戦略や組織の考案）→戦略的意思決定となり、経営哲学は自らの経営理論の先行要因と捉えることが可能である。

第6節　小括

　前節まで経営者研究における先行研究を検討した。本節では先行研究の検討を踏まえ、本書における研究課題を再度確認するとともに、経営者研究における立ち位置を確認したい。それをもって本章の小括としたい。

　前節までの先行研究の検討によって、経営者に求められる役割には、主に企業の目的の決定や戦略や組織構造の策定、修正などの外部環境の適応方法に関するものと、組織のマネジメントなど内部環境の適応に関するものに分けられること、すなわちこれらを統合してまとまりあるものを作り上げるシンセシスこそがその役割であることが明らかにされた。経営者に求められる経営者能力は外部環境と内部環境への適応をうまく行うことに関するものであることも明らかにされた。経営者の認識に関する先行研究の検討部分において、経営者は、経営哲学をビジネス理論として昇華した事業観、経営観、スキーム、（経営者の）経営理論などとも呼ばれる認知図を自らの戦略的意思決定のよりどころとしていることが明らかにされている。遠田（1999）の指摘通り、認識が意思決定に先立つのである。そうであるのならば、経営者の戦略的意思決定の精度を高めるために重要なことは、この経営者の認知図の精度を向上させることであり、それこそが経営という業務をうまく行うための能力である経営者能力を高めることに繋がると指摘することができる。

　こうした認知図は、経営者個人の思想や経営者になる前に経験したことなどもその性格やあり方に影響を及ぼすことは三品（2005）などにおいても指摘されている。また経営者になった後で経験したことや学習したこともまた

その性格やあり方に影響を及ぼす。そして山城（1968）が経営教育とは自己啓発であると述べていたり、三品（2006）が教科書の無い世界で十年単位の修練が必要となるとしていたり、ミンツバーグ（2004）や八木（2011）が経営業務における省察・内省の重要性を指摘しているように、経営者は、インストラクターによるレクチャーや教科書を通してではなく、経営実践や学習などの自らの行動を通してのみ認識のフレームを構築し、それを豊かなものとすることが可能となる。今後、経営者研究が経営学や経営実践に貢献していくためには、この経営者の認知図がどのような要因に影響を受けながら、そしてどのような彼らの行動によって構築され、拡張されていくのか、その影響要因や構築・拡張のプロセスを明らかにしていくことが必要であると言える。前節までの議論を通して検討してきたように、経営者の経営理論を含めた経営者の認識フレームワークの重要性や性格は指摘されこそすれ、具体的な構築や拡張のプロセスの解明にまでは先行研究では十分踏み込めてはいない。それを明らかにすることにより、経営者育成・教育のあり方の一端を明らかにすることが可能となり、それとともに経営者研究、経営実践に対して一定のインプリケーションを与えることが可能となろう。

　先述のように筆者はこの経営者の認知図を「（経営者）自らの経営理論（大野, 2020a など）」と定義し、研究を進めてきた。自らの経営理論は経営者の経営に対する信念や価値観、外部環境や内部環境の認識のためのレンズ（の機能）だけでなく、自らの経営における方法論なども含まれている。その意味では、筆者は自らの経営理論という概念を、事業観、経営観、戦略スキーマなどの先行研究で提唱されている諸概念よりも広範な機能を包摂するものであると捉えている。経営哲学や経営者の人間としての信念や価値観、経営者による学習結果は、経営者の経営者としての経営実践における信念や価値観に影響を及ぼし、経営者の経営実践における信念や価値観を基盤として経営者の経営実践における方法論が構築されるのである。その意味では、経営者の経営方法論は直接的に経営哲学や経営者個人の信念や価値観には影響は受けてはいないが、経営者の経営実践における信念や価値観を通して間接的に影響は受けている。経営者は、この経営者の経営実践における信念や価値観、経営方法論の総体である自らの経営理論を駆使しながら経営者は外部環

境を認識し、戦略を策定し、戦略を実行するための受け皿である組織構造を
決定し、それらを戦略的意思決定の結果や状況に応じて修正していくのであ
る（その意味では、自らの経営理論は、経営者による戦略的意思決定の結果にも
影響を受けていると言うことができよう）。この自らの経営理論が、先述の経
営哲学や経営者になる前や、なってからの経験、経営学理論などいかなるも
のに影響を受け、いかに構築・拡張されていくのか、それを明らかにするた
めには、前節までで検討した経営者の役割、経営者能力、経営者の認識、経
営哲学など個々別々に捉えていくのではなく、多面的・統合的な視点から捉
えていくことが求められる。また経営者が自らの経営理論を構築・拡張して
いくプロセスについては経営実践においてもブラックボックス、暗黙知的な
性格が強く、解明、形式化の試みはなされていない。以上の経営者研究と経

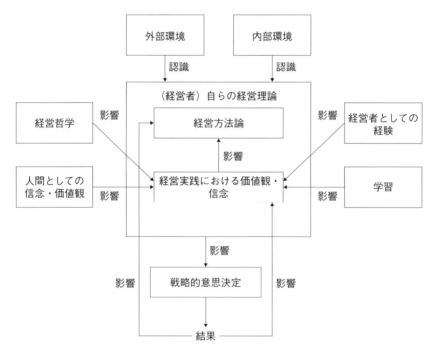

図2-1　第6節の議論のまとめ
筆者作成

営実践における現状を踏まえ、そこに本書の経営者研究の先行研究と経営実践に対するインプリケーションを見出し、次章以降の議論を進めていきたい。

注
1) 野間口（2012）は近年では、経営者能力について言及した研究はあまり多くないとしている。その理由として野間口は、それが研究され尽くしており、成果が上がりそうなテーマがなくなってしまったことと、日本の企業経営の研究における注目がトップから現場管理者の能力に移行したことを挙げている（野間口, 2012）。
2) 辻村（2018a）も、経営教育において、「自己が自己を研究対象とする＝観察する」という内観法の重要性について指摘している。
3) このようにシンセシスの習得には長い修練の時間が必要となるゆえ、三品は、経営者候補には、早い段階からの経営者教育を施し、シンセシスを実践し、その技能を習得する機会を積ませていくべきであるとしている（三品, 2005）。
4) 田坂は、歴史、政治、経済、社会、市場、企業においては、法則と呼べるものはなく、すべては法則性や再現性がなく、「一回限り」であるという（田坂, 1997）。一回限りであるがゆえ、経営という業務は亀井（2005）が指摘するように非定型の業務ということになろう。
5) 筆者による支配的論理の詳細な検討は、大野（2014）、第 2 章を参照されたい。
6) これは、高田（1967）の論じる「実践そのものの中に存在する経営原理」（高田, 1967：18）に相当すると言えよう。高田はこの実践そのものの中に存在する経営原理は経営哲学に含まれるとしている（高田, 1967）。
7) 三品は事業観に加えて、経験に裏打ちされた組織観がそれに加われば、鬼に金棒であるとしている（三品, 2005）。

第 3 章

経営学理論と経営実践

第 1 節　問題意識

　近年の経営学研究においては、二つの流れが存在している。ひとつは、国内外のトップジャーナルに見られる厳密性、再現性、すなわち経営学の理論としての発展、科学性を追求しようとする流れである。もうひとつは、経営学の科学性の追求にある程度歯止めをかけ、経営学研究の対象である経営とその実践の担い手である経営者などの実務家に貢献しようとする流れである。前者の流れは、トップジャーナルにおいては科学性が求められるがゆえ、そこに自らの論文の掲載を希望する研究者は、実践への貢献よりも、査読を乗り越えるため、厳密な実証研究を経た上での理論への貢献を追求した研究を行う傾向が強くなるのは必然であろう。大学教員への就職、教授、准教授などへの昇任には研究業績が求められ、とりわけトップジャーナルへの掲載はその可能性を高めると言われている（櫻田, 2011；中野, 2013 など）。それゆえ、そこに生きる大学教員やポストドクター、大学院生などは昇任や、より良い職場環境を得るため、そして大学教員となるためにトップジャーナルへの掲載可能性を高めるため科学性を重視した研究論文を書くこととなるのもまた必然の成り行きであろう。ベニス＝オトゥールなどは、こうした近年の経営学研究の状況を評し、研究者の敬意を得ることは、自分たちのアイディアを実践へと応用する存在である実務家にとって本当に重要なことを研究するよりも大事なのだろうかと疑問を呈している（Bennis & O'toole, 2015）。こうした、時に実践性を軽視した科学性への偏重こそが、理論と実践とのギャップを促進させ、経営学のもう一方の「受け手」である経営の実践者である経営者や管理者の「経営学は役に立たない」という認識を生んで

いることは想像に難くない。辻村などは、経営学について（「極端な言い方を
すれば」と前置きしてはいるものの）世の中の経営者諸氏が頼りにしうる非学
問的な技術論すら提供できなかったのではないかと評している（辻村,
1995）[1]。誤解を恐れずに言えば、科学性への偏重こそが、経営学と実務家と
の距離を拡大させている大きな要因であると言えよう。

　もうひとつの経営学の研究対象である経営の担い手である実務者とその経
営実践に貢献しようという流れであるが、こうした流れは、ここ数年で生ま
れたものではなく、その歴史は長い。わが国の経営学研究がその理論的基盤
に影響を受けたドイツ経営学においては、経営学は、「理論的認識に基づい
て、いままで知られていない新しい処理を作り出し、したがって、実践に新
しい道を示し、『行為の再教育と改善』を達成することを目的とする」
（Moxter, 1959：邦訳 62 頁）実践科学[2] であるべきとする見解がもっとも一般
的であるとされており（田中, 1999）、ドイツ経営学と同様に、わが国の経営
学研究が多大なる影響を受けているアメリカ経営学もまた、その生成は産業
社会の要請を受けて成立したものであり、当初から経営学とは経営実践に貢
献することを目指してその研究が展開されている。アメリカ経営学はそのよ
うな成立と発展の経緯を有するものの、近年では、アメリカを中心とした経
営学の世界では、定量調査に基づく「科学としての経営学」が中心的なアプ
ローチであり、実践への貢献という資格は、その隅に追いやられがちである
ように見受けられたが、2000 年代に入り、ルソー、ハンブリック、ジェフ
リー＝サットンなどが「事実に基づいた経営（Evidence-Based Management：以
下 EBMgt）」を提唱し、実務家がその経営に役立てることが可能な「事実
（Evidence）」を提供することこそが研究者の役割であるとしている。この
EBMgt は、経営学における対経営学者のみを対象とした「学術偏重」への
研究スタンスへの反省から生まれた研究スタンスであると言えよう（Rousseau,
2005；Hambrick, 2005；Jeffrey & Sutton, 2006）。

　わが国を代表する若手経営学者の一人である服部泰宏などは、従業員間に
おいて経営学がどのくらい普及しているのか、その現状を明らかにし、経営
学理論の修得と勤務先企業における出世との相関関係を明らかにしている
（服部, 2015）。また服部は別の論文において、従業員が仕事に関して特定の

信念（サイエンス志向など）を持たないこと、キャリアの成熟が経営学を摂取する傾向を強めることを明らかにし、経営実践における経営学の有効性を指摘している（服部, 2014）。

　わが国においては、山本安次郎が「実践科学」の視点からその理論構築を試みたり（山本, 1959, 1971, 1989など）、山城章が経営学とは、原理（Knowledge）と経験（Experience）を基盤として経営者の経営能力（Ability）の養成、すなわち経営教育を目指すべき、経営教育（の）学であるべきとする「KAEの原理」を提唱するなど（山城, 1968, 1970, 1976, 1982, 1990など）、その発展期を支えた研究者が、経営学における実践への貢献の必要性を提唱している[3]。その山城が設立に尽力した日本経営教育学会（現日本マネジメント学会）における学会誌（「経営教育研究」）、全国大会において、多様な研究者によりKAEの原理を中心とした山城学説の紹介、再解釈、批判的検討が試みられており、山城が提唱した「実践への貢献」という研究スタンスは今日もなお存続していると言うことができよう。わが国を代表する経営学者の一人であった占部郁美もまた、経営学研究は、事物の本質や事象の法則的関係に対して理論的認識を獲得することを目的とする理論科学的なアプローチと、一定の実践的な目的を合理的に達成するためには、どのような行動原理、手段や方法、手続きをとらねばならないかについて実践的に提言を行っていく実践科学的なアプローチが存在し、両者はお互いにお互いを補い合う関係にあるとしている（占部, 1980）。2000年代に入ってからは、実務家は、ケース・メソッドにより、自らの経営観を構築すると論じた辻村（2001）、経営者は経営学を学ぶことにより自らの経営者哲学を構築すると論じた佐藤（2012）、実学としての経営学は、企業や個人の認識や行動が依拠する基本法則である「原理原則」、観測や実験などの経験の蓄積によって得られた法則性である「経験則」、異なる可能性の広がりである「代替案」の三つを提供すべきでるとしている琴坂（2014）など、経営学はそれをそのまま応用することこそできないものの、経営者の事業観や経営観に活かされるために、経営実践において不要ではないとする見解も生まれてきた。

　しかしながら、トップジャーナルにおいても科学性が極端に求められているだけで、完全に実践性が否定されているわけではなく、経営学研究では、

最終的には理論と実践の両方への貢献が志向されている（琴坂, 2014 など）。それが経営の実践を対象とする社会科学であるのならば、理論的な貢献可能性を高めるだけでなく、実践的な貢献性を高めることが理想であると言える。

　こうした理論的、実践的背景を踏まえ、本章では、経営学およびそこから生み出される経営学理論はいかなる形で実際の経営実践へ貢献できるのかを検討することをその研究課題としたい。それを明らかにすることが可能になれば、トップジャーナルもまた、いかなる形で経営実践に貢献できるのかが明らかになるものと考えられる。具体的には、本章を通して、経営学が対象とする「経営」の性格や特徴、経営学とその担い手である経営学者と実務家とのギャップを拡張させるものは何なのかについての検討を深めることにより、経営学、経営学者と実務家とのギャップを解消していくにはどうすれば良いのか、そして経営学は実務家が従事する経営実践に対しいかなる貢献が可能なのかを提示したい。

　なお、本章においては、経営学を、「経営」及び経営の実践、すなわち経営実践を研究対象と学問であり、経営及び経営現象を明らかにするだけでなく、その現象の背後にあるメカニズムやその現象を構成する論理関係を明らかにすることを目指すものであると捉えたい。また、経営実践とは、柳原の「一定の法則に立脚して物事を営むために企業体はさまざまな行動をとるが、その際生ずる種々な問題を、すでに習得された概念規定にあてはめ、その問題解決の要請にこたえようとする行為」（柳原, 1999：19 頁）という指摘を踏まえ、理論に立脚した上で、企業の目的達成に向けた行動を取ることであると捉えたい。こうした捉え方は、山城章が提唱した、経営能力の養成は原理と実際を基盤として形成されるとする「KAE の原理」（山城, 1968, 1970 など）にも着想を得ている。また本章における経営実践の主体は特段のことわりのない限り、経営者であると捉え議論を進めたい。

第 2 節　経営実践の性格と特徴

　本節では、本章において考察の対象とする経営学と、経営学が分析の対象

とする「経営」、すなわち経営実践について検討したい。

　まずは、経営学が分析の対象とする経営実践について、その性格と特徴を検討していきたい。経営とは、言うまでもなく経営者によって企業等の組織を存続・成長させることであり、経営実践とはそのための実際の営みである。一般的には、それはヒト、モノ、カネ、情報という経営資源の管理を通じて行われると言われている。本節では、この経営実践についてもう少し掘り下げて検討していきたい。

　まず、第一に経営実践の特徴として挙げられるのは、経営者による経営実践が、彼（あるいは彼女）が取り巻かれている文脈、すなわちコンテクストと不可分に結びついていることが挙げられる。それゆえ、ある経営者が、あるコンテクストにおいて自ら考案した経営方法により成功を収めたとしても、成功を収めた企業とは、異なるコンテクストに取り巻かれた経営者がそれをそのまま模倣したとしても、成功する保証はないのである。経営という行為に作用しうる要因は無数に存在するためである（琴坂, 2014）。経営実践の主体である経営者を取り巻いているコンテクストが企業ごとに異なるため（そして同じ企業でも時期が違えばコンテクストが異なるため）、あるコンテクストには有効な経営方法であったとしても、あるコンテクストには有効な環境であるとは限らないのである。そうであるならば、コンティンジェンシー理論において指摘されているように、どのような状況下においても成功できるような経営方法は存在しないということになり、経営学のテキストに記載されているような諸理論は経営実践における万能薬ではないということになる。そうである一方で、経営学には、「絶えず変化し続ける社会、経済、経営環境、つまり複雑な要素が絡み合った世界をそのまま切り取り、刻々と移り変わる動態を分析し、理論化すること」（琴坂, 2014：39頁）が求められているが、コンテクスト依存性の高さゆえに、すべての経営者に有用な解を提供することは不可能であると言える。こうした経営のコンテクスト依存性の高い性格こそが、個々の企業の経営実践に対して有用な助言を与えることを不可能とし、経営を研究の対象とする経営学が経営実践において役に立たないとみなされる原因のひとつになっていると言えよう。

　三品は、企業は絶えず、コンテクストに埋め込まれている存在であり、コ

ンテクストは、時速 1 センチで流れる氷河のようなものであり、日々の動き
は見えなくとも、確実に動いているため、同じ企業でさえ、時が変わればコ
ンテクストは微妙に違ってくるとし、企業のコンテクスト依存性を指摘した
上で、経営者により策定される戦略とは「コンテクストに対応した特殊解」
であるとしている（三品, 2006）。経営はコンテクスト依存性のある行為であ
るにも関わらず、三品は、戦略論のオーディエンス（である実務者）に対し、
一般解を解くのが従来の戦略論である一方で、オーディエンスが必要として
いるのは応用問題に対する特殊解であると指摘している（三品, 2004）。

　ある企業で有効であった経営（特殊解）がある企業では有効（一般解）で
あるとは限らず、また同じ企業でも時間が違えばそれが有効ではなくなるの
である。経営学者は、特殊解を説くのではなく、複数の特殊解から帰納的に
導出した一般解をそのオーディエンスである大学生・大学院生、そして経営
実践の主体である実務家に説くことになる。三品の指摘からも経営に存在す
るのは、状況に埋め込まれた特殊解であり、再現性のある一般解は存在しな
いことが分かるであろう。一般解を提供する経営学者と特殊解を求める経営
実践の主体である実務家との間の需要と供給のミスマッチは経営という営み
が有する性格ゆえに生じているのである。

　また、辻村は、経営実践とは、①オールファクターズ・マッチングした、
②たった一回限り（非反復的）で、③非公開的要因をも含んだ、全体情況の
産物すなわち、個別総合解であると定義し、それゆえに経営実践では、特定
の一要因だけで成功の保証など到底得られないと論じている（辻村, 2007,
2009）。このように、辻村は、経営実践を一般解志向ではなく、個別解志向
であると論じ（辻村, 2001）、それゆえに、経営理論の適用と、実際の経営を
実践する経営手腕とは似て非なるものであると指摘し、経営手腕を経営者が
苦悩を伴いながら、全体最適を目指して自らの経営理論を築く、非再現的な
「個別総合」的行為と理解されねばならないとしている（辻村, 2009）。

　こうした経営実践の性格を踏まえ、辻村は、「経営実践において普遍解な
どない（普遍解の存在否定）」という命題だけは不変であるとした上で、経営
の成功パターンは、それこそ人間の指紋が一人として同じでないのとまった
く同様に、コンティンジェンシー・パターンは無数にあるとし、「成功パ

ターン収斂説」を探ることは、キャッチ・アップされやすい（誰にでもできる）ことを意味し、真の競争優位と逆方向に向かう危険性を孕んでいるとしている（辻村, 2001）。

　田坂によれば、歴史、政治、経済、社会、市場、企業においては、法則と呼べるものはなく、すべては法則性や再現性がなく、「一回限り」であるという。画家にとってある「心象風景」を求める局面がただの一回しかないように、経営者にとって、ある「戦略的判断」を求める局面というのもただの一回しか存在しないということである。それゆえ、田坂は、企業における戦略の本質とは、言葉として語りえるものではなく、一回性を前提としたアート（芸術）に外ならず、アートであるがゆえに、決して教科書やマニュアルにはできないとしている。田坂は、それは、本来体得することによってしか得られぬ「臨床の知」や「身体性の知」であり、本来言葉によって語りえぬ「暗黙の知」であるとしている。暗黙の知であるがゆえに、それが形式知化され、広く知られるようになった瞬間に、その有効性は失われるという（田坂, 1997）[4]。

　三品、辻村、田坂の指摘からも分かるように、経営とはコンテクストに埋め込まれた特殊解を求める行為であり、その正解は、企業が置かれているコンテクストにより異なるため、あるコンテクストではそれが正解であっても、別のコンテクストではそれは正解ではない可能性が高い。経営学のテキストで紹介されている理論は、多くの企業の特殊解から帰納的に導出した一般解であり、それがどの経営実践において「正解」とならないことはさほど不思議なことではないと言える。楠木も、ケース・ディスカッションにより最新のベストプラクティスを知ったところで、しょせんは、それはそのケースの文脈に埋め込まれた特殊解に過ぎないとしている（楠木, 2011）。また、三品が論じているように、経営を取り巻く環境は緩やかではあるが、着実に変化しており、その意味では、辻村や田坂が指摘するように、まったく同じコンテクストにおいて経営実践を行うことはありえず、その意味では、そこにおける経営実践はその場限りのものとなり、再現をすることは不可能ということになる。経営においてすべてのコンテクストを同じにするということはあり得ないのである。ここから、経営実践のコンテクスト依存性という経

営実践の第一の性格の従属的な性格として「非再現性」を指摘することができよう。

　第二の経営実践の特徴としては、経営実践の行為主体である経営者の主体性が挙げられる。すなわち、経営実践とは、経営者や管理者による意思決定の産物であり、それゆえ、この両者は、不可分に結びついており、切り離すことができないということである。「柳井正の経営方法」や「稲盛和夫の経営方法」など、自らが社長を務めた企業を大企業へと押し上げることに成功した名経営者については、その経営方法を紹介した書籍が数多く世の中にあふれている。こうした事実からも、経営実践がその行為主体である経営者と切り離すことができず、不可分に結びついていることが伺えよう。このように経営実践とは、客観的なものではなく、経営者の視点から自らをとりまくコンテクストの中で最善の特殊解を見出していく主観的なものであるということができる。それゆえ、経営実践を分析の対象とする経営学者においては、定性研究により事例研究を行う場合は、客観的に企業を取り巻くコンテクストや、そこから導出された経営実践を客観的に分析するのではなく、そこに身を置いた経営者の視角、すなわち分析対象となる経営者という主体を中心とした分析を試みる必要がある。

　山本や山城は、経営実践が有するこうした主観性を「主体の論理」と称し、これを排除すべきではなく、受け入れるべきであるとしている（山本, 1981, 1989；山城, 1968, 1970）。

　山本は、経営学を単なる理論的基礎を欠く単なる技術ではなく、理論の上に立つ実践科学であるべきであるとしている。さらに山本は、この実践科学である経営学は、経営の現実を問題とするものであり、この意味で、経営学の固有の対象は経営であり、この経営を実践理論的観点から経営の現実に即しつつ、一定の研究方法にて研究し、経営性の理論、経営の自己形成の理論、経営の維持と発展の理論に体系化することを目的とするべきであると続けている。この「実践理論的観点」を山本は、「主体の論理」と称しており、実践の世界は「主体の論理」の世界であるため、経営学もまた「主体の論理」に立つべきであるとしている（山本, 1971）。

　山本は、経営学本来の対象たる経営存在である企業や経営者は、歴史的社

会的に成立する主体的存在であるとし、これを「主体の論理」と称している。経営が、経営者により営まれる経営実践であるならば、主体の論理と切り離すことはできず、経営を主体の論理から捉えていくことが求められるということである（山本, 1989）。

山城は、経営学の最も重要な特色を「主体の論理」であるとし、実践主体（である経営者）がまずあり、その主体行動としてアプローチがあるとして、経営学では、実践主体（である経営者）をたえず中心において、その行動目的、理念、行動、判断などを正しく理解する必要があるとしている（山城, 1970）。

また、大河内なども、経営者が画く（経営実践のよりどころとなる）経営構想それ自体は、企業者の頭脳中にのみ存在して現実の形をもたないでいる限り、客観化されていないという意味で主観的なものであるとしている（大河内, 1979）。

こうした経営実践と経営主体との不可分性を「アート」と称する研究者も存在する。ここでは、人から切り離されたものがサイエンス（誰が行っても同じ結果になる）であり、人と切り離すことが困難なものがアート（その人だからこそ、その結果になる）と捉えることとする。

三品は、サイエンスが人によらない一方で、アートは、モナ・リザと言えば、ダビンチ、アイネ・クライネと言えばモーツアルトなどのように、人の才能や生き様と密接に絡んでいるがゆえに、アートから人を排除したら何も残らないとしている。またアートは、第三者による再現は不可能であり、アーティスト個人に依存する。三品は、芸術作品と同様に経営実践もまた、松下幸之助、本田宗一郎、井深大など人の名前がしっかり残っており、それは第三者による再現は不可能であり（さらに言えばその経営者が置かれていたコンテクストを再現することも不可能である）、経営者個人に依存するものであるとしている（三品, 2006）。

田坂もまた、一回限りの「一回性の視点」に立つ、歴史、政治、経済、社会、市場、企業を論じる研究は広い意味でのアートであるとしている。戦略もまたアートであるがゆえ、教科書やマニュアルにはならず、それは、画家が絵具の調合方法や鉛筆の使用方法という「テクネー（技術）」を教科書や

マニュアルで学ことができても、「アート」の本質を教科書やマニュアルで学ぶことができないのと同じであるとして、戦略におけるもっとも高度な判断は過去に参考になる事例もなく、頼るべき法則もない、一回性を前提としたきわめてアーティスティックな判断が求められるとしている（田坂, 1997）[5]。

　楠木もまた、経営は「人による」ため、科学よりはアートに近いと論じている。それゆえに、多くの人々が優れた経営者に「経営学」の知見を求めるのは自然な成り行きであり、優れた「アーティスト（経営者）」が経験の中で練り上げられた知見は極めて有用であるとしている。楠木は、第一に、当人の特殊な文脈（コンテクスト）の中で練り上げられた知見であるので、経営の文脈依存性が確保されていること、第二に、実際に丸ごと作動したシンセシスであるので因果関係が骨太になること、第三に経営者が現実に成功（あるいは失敗）しているので、成功との因果関係が効力に確保されているがゆえに迫力を持つものであるとしている（楠木, 2011）。

　ホール＝ジョンソンなどは、マネジメントはアートであるがゆえに、競合他社に容易に模倣されないため、差別化の源泉となる可能性を指摘している（Hall & Johnson, 2009）。

　ミンツバーグは、マネジメントを成功させるための要件として、分析、体系的データに基づく「サイエンス」、経験、現実に即した学習である「クラフト」、そして直観を通じた洞察やビジョンを生み出す「アート」の三つを挙げている（Mintzberg, 2004, 2009）[6]。

　経営実践が絵画や音楽と同様、アート的な側面を有するのならば、その実践主体である経営者と切り離すことは不可能であると言えよう。経営実践を研究の対象とする経営学においても、その行為主体である経営者と経営を切り離すことはできず、合わせて分析を試みる必要があり、さらには、対象を客観視するのではなく、行為主体である経営者の主体性を念頭に置いた―すなわち経営者の主観から―分析を試みる必要があるということである。

　最後、第三の経営実践の性格は、その統合性である。三品は、マーケティング、セールス、オペレーションズ、ファイナンス、アカウンティング、人的資源管理などの職能におけるアプローチは、大きな事象を構成要素に分解

するように、現象を別個に調べ、問題を究明し、解決していくアナリシス（分析）である一方で、経営戦略のエッセンスを「シンセシス（統合）」にあるとしている（三品, 2006）。シンセシスとは、個別の要素を組み合わせ、まとまりのある全体を形作ることであり、経営実践で言えば、企業における各職能を統合し、自社における経営実践の有効性を高めていくことを実現することである（三品, 2006）。また、三品は、統合は一人の人間の頭の中でするしかなく、脳内の横連携がよく取れているという意味で、脳の熟成が進んでいる人間を必要とするとしている（三品, 2006）。三品は、この統合の能力は、手順を踏んで真面目に勉強すれば確実に上達するアナリシスの能力とは異なり、教科書のない世界での数十年単位での鍛錬が求められるとしている（三品, 2006）。

　また三品は、管理職がオペレーションに対して責任を持つ傍ら、経営職はそのパッケージ化に専心するとして、管理職と経営職との違いを明確化させている。その意味では、管理職は分業体制の頂点に立ち、管理職は統合を担うのである（三品, 2004）。

　このように、シンセシスとアナリシスは全く異なるものであり、経営実践に求められるものがシンセシスであるのならば、三品は、経営者候補には、早い段階からの経営者教育を施し、シンセシスを実践し、その技能を習得する機会を積ませていくべきであるとしている（三品, 2005）。

　楠木もまた、経営実践の神髄はシンセシスにあるとして、アナリシスとの対比から捉えようとしている。楠木は、経営力は、「専門能力としてのスキル」のどれとも一対一には対応してはいないとし、ビジネススクールにおいては「経営学」という科目は存在せず、「マーケティング」、「オペレーション」、「組織論」、「人的資源管理」など個別の要素に対応した科目があるだけであることを踏まえ、経営力とは専門的なスキルに還元できないとしている。楠木は、個々の職能において求められる専門的スキルに必要なのがアナリシスであり、経営実践に必要なのがシンセシスであるとして、料理の比喩を用い、アナリシスは料理の前の下ごしらえであり、シンセシスは下ごしらえされた食材を調理し、ひとつの食事にすることであるとしている。それゆえ、アナリシスは重要ではあるものの、それのみでは、料理にはならない。

また、シンセシスには、その前提としてアナリシスが求められるということになり、アナリシスが不要だということにはならないという（楠木, 2011）。

　ベーカーは、マネジャーの業務は極めてゼネラルで、可変性に富んでおり、定義不可能なものであるとしたうえで、マネジャーに求められる中核的な技能として多様な職能領域、人々の集団、環境にまたがる統合と意思決定を挙げ、マネジャーの業務は他の専門職とは異なる（統合が求められる）がゆえ、医師や弁護士と同じような、アナリシスを重視したカリキュラムではマネジャーの育成は不可能であるとしている（Barker, 2010）。

　大河内などは、経営は、さまざまの因果系列に属する諸要因を組み合わせて、ひとつの有機的構造を作りあげることであるから、「綜合」と言うべきものであるとしている。大河内によれば、この綜合は経営者が現在の経営行為の形を理解するためではなく、現在の経営諸条件が含む事象が未来において発現するであろう、その可能性や問題や意味を先見して、未来における経営行為の形を構想するために、行われるものであるという（大河内, 1989）。

　以上、三品や楠木、ベーカー、大河内が論じるように、経営者による経営実践は、特定の職能や専門能力に収まるものではなく、個々の職能を統合し、全体のバランスを取りながら、自社の目標達成を実現していく類の人間的行為であると言うことができる。そしてこうした判断は、企業が置かれているコンテクストが一定ではありえないため、二度と同じシンセシスが求められることも、通用することはなく、絶えず新たなシンセシスが求められることになる。

　以上、本節では、経営実践の特徴として、コンテクスト依存性とそれに伴う非再現性、行為主体である経営者の主体性の不可分性、統合性の三つを挙げ、検討を行った。次に、経営実践を研究の対象とする経営学とはどのような性格を有するのか検討したい。

第 3 節　経営学の性格と特徴

　本節では、経営学の性格と特徴を捉えていきたい。冒頭に述べたように、近年の経営学研究は、大きく分けると厳密性、再現性を備えた科学であろう

とする流れと、経営実践への貢献性を高めようとする二つの研究目的が存在している。経営学研究においては、古くからこれら二つの研究目的が存在し、時に対立してきた。例えばわが国の経営学研究も、その理論基盤において、多大なる影響を受けてきたドイツ経営学（経済経営学）における1910年代～1950年代の三度にわたり繰り広げられた経営学方法論争の対立の焦点は、簡潔に言えば厳密な科学性を追求しようとする学派と、経営実践に資する実践科学であろうとする学派の対立であったし（理論科学としての経営学と実践科学としての経営学の対立）、明確な論争こそないが、EBMgt は先述のように現代の経営学研究における科学性、学術・理論への偏重への批判から生まれた研究アプローチである。また近年、経営学研究においてもよく耳にするようになった、研究者と実務家が協働の中で研究課題を見出していく「アクション・リサーチ」などもまた同様に、その根底には科学、学術偏重の近年の経営学研究への反省があるように感じられる。こうした事例を踏まえても、経営学とは、その成立から今日に至るまで、「科学としての経営学」と「実践に資する学問としての経営学」という二つの視角が存在し、それは時に対立すれど、今日まで共存してきたと言うことができよう。

　わが国における経営学研究の発展を支えた山本は、経営は存在である前に実践であると言わねばならず、経営学は理論的科学であると同時に実践理論でなければならないとし、ドイツ経営学は、「理論の実践化」を志向し、アメリカ経営学は「実践の理論化」を志向していたとしている。また山本はわが国における経営学が多大なる影響を受けたドイツ経営学、アメリカ経営学の歴史を踏まえ、経営学の歴史とは、実践理論の歴史であり、実践理論への歴史であると論じ、経営学とは実践者の実践能力に貢献する実践科学であるべきとしている（山本, 1971）。

　また、山本と同じくわが国における経営学研究の発展を支えた山城も、経営学を純理の応用である応用科学ではなく、実際を実践に生かしていく実践科学であり、実践的な活動をいとなむ人間の機能主義的な目的活動が研究課題となるとしているこうした学問としての経営学の特質を踏まえ、山城は経営学を「実践経営学」であるべきであるとしている（山城, 1970）。

　占部は先述のように、経営学研究における理論科学と実践科学の両アプ

ローチは、お互いにお互いを補い合う関係であるとしている。具体的には、占部は、実践科学は、理論科学の持つ「説明」を基礎として行われる予見の機能から実践科学における実践的提言を導き出していることを指摘し、両者はお互いを排除しあう関係ではなく、補い合う関係であるべきとしている。そのうえで占部は、実践科学は、それが、「科学」という名を冠しているのならば、単に経験から得た手段や処方箋を提示するものではなく、事実に対する理論的認識を基礎として、実践的提言を行うべきであるとしている。また占部は理論的経営学においてもまた、その対象について抽象的な因果法則を発見するにとどまらず、経営の実践的な目的に有用な経営政策を導き出す理論的基礎を与えるため、経験的に検証可能なオペレーショナルな法則を追求していくものでなければならないと論じている（占部, 1980）。

　このように考えていくと、占部は、理論科学は、「理論の実践化」を志向するものであり、実践科学は、「実践の理論化」を志向するものであると捉え、互いがその目的の達成のため、補い合いながら発展していくべきであると考えていたと理解することができよう。

　以上、山本、山城、占部なども経営学には理論科学だけでなく、実践科学の側面が存在すること、そして経営学研究は、「理論の実践化」と「実践の理論化」を目指すべきであるとしている[7]。そうした見解は、小椋康宏、辻村宏和等、現在の日本マネジメント学会を主たる研究活動の拠点とする経営学者に継承された一方で、経営学を厳密性、再現性を有する科学であろうとするアプローチも台頭しており、特にトップジャーナルと呼ばれる査読付きの研究雑誌においては実践への貢献性よりも科学性を重視する傾向は顕著であることはルソー（2005）、入山（2012）なども指摘している。

　琴坂は、経営学には、「社会科学の研究領域としての経営学」と「経営という行為の実践の理論」としての二面性が存在するとしている。経営学は、他の社会科学と同様に、人間社会の構造と動態を説明しうる普遍的な理論を探求する一方で、経営という行為を行う組織と個人に対して、実学として実践に資する知識と考えを提供しなければならないというように、二つの使命が課されているとしている。具体的に、琴坂は、学術研究である科学が志向する人間社会の仕組みを解き明かそうとするために作られた枠組み（の構築）

74

は、特定の企業の行動を説明するにはどうしても大味にならざるを得ず、限られた数の卓越した成功の実践事例から、広く一般的な企業の成功要因を見出すことは難しい行為であるとしている。その企業の直面した特殊な状況に適合された行動様式（特殊解）を、異なる状況に置かれた他者が実践して同様の結果になるとは限らないためである。こうした相矛盾する二つの目的を有しており、この二つの目的の同時達成（琴坂の言葉を借りると「二兎を追う」）を目指すことが経営学という学問の特徴であるとしている（琴坂, 2014）。

　また入山は、「理論分析から導き出された仮説が、世の多くの企業に一般的にあてはまるのか」を数百社、数千社あるいは、数万社という企業のデータを集め、それらを用いて仮説を統計的に検証することにより、その有効性を明らかにし、多くの企業にも一般的にあてはまるのかを科学的に解明することが科学としての経営学のあり方であり、世界の経営学（者）は科学を目指していると述べている（入山, 2012）。

　しかしながら、入山は、経営学とは、人間、あるいは人間の集団の意思決定を分析することにほかならず、企業経営において人間が考えることは、複雑かつあいまいで、泥臭いものであり、その科学性はまだかなり薄弱なものであるとしている（入山, 2012）。また辻村なども、客観的であることは必ずしも真実であるというわけではなく、検証は学者の支持を集めることはできても、実践家はもとより実のところ学者も納得したというよりも確かさを統計的手続きを以て満たしたに過ぎないとして、経営学の科学性には懐疑的である（辻村, 2001）。そして、先述のように、EBMgt 研究者などのように科学性偏重の近年の経営学研究のあり方に否定的（科学としての経営学を否定しているわけではなく、行き過ぎた科学性の偏重に否定的な）な見解を支持する研究者も現れている。

　以上、簡潔ではあるが、経営学における二つのアプローチが存在することを明らかにした。それでは、経営学において明らかにするべきものとは何なのか。経営学が、「学」である限りは、科学であろうと実践であろうと、理論であることは間違いないであろう。楠木は、論理化とは、「個別具体的な事象の背後にある論理を汲み取って抽象化すること」（楠木, 2011：10頁）で

あるとしている。楠木の定義を経営学になぞらえていくと、経営学における
論理化とは、ある経営現象を理論や調査（定性調査、定量調査）を用いなが
らそれを説明することにより抽象化を試みる作業であると言える。しかしな
がら、先述のように経営にはコンテクスト依存性、非再現性が存在するゆ
え、それが科学を志向するものであろうが、実践を志向するものであろう
が、その論理化により導出された新たな経営理論はすべての経営者にとって
有用なものにはならない。そこに、経営理論と経営実践との間のギャップが
存在する。

　社会学者のヘイグは、「社会学理論は社会的現実のモデルである」と捉え
ているが、理論は決して社会的現実全体の正確な描写ではないとしている。
それは、さながらすべてのピースのないジグソーパズルのようなものであ
り、与えられたピースの中で、完全な絵、すなわち社会的現実の描写を手に
入れることを目指すのであり、このパズルのピースこそが理論である
(Hage, 1972)。

　佐藤は、ヘイグの指摘を踏まえ、理論とは経営の現実を部分的に切り取り
抽象化したものであるとし、理論を実践に活かしていく場合、ピースの欠け
た部分を経営者が自らの経験や経営のコンテクストを読みながら補っていく
必要があるとしている（佐藤, 2012）。

　楠木も、具体的な事象はあくまでも特定の文脈の中でのみ意味を持つと
し、他社の成功を自社の経営に水平的に応用しようとしても、異なった文脈
（コンテクスト）をまたぐことになるので、そのままではそれを応用すること
は困難であり、そのため、具体的事象をいったん論理化して初めて汎用的な
知識ベースができ、それを自分の文脈で具体化することによって、はじめて
経営に役立てることが可能であると論じている（楠木, 2011）。

　楠木、ヘイグ、佐藤の指摘を踏まえると、経営学と経営実践との間には距
離が存在することが分かる。それは、経営学が社会科学、すなわち科学、学
問であろうとするためであり、それがゆえの抽象性、一般性を有するため生
じるものである。そのため、経営者が経営学理論をそのまま経営実践へと応
用していくことを困難にさせるのである。また、既述ではあるが、すでに理
論として公表され、経営学者のみならず多くの経営者などの実務家にも共有

されている経営学理論をそのまま自社の経営実践へと応用することは、他社と同じような戦略しか生み出せないことに繋がり、決して競争優位に繋がることはない。戦略の本質が（競争優位を獲得するための）異質性であるならば、経営理論の推定的な応用は企業に決して競争優位をもたらさないものとなり、「競争劣位」をもたらしかねない。

　以上、本節では、経営学が何を目的とし、何を明らかにしようとしているのかということと、経営学と経営実践の間に生じるギャップを明らかにした。次節において、経営学と経営実践の間に生じるギャップを、その行為主体である経営学者と経営者にも視野を広げ検討したい。

第4節　何が経営学における理論と実践との乖離を生み出すのか？

　本節では、今までの節において、断片的には論じてはいたが、経営学と経営実践とのギャップ、そしてその行為主体である経営学者と経営者との間に生じるギャップについて明らかにしていく。

　経営学と経営実践との間にギャップをもたらしている理由の一つ目は、本章においてたびたび指摘してきたように、需要と供給のミスマッチが挙げられる。既述のように、経営者による経営実践で求められる（経営者が求めている）のは、経営者が置かれているコンテクストにおける特殊解であり、経営者が経営学とその担い手である経営学者に求めるのは抽象的、一般的な経営理論ではなく、自らの経営実践における「特効薬」である一方で、経営学者により構築された経営学が提供できるものは、複数の企業における特殊解を集め、それを帰納法的に一般解として昇華した経営学理論である。そこに、そもそもの需要と供給のミスマッチが存在している。その意味では、経営学の目的や性質により、そもそも、経営学は経営者が求めているものを最初から提供することは不可能であると言うことができよう。琴坂は、経営学が対象とする一方のオーディエンスである実務家は、包摂的で、具体的で、実現性のある答えを提示できるような作品を求めており、大味な議論は本質的には望まれてはおらず、経営学において実現を目指すような多くの事例にあてはまる、広範な状況下で当てはまるフレームワークは実務家が根源的に

求めているものではなく、彼らの関心は、どうすれば自らの事業をより良い方向に導けるかであり、普遍的な一般法則としてどのような傾向があるかは付属的な議論に過ぎないとしている（琴坂, 2014）。

　また三品などは、経営者は特定のコンテクストの中で長い経験を積んではいるが、自分の所属する企業や自らが携わる事業を、必ずしも戦略の視点から見てきたわけではないため、長い年月をかけて身に付けてきた視点があるだけに、それを置き換えることは至難の業であると論じ、経営者が自らの実務経験の中で培ってきた視点もまた経営学を理解することを困難にしていると論じている（三品, 2004）。

　楠木もまた「経営学と経営は違う（一緒だったら、私はそもそも学者商売をしていない）」[8]（楠木, 2011：9 頁）として、「100 通りの可決すべき問題のすべてについて、こうやったらいいですよ、こうすればたちどころに業績が上がりますよ、というような個別のソリューションがあるわけはない」（楠木, 2011：9 頁）と論じている。こうした需要と供給のミスマッチこそが、経営者サイドにおける「経営学は（経営実践において）役に立たない」という認識を生み、それを加速させていると考えても差し支えないであろう。辻村などは、自らの調査を踏まえ、経営者の「座右の書」は、話題の経営書は多いものの、ピーター・ドラッカーの経営書を除いては、経営学者により書かれたものは圧倒的に少なく、それに比して、司馬遼太郎や城山三郎らの歴史小説や経営小説は彼らに愛読されており、その持続力は経営書の比ではないとしている（辻村, 2009）。ルソーもまた、経営学研究が企業における経営実践をその研究対象にしているにも関わらず、実務者や経営コンサルタントがそうした作品（研究成果）にほとんどアクセスしていない現実を指摘している（Rousseau, 2005）。

　このように考えていくと経営学と経営実践は「違うもの」であると言うことが可能である。楠木などは、経営学者は、さまざまなけもの道を走っている人々（経営者）を眺めながら考え事をしている存在にすぎないとしている（楠木, 2011）。そうであるのならば、辻村による「『経営系学部出身の（名）経営者』は希少であるのはなぜか？」（辻村, 2018b：37 頁）や「『経営学者が名経営者となった』ケースなど希少であるのはなぜか？」（辻村, 2018b：37

頁)、「『経営学部を有する大学経営は良好である』というエビデンスはあるのか?」(辻村, 2018b:37頁)などの問いへの回答が可能となろう。

　経営学と経営実践との間にギャップをもたらしている理由の二つ目は、経営学者、経営者ともに経営実践の性格を正確に捉えられることができていないことと、経営実践能力の養成の方法論について経営学者、経営学側が明確な回答を有していないことが挙げられる。これも既述にはなるが、経営実践に求められるのは、企業経営における諸々の要素を統合して形にしていく「シンセシス(統合)」が求められる。マーケティングや商品開発、アカウンティング、人的資源管理など個々の職能において求められるのは、全体を個別の要素に分解し、問題を解明し、その解決を目指す「アナリシス(分析)」である。既述のようにアナリシスは経営の前提とはなるが、それ自身はあくまで経営実践の前提にすぎず経営実践とはならない。これも既述ではあるが、三品(2006)も指摘しているように、アナリシスについては、教科書や教育方法が存在するため手順を踏んでしっかり勉強をしていけば身に着けていくことは可能である。その一方で、シンセシスは、教科書があるわけでも教育方法があるわけではない。シンセシスがあるのは、経営者の心の中であり、辻村(2001)が指摘するようにそれは言語化することが難しい。それゆえに人に伝えることが難しい。言語化が困難であるだけでなく、それは修得することもまた時間がかかる。人に教わるわけではなく、長い時間をかけ、自分で修得する必要がある。三品などは、シンセシスを高めるためには教科書のない世界で十年単位での修練を積む必要があるとしている(三品, 2006)。

　経営実践の本質がシンセシスにあるのならば、それは自ら体得する以外にそれを身に付けるすべはなく、教育によりそれを身に付けさせることは極めて困難であるということになる。ここで、経営者を含めた経営幹部の養成機関と位置付けられているMBAにおける経営教育について見ていきたい。先に指摘したように、楠木はビジネススクールにおいては「経営学」という科目は存在せず、「マーケティング」、「オペレーション」、「組織論」、「人的資源管理」など個別の要素に対応した科目があるだけであるとしている(楠木, 2011)。先述のように、個々の職能領域において求められるのは、シンセシスではなく、アナリシスの能力であり、上記の科目で磨かれるのはアナリ

シスの能力ということになる。その意味では、ビジネススクールでは、シンセシスの能力が磨かれる機会はないため、経営実践に求められる能力を養成することは不可能であるということになる。

　ミンツバーグは、ビジネススクールにおいては、戦略、マーケティング、組織行動、財務、会計など個々の領域がその独立性を高めており、実際の授業においても他の授業との協力やチームワークが存在せず、「縦割り化」が高度に進んでいると指摘している。ミンツバーグもまたマネジメントの本質とは「統合」にあるとしているが、そうした縦割り化が進んだビジネススクールでは、そうした個々の領域を統合する経験を積んでいくことは不可能であると言える。ミンツバーグは、そこで教えられるのは、財務資源のポートフォリオモデル、戦略資源の競争分析、人的資源の権限移譲技術などのテクニックに過ぎないとしている。こうした具体的な文脈を離れて、一般論の形でテクニックを教えるのでは、「道具至上主義」を助長しかねないとし危惧した上で、ビジネススクールでは、マネジメントをテクニックの問題に単純化していると非難している（Mintzberg, 2004）。

　またミンツバーグは、テクニックの教授が重視される一方で、ビジネススクールにおいては、企業倫理などのソフトスキルが教えられることはなく、もっぱら言語化しやすく、教員が教授しやすいアナリシスに偏るというように、その教育は分析的な「サイエンス偏重」であるとしている（Mintzberg, 2004）。そのうえで、そのような教育を受けたマネジャーが失敗する原因として細かい差異を無視して方程式（つまり、既成のテクニック）をあてはめたがることを挙げている（Mintzberg, 2004）。それは、経営実践（シンセシス）＝テクニック（アナリシス）と誤認してしまったがゆえの失敗であると指摘できよう。しかしながら、ビジネススクールで教えられているのは、アナリシスであるにもかかわらず、経営実践に必要なスキルを習得したと誤認し、ビジネススクールを修了したマネジャーは少なくないということが言えるであろう。

　ベニス＝オトゥールなども、ビジネススクールは本来、研究を通じた知識を構築し、実務家を教育することがその使命であるにも関わらず、その重点が科学に向いていると指摘している。そのうえで、彼らは、科学的な熱意と

実践との繋がりのバランスを図っていくことがビジネススクールには求められるとしている（Bennis & O'toole, 2005）。

　ベーカーもまた、ビジネススクールのカリキュラムにおけるテクニカルな知識の重要性を認識しつつも、マネジメントの本質は、よりソフトで、定義できない属性を備えるがゆえに、テクニカルな知識はマネジメントの本質ではないとしている（Barker, 2010）。

　こうしたビジネススクール教育の実情もあり、ルソーは現代のマネジャーは、MBA ホルダーを含めて根本的なマネジメントの知識が不足していると指摘している（Rousseau, 2012）。

　以上、経営学と経営実践のギャップを生む第二の要因（経営学者、経営者ともに経営実践の正しい姿を捉えられていないこと、経営学側が経営実践能力の養成についての方法論を有していないこと）について経営実践のエッセンスであるシンセシスと、経営幹部の養成機関であると捉えられているビジネススクールの現状から検討した。経営とはどのようなものであり、何をする職能であり、どのような能力が必要とされ、またそれはどのように養成可能であるのか、こうしたことに関して経営実践の担い手である経営者をはじめとする実務家はもちろん、経営学もまた正しい答えを有していない経営学者が多く、仮にその答えを有していたとしても実務者にそれを正しく伝えることができていないのが実情であると言えよう。アナリシス重視で、シンセシスについて洞察を得る機会のない現行のビジネススクールのカリキュラム体制がそれを体現していよう。こうした実情が、経営者が経営学へと歩み寄れない原因のひとつとなっていると言えよう。

　以上、本節では、何が経営学と経営実践との乖離をもたらすのかについて検討を試みた。そこにおいては、経営学が提供可能な一般解と、経営実践が求めるそのコンテクストにマッチした特殊解の間に生じるミスマッチ、経営実践を高める方法（論）について経営学者、経営学が十分な回答を有していないことが、実務者側の「経営学は役に立たない」という意識を抱かせていることを確認した。本章において導出した結論を反対に捉えるのならば、経営学と経営実践との間の需要と供給をマッチさせていくことこそが、経営学の経営実践への貢献性を高めることを可能にすると言える。次節では、両者

の需要と供給をマッチングさせる方策について検討することにより、経営学の経営実践への貢献のあり方を明らかにしていきたい。

第 5 節　経営学は経営実践とその担い手である
経営者に対しどのような貢献ができるのか？

　本節では、経営学が経営者による経営実践にいかに貢献できるのか、そのあり方を検討していきたい。先述のように、経営実践で求められるのは、コンテクストに適合した特殊解であり、経営学が提供できるのは、どの企業にもおおむね当てはめることが可能な一般解であり、経営学をそのまま経営者による経営実践に応用していくことは難しいと言える。さらには、三品（2004）なども指摘しているように、経営学理論は学術用語を共有しない経営者には抽象的で分かりづらいものであり、それを理解していくこともまた困難である。こうした経営学の一般解志向、科学志向が経営者の「経営学は役に立たない」という認識を醸成させていることは先述の通りである。その意味では、経営学理論はそれをそのまま応用するという形により経営実践に貢献することは不可能であるということになる。

　経営実践の本質がシンセシス、すなわち統合にあるのならば、経営学が経営実践に役立つためには、経営者のシンセシスに役立つものであることが重要となる。すなわち、経営学の経営実践への貢献方法とは、多様な職能領域、人々の集団、環境にまたがる意思決定を下し（Barker, 2010）、企業の目標達成を実現していくことに役立つことであるということになる。

　シンセシスは、真空で行われるわけではなく、経営者の経営（実践）に対する信念を基盤にして行われる。その意味では、シンセシスは、経営者の経営に対する信念の産物であると言うことができる。こうした経営に対する信念を先行研究では、「事業観」（三品, 2004, 2006）、「経営観」（辻村, 2001）、「独自の経営理論＝持論（辻村, 2008a）、「支配的論理」（Prahalad & Bettis, 1986）、「日常の理論」（加護野, 1986）、「経営者哲学」（佐藤, 2012）、「マイ経営学・原理」（辻村, 2019）など各研究者によりそれぞれ異なる呼称が用いられ[9]、研究が進められている。経営学が経営実践に貢献できる可能性としては、彼らが行うシンセシスの基盤となる経営に対する信念をその理論をもって豊かに

していくということは可能ではないかと思われる。金井も、リーダーシップ
論において、実際にリーダーシップを発揮しなければならない立場にいる
リーダーが、リーダーシップにおける持論を持つこと、そのうえで、研究者
が構築する理論を学び、経験を内省し、持論を磨く必要性を指摘している
（金井, 2005）。以降本節では、こうした経営者の経営実践に対する信念や考
え方、方法論を（経営者）「自らの経営理論」という用語を用い、議論を進
めていくことにしたい[10]。そこには、経営者は経営理論・手法を適用する者
というよりも、「経営理論・手法を編み出す者」という見解が含まれている
（辻村, 2008a）。辻村は、経営者独自の経営理論はきめ細やかな観察と真善美
を考え抜く哲学的思考によって模索され、築かれるとしている（辻村,
2008a）。本節においては、（経営者）自らの経営理論を辻村（2008a）が指摘す
るような意味を含みつつも、「経営（実践）に対する考え方や信念」と定義
し、自らの経営実践とその本質であるシンセシスの基盤となるものであると
捉えたい。また、こうした捉え方は、小笠原が提示した経営者の「日常の哲
学」としての経営信条や経営思想をあらわす「経営者の実践哲学」（小笠原,
2017：238 頁）と類似する部分が多いと言えよう。

　先述のように、トップジャーナルに掲載された論文は、厳密な科学的な手
続きを行い、同領域の研究者による厳密な査読を経て掲載されているため、
そこで提示されている経営学理論は一定の科学性を備えているだけでなく、
多くの企業に当てはまる一定の一般性を有していると言える。経営者にとっ
て重要なことは、それを鵜呑みにしてそのまま応用するのではなく、自らの
コンテクストに当てはめながら応用していくことである。その意味では、一
般→個別（自己）の演繹的な思考プロセスが求められるということである。
その試みは成功するかもしれないし、失敗するかもしれない。自らのコンテ
クストに合わせ修正された経営学理論は、成功した場合は、自らの経営実践
を省察した上で、その成功要因を明らかにした上で、自らの経営理論へと吸
収され、自らの経営理論を豊かなものとしていくのである[11]。失敗した場合
は、省察によりその失敗の原因を究明し、再度修正を試み、挑戦をすること
により、自らの経営理論を書き換えていくことが可能となるのである。いず
れにおいても、自らの経営実践という経験を教訓に変え、意味づけしていく

作業（内省）が必要になる（Mintzberg, 2004；金井, 2005；伊丹, 2007；古野・藤村, 2012）[12]。経営学理論を自らのコンテクストに合わせて修正した上での、経営学理論の演繹的な取り込みと省察によるその修正と再構築という作業により、経営者は自らの経営理論を豊かなものにすることを可能とし、より良いシンセシスを行うことが可能になるのである。奥行きのある豊かな自らの経営理論こそが、「経営諸条件のうちに現に生じている多様な現象のなかから、彼の企業の存立に係わると思われる問題を知覚したうえで、将来とるべき経営行為の形を構想して、意思を定める」（大河内, 1989：45 頁）ことを可能とするのである。その意味では、経営能力（Ability）の養成は、原理（Knowledge）と経験（Experience）を土台として、自己啓発として形成されるとした（山城, 1970）、山城章の「KAE の原理」に通じるところがあると言えよう。山城流に言えば、K を、自らのコンテクストに修正した上で経営実践へと応用（E）し、その経験を省察することを通じて、自らの経営理論を豊かなものとすることにより、経営（実践）能力（A）の向上を実現していくということになろう。また、先述のように、服部（2015）が実証研究により、経営学理論の修得と勤務先企業における出世との相関関係を明らかにしているが、厳密な科学的な手続きと査読を経て構築された経営学理論を、自らのコンテクストに当てはめ、修正した上で活用し、省察を通じて自身の経営実践活動のよりどころとなる自らの経営理論を豊かにできる従業員こそが、自らが置かれているコンテクストに適合したシンセシスを実現し、経営実践における成果を収めることを可能とするゆえに、経営学理論の摂取と出世との相関関係があることは何ら不思議なことではないとも言えよう。そして、こうした作業は一朝一夕方でできるものではない。三品（2005, 2006）が指摘するように長い時間を経て育まれていくものであると言えよう。

　経営学理論を演繹的に自己のコンテクストへと応用し、省察を通じ絶えず自らの経営理論を豊かなものにしている経営者として、ファーストリテイリング会長兼社長の柳井正が挙げられよう。柳井は、ピーター・ドラッカーの著書に自らの経営実践のエッセンスを求め、ドラッカーの経営理論を自らのコンテクストにおいて再解釈し、それを演繹的に自らの経営実践へと応用することにより、成功や失敗を経験し、省察を重ねながら、そこから教訓を得

ることにより自らの経営理論を豊かなものにしている [13]。一例を挙げれば、「顧客の創造」というドラッカーが提示した概念を柳井は自らのコンテクストにあてはめながら顧客の創造という概念を「付加価値のある良い商品を作ること」、「付加価値があるということは今まで誰も作っていなかったということ」と再解釈したことや、同じくドラッカーにより提示された、社員一人ひとりが自分の意見や知識をもって、自発的に考えて行動する「知識労働者」という概念を、自らのコンテクストに当てはめながら再解釈し、従業員にサラリーマンであるという意識で働くのではなく、自営業をやっている意識で仕事をすること（とりわけ店長に）を求めたり、ドラッカー理論を自らのコンテクストにあてはめ、再解釈したうえで、それを自らの経営理論を豊かにするために大いに活用している。柳井の経営理論の中核をなすものは、「お客様に必要とされているものを提供することが、企業の唯一の使命」であり、それは自らのコンテクストにあてはめたドラッカー理論の再解釈とそれに基づいた経営実践により強化されていると言うことができよう（NHK「仕事のすすめ」制作班, 2010）。

　一般的にファーストリテイリングの成功は、「SPA により質が高くて安価な製品の製造に成功したからである」と思われがちであるが、それは表面的な解釈であり、柳井が自らのコンテクストにあてはめたドラッカー理論の再解釈と経営実践を通じた省察の繰り返しにより、経営実践の基盤となる自らの経営理論を豊かなものとしていったことが大きいと言える。SPA やフリースも、シンセシス、柳井自らの経営理論の産物であり、シンセシス、自らの経営理論がおぼつかなければ、経営実践もまたおぼつかないものとなることは明白である。

　以上の議論を踏まえ、経営学理論は、経営者の経営に関する信念を豊かなものにできる可能性を秘めていることが明らかにされた。しかしながら、経営学者により書かれている学術論文は抽象性が高く、学術的な専門用語が多いため、アカデミックトレーニングを受けていない経営者には理解が難しく、それを取り入れていくことは難しいことであることは想像に難くない。では、その問題をどのように解決すれば良いのであろうか。以下、両者のギャップを埋め、経営学を経営実践に役立てていくために、経営学者と経営

者に求められることについて若干の私案を提示したい。

　まず経営学者に求められることであるが、経営学者の仕事が経営学研究と研究成果に基づいた教育活動であるならば、まずは自ら経営学研究を実践し、科学的、経営学的な検証に耐えうる研究業績を生み出していくことが求められる。そのうえで、研究を通じて構築した経営学理論を教育活動や、講演や研修などの社会貢献活動、書籍やテキストなどの執筆活動を通じて大学院生や大学生、実務家に伝えていくことが求められる。教育活動、社会貢献活動、執筆活動においては、自らの研究活動で構築した経営学理論を分かりやすい形でそのオーディエンスである学生や実務家に伝えていくことが求められるのである。先述のように、経営学者が構築した経営学理論は経営実践における「一般解」である。その意味では、それはそのまま実務家には経営実践における特効薬とはならない。自らのコンテクストになぞらえ、再解釈しながら自らのコンテクストになぞらえながら活用していくことが求められる。良質な経営学理論は、経営者に（経営者）自らの経営理論の構築、修正、再構築を促していくことを可能とする。経営学理論を基に構築、修正、再構築された経営理論を道具としながらコンテクストに適合したシンセシスを行うことによって、経営者は新たな経営理論を構築することを可能とするのである。経営学者が研究の対象としている経営実践の世界は絶えず変化しており、その意味では、常に目を離すことができない。そういう経営実践の世界に漬かりながら、その経営実践の現実や経営者が生み出した経営理論を説明するための経営学理論の構築に明け暮れ、その経営学理論を分かりやすく説明する、というように経営学者の仕事とは絶えず、研究による経営学理論の構築と、その分かりやすい説明という二つの作業を繰り返すことであると言うことができる。そうした作業の繰り返しこそが、経営学研究において志向されている科学と実践への貢献の両立という経営学研究に課せられた使命を達成することを可能とするのである。

　それでは、経営学のオーディエンスである経営者にはどのような態度が求められるのか。先述のように経営者には、経営学理論を自らのコンテクストに当てはめながら理解し、再解釈し、自らの実践において、それを使用していくことが求められる。そこでは、ヘイグ（1972）や佐藤（2012）が指摘し

ているように、理論による現実の描写はピースの足りないパズルのようなもので、自ら足りないものを類推しながら、理解、再解釈してくことが求められる。その作業において求められる能力とは、経営学理論における抽象性に耐えうる思考力と、抽象的な経営学理論を自らのコンテクストにあてはめながら考え、それを修正していくことのできる応用力であろう。思考力を支えるのは広い視野であり、広い視野を養うのは、深い教養である（三品,2006）。三品は、見えない未来に向かって時代の趨勢を読み、世界の動向を捉え、技術と市場の深化を予見し、大きな投資判断をするために必要になるのは、実務能力の確かさではなく、視野の広さであり、歴史観、世界観、人間観が問われているとしたうえで、大学生が将来経営者になるために学ぶべきものとして歴史を挙げ、歴史を学ぶ意義として非凡な発想の土台となることを挙げている（三品,2006）。三品は、学生時代にあまり勉強しなかった経営者が、経営者になってから司馬遼太郎や塩野七生を慌てて読み漁るケースもあるが、そういう状況では「勝負あった」の構図であると指摘している（三品,2006）。辻村もまた、経営者の経営観は、哲学的な定言・全称命題であり、それゆえ人文知が不可欠としている（辻村,2019）。

　三品、辻村の指摘を踏まえるならば、人文知などの豊かな教養に基づく広い視野は、経営者になってから養われるものではなく、経営者になる前（さらに言えば10代、20代のうちに）に養われるべき資質であると捉えることが可能である。その意味では、「経営者に向いている人・向いていない人」は確実に存在すると言うことができよう。

　抽象的な経営学理論を自らのコンテクストにあてはめながら考え、それを修正していくことのできる応用力についてもう少し考えていきたい。これは広い視野だけでは十分ではない。それを可能にするのは「経験」である。これは、管理職などの従業員としての経験ではなく、経営者としての経験である。経営者としての経験を積み重ね、多様なコンテクストを目の当たりにして、多様なシンセシスの経験を積み、自らの経営理論を構築することにより、抽象的な経営学理論について自分なりの解釈や理解が可能となり、さらには自らのコンテクストになぞらえながら理解し、それを修正していくことを可能とする。三品は、経営者が経営成果を出すためには十年単位での在任

期間が必要となると指摘しており、短い任期の「駅伝方式」で成果を出すことは難しいとしている（三品, 2005）。また、先述の柳井正も、大学時代や父親から事業経営を任された25歳前後の時にドラッカーの書籍を読んでもそれほど感動することもなければ、影響されることもなかったが、株式上場を考えたときに、再度ドラッカーの書籍を読んだ時に、ドラッカーの言っていることに納得できる部分が多く、興味を持つようになったと述べている（NHK「仕事のすすめ」制作班編, 2010）。この変化を柳井は、「ぼくもそれなりに経営の経験も積んできていたし、人を雇うということに対する意識も以前とは変わっていた」（NHK「仕事のすすめ」制作班編, 2010：63頁）として、自らの経営実践の時間的な長さと深化に求めている。

　最後は、経営学理論を自らのコンテクストに対応する形により自分なりに応用した経営実践という経験を意味づけし、そこから教訓を導き出していく省察である。自らの経営実践が成功した場合も、失敗した場合もまたそこにはその原因がある。重要なことは、成功や失敗から教訓を導き出し、自らの経営理論へ反映させていくことである。その意味で、単に経営学理論をコンテクストにあてはめ応用するだけでは、自らの経営理論は完成せず、自らの経営実践を省察することにより、そこで得られた教訓を基にした修正作業を通じて完成へと向かうのである。しかしながら、自らの経営理論は一度構築されたから完成になるわけではなく、コンテクストの変化と、日々の経営実践とそこにおける省察を通じ、漸進的に変化していくものであると指摘することができよう。先述のように金井は、リーダーは、リーダーシップを発揮する経験をくぐるたびに、省察の時間を取り、自分の（リーダーシップに関する）持論と経験とのつながりを振り返り、持論をさらに磨く必要性を指摘している（金井, 2005）。経営者には、自らの経営実践を通じ、絶えずその経験を省察し、そこから教訓を導き出し、自らの経営理論へと反映させていく思考力が求められる。こうした思考力は、三品（2006）が指摘する深い教養や、辻村（2019）が指摘する人文知と深い関わりがあろう。

　以上、本節の後半部分では、経営学の経営実践への貢献可能性を高めるために、経営学者と経営者に求められる行動や備えるべき資質について論じた。具体的には、経営学者が自らの使命である経営学研究による経営学理論

の構築と、オーディエンスである経営者に対してその分かりやすい説明が求められること、オーディエンスである経営者がそれを自らの経営理論の構築へと活かすべく、豊かな教養に基づく広い視野と豊かな経験を有すること、そして、それが経営者による自らの経営実践の省察や、経営学理論の応用力、それを応用する思考力の基盤となることを指摘した。経営学者、経営者ともに必要な資質、能力を持ち合わせ、必要な行動を取ることにより経営実践と経営学の間、ひいては経営者と経営学者の間に存在するギャップを埋めていくことができる可能性は高まると言えよう。しかしながら、これは「言うは易し、行うは難し」であり、実際は理論通りには事は運ばないかもしれない。そうではありながらも、行動しなければ何も生むことはできない。まずは、経営者、経営学者ともにより良い経営実践のため、研究を経営実践へと活かすために行動することが求められよう。本節における提言部分を図示すると図3-1のようになる。

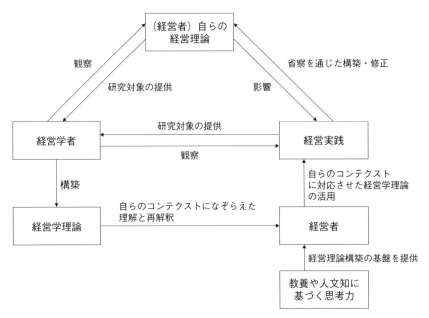

図3-1　本節の議論のまとめ

筆者作成

第 6 節　　小括

　以上、本章において、経営学はいかなる形で実際の経営実践へ貢献できる
のかを検討することをその研究課題とし議論を展開してきた。本章の議論を
通じて、筆者は経営実践において求められる解はそのコンテクストに応じた
特殊解である一方で、経営学が構築を目指す理論はどのような企業にも当て
はまりうる一般解であり、その部分において、経営学に経営実践に対する示
唆を求める経営者側と、経営実践に示唆をなす経営学者側の需要と供給のミ
スマッチが生じていることを指摘し、両者の需要と供給をマッチングさせて
いくためには、経営学研究により構築される経営学理論が経営の本質である
シンセシスの拠り所となる経営者の経営実践に対する価値観を含んだ捉え方
や考え方である（経営者）自らの経営理論の修正や再構築に貢献することが
求められることを指摘した。経営者が、経営学者が研究により構築した経営
学理論を自らのコンテクストのあてはめながら再解釈し、修正、そして経営
実践へと使用していくことにより、その成功や失敗などの経験の省察を通じ
てそれは自らの経営理論の修正、再構築へと活かされていくのである。それ
を可能とするためには、経営学者は絶えず経営実践の最前線に触れ、それを
基盤とした研究活動により経営学理論を構築すること、その受け手である経
営者は、ややもすると抽象的な経営学理論を自らのコンテクストにあてはめ
ながら理解し、再解釈を可能とするため、広い視野と経営者としての豊富な
経験が求められることを指摘した。以上を踏まえるならば、経営学の経営実
践への貢献性を高めていくためには、経営学者の経営実践へ貢献しようとす
る意識とそれに基づいた行動、そして経営学の受け手である経営者もまた同
様に、経営学を、自らの経営理論を豊かなものとするための血や肉にしてい
くための資質や素養とそれに基づいた行動が求められることになる。その意
味では、経営学者、経営者ともに「理論と実践は違うものだ」と経営学理論
と経営実践の融合を諦めるのではなく、むしろ積極的にそれを試みていく必
要があると言える。そうした試みの中でこそ、理論と実践の統合、すなわ
ち、山本（1971）の指摘するところの、「理論の実践化」と「実践の理論

化」、すなわち経営理論→経営実践と経営実践→経営理論の統合が可能とな
ると言えよう。

　本章における議論を通じて、経営学理論と経営実践の統合のあり方、そし
て経営者が経営理論をどのように自らの経営実践に役立てていくべきなの
か、そして経営学者は経営実践にいかに貢献していくべきかということにつ
いて、より具体的なパースペクティブを提示することができた。その部分に
本章における既存の経営学、経営学理論へのインプリケーションが見いだせ
よう。

　しかしながら、残された課題も存在している。まず、一点目の課題として
挙げられるのは、経営者が研究者により構築された経営学理論を自らの経営
理論に内包していく具体的なプロセスの解明である。このプロセスの解明
は、経営学がいかに経営実践へと貢献可能なのかを明らかにするうえで重要
な事項であると言えよう。具体的には、経営者が経営学理論を自らの経営理
論の構築にいかに活用しているのか、その応用や省察を通じた自らの経営理
論の構築、修正のプロセスについて、定性研究により明らかにしていくこと
が必要であると言える。本章においても若干言及した柳井正などは、自らの
経営理論の構築、修正、再構築においては多くをドラッカーに依拠している
ことは先述の通りである。また星野リゾート代表の星野佳路なども経営を考
えるにあたり、その思考の土台として経営学の教科書を参考にしていること
を公言している（中沢, 2010）。今後の研究を通じて、経営学理論が柳井や星
野などの経営者が構築する自らの経営理論にいかなる影響を及ぼしているの
か、そして具体的に、彼らは経営学理論をどのように自らを取り巻くコンテ
クストに当てはめながら状況を理解し、再解釈し、経営実践を行い、その省
察を通じ、自らの経営理論を構築、修正しているのかを明らかにしていくこ
とにより、実証的な観点から経営理論と経営実践の関連性について明らかに
していきたい。それにより、本章における提言が、より具体性を帯びたもの
となろう。これについては第7章にて検討したい。

　二点目の課題は、一点目の課題と関連するが、（経営者）自らの経営理論
についての詳細な検討も必要であろう。先述のように、自らの経営理論につ
いては、プラハラット＝ベティス（1986）、加護野（1986）、辻村（2001, 2019）、

三品（2004, 2006）、佐藤（2012）などの類似研究が存在している。今後はこれらの類似研究の詳細な検討による理論枠組みの構築と、実際の経営者の定性研究により、その性格や姿を明らかにしていきたい。

　最後三点目の課題としては、経営の本質であるとしたシンセシスの具体的な内容の解明である。これも実際の経営者を対象とした定性研究によりある程度解明することは可能であると考えられる。さらにそれを鮮明なものとするためには、経営者研究や経営教育学の知見を用いながらシンセシスの具体的な内容についてアプローチしていくことが有効であると考えられる。

注
1) さらに辻村は、経営実践において「経営（学）理論で問題解決する」ことなど幻想に近いのではないかと指摘し、経営学理論を用いて「問題点の指摘」はできても、「問題点の指摘≠問題解決」であると論じている（辻村, 2009）。
2) 小野などは、実践科学を「実践的能力向上を目的とした」（小野, 2013：95頁）学問であるとシンプルで分かりやすく定義している。本章においても特段のことわりのない限り、実践科学は小野による定義を表すものであるとしたい。
3) わが国における経営学研究の発展を支えた経営学者の一人であった高田馨なども経営学はその研究成果によって問題性（経営実践的解決要請）に応える任務を持ち、経営学は経営実践に対して回答を与えねばならず、経営実践への回答を与えることが経営学の存在意義・存在理由であるとしている（高田, 1989）。
4) 田坂はこうした「一回限り」の状況において未来を予測する最良の方法は、それを「発明」することであると論じている（田坂, 1997）。
5) 田坂は、熟練した経営者は、長年の実践を通じてこのような判断を行う能力を身に着けており、日常的にこうした能力を当然のように発揮していると論じている（田坂, 1997）。
6) ミンツバーグは、かなりの量のクラフトに、ある程度のアート、それにいくらかのサイエンスが組み合わさった仕事こそが実践の行為と呼ぶに最もふさわしいとしている（Mintzberg, 2009）。
7) 田中などは、物理学や化学などの理論科学を通して認識された自然法則が、工学という応用科学と結びつくことによって初めて実践的な意味を持つのと同様に、経営学が、認識した法則を今度はその実践活動のために利用することは、経営学が企業における経営実践を直接対象とする学問である限り必然的ななりゆきであることを踏まえ、経営学は、実践科学と理論科学の統合によって提起された応用科学であるべきとしている（田中, 1997）。
8) こうした言葉は、辻村の言葉を用いるならば、経営者などの実務家から「経営学者にとって恐怖の（？）質問『自ら経営者となって手本を示してくれないか？』によって被弾する」（辻村, 2008b：48頁）ことを回避するエクスキューズとしても

機能しよう。また辻村は囲碁・将棋評論家が稀少であるのは、「ひとつ手合わせをお願いします」と将棋盤でも持ち出されたら大変であるからとしている（辻村, 2008b）。

9）後述の小笠原による「経営者の実践哲学」（小笠原, 2017：238頁）は、小笠原論文において当該概念の論考が本題ではないので、このリストからは除外した。

10）「自らの経営理論」に類似する用語としては、朱（2014）における「経営者の経営理論」がある。朱（2014）は、キヤノン電子の酒巻久の経営を論じるにあたり「経営者の経営理論」という用語を用いながらその有効性の説明を試みているが、そこでは当該用語に関する具体的な説明および検討はなされてはいない。

11）本書では省察をミンツバーグ（2004）を踏まえ、「経験を洗い出し、意味づけしていくこと」であると捉えたい。

12）伊丹は、経営者が育つための要件のひとつとして内省的な思索を大きな場で行う「深い思索の場」を挙げている（伊丹, 2007）。

13）入山（2012）は、ドラッカーの経営学理論は、厳密な事象研究を経て提示されたものではなく、科学性を担保していないとしているが、本章では、ドラッカーの経営学理論は多くの経営学者により研究対象となっていること（経営学的な論証に耐えうる研究テーマであること）、実際に柳井の経営理論の構築、再構築に少なくない貢献をしていること（経営実践への貢献性の高さ）を踏まえ、経営学理論であると捉えたい。

第4章

経営者と宗教

第1節　問題意識

　日本経済と日本企業も「曲がり角」に来ていることは少なくない論者により再三指摘されてきたことは先述した通りである。従来の企業価値の向上を志向した経済性重視の経営活動では、今までの繰り返しとなり、この局面を打破することは困難であろう。その意味では、企業経営にも新たな価値観への転換、企業観の構築が求められているということである。実際に、近年では社会において、従来から企業経営の主要課題として掲げられていたイノベーションのほか、「共生」、「多文化」、「社会貢献」、「環境」などのキーワードが台頭しており、そうした変化を踏まえるならば、企業の経営活動のあり方も自分だけの利益を追求するものから、ステークホルダー全体の幸福性、モノの豊かさではなく、心の豊かさの実現を目指すものへの転換と、そうした価値の実現のためのビジネスモデルとその根幹となる経営哲学[1]、理念の構築が迫られていると言える[2]。

　こうした新たな企業経営における価値の転換に果たす経営者の役割は大きい。経営者は経営理念の作成、企業戦略、そして組織構造の策定の担い手であり、経営者による意思決定は企業の存続・成長に重要な影響を及ぼすことは議論の余地がない。経営者は何のよりどころもなしに意思決定をするわけではなく、経営者としての意思決定に影響を及ぼすのは経営者個人としての考え方や信念である。経営学及び経営実践においては、経営者の企業経営における考え方や信念のことは「経営哲学」と呼ばれている。庭本なども経営哲学を「経営主体の経営行為を導く基礎となる考え方」（庭本, 2003：31）と定義している。経営哲学は、経営者の経営者としての、そして企業経営に対

する考え方や信念であるため、経営者の意思決定のよりどころとなるものと
なる。その意味では、経営者がどのような経営哲学を有しているかは企業経
営における成否を分ける重要事項であると言えよう。実際に売上と利益を高
め、企業を成長させることに成功した経営者の経営手法は、「○○（松下幸
之助、稲盛和夫など）の経営哲学」として著書が出版されたり、経済雑誌に
記事が掲載されるケースがよく見られる。

　経営者の経営哲学の構築に影響を与える要因としてすぐに思いつくのは経
営者自体の（経営実践の）経験であろう。経営者は経営実践を積み重ねてい
くことにより自らの経営哲学を練り上げていくのである。しかしながら、経
験のみにより経営哲学が構築されるわけではなく、理論的な（経営学理論の）
学習もまた必要となる。アメリカ企業においては MBA を取得することが経
営幹部への登竜門であることはよく知られている[3]。わが国においても、
ファーストリテイリング代表取締役会長兼社長の柳井正は、経営実践におい
て判断が求められる事柄に対面した際には、ピーター・ドラッカーの著書を
参考にしていることを公言している（NHK「仕事のすすめ」制作班編, 2010）。
また星野リゾート代表の星野佳路なども経営戦略の立案の際は、経営戦略や
マーケティングの教科書を基にしていると公言している（中沢, 2010）。その
他の経営者の経営哲学の構築に影響を及ぼす要因として宗教学者の島田裕巳
などは、経営者が生まれた年代の価値観を挙げ、柳井正の経営哲学には、団
塊の世代特有の価値観が色濃く反映されているとしている（島田, 2013）。

　経験（経営実践）、理論（経営学理論）と経営哲学の構築に影響を及ぼす要
因はあるものの、経営者の経営哲学の構築の根幹となるのは経営者個人の人
間としての生き方に関わる価値観、信念であろう。経験、理論、個人として
の価値観、信念に先立つのは、個人としての価値観、信念であり、経営者個
人としての価値観、信念を基盤にしながら経営実践の経験を積み、経営学理
論を学修しながら経営哲学を構築していくのである。平田なども、経営者の
哲学は、価値判断の基礎を形づくり、不確実な未来に向けて指針を定める役
割を持つと論じている（平田, 2012）。

　日本では、特定の宗教を信仰している人は多数派ではないものの、むしろ
日本のような国は少数派であり（武井, 1994）[4]、宗教が個人の価値観、ひい

ては人間の生と死、すなわち死生観に重要な影響を及ぼしていることは議論
の余地がないところである（Weber, 1905 など）。ウェーバーなどは、「『理念』
によってつくりだされた『世界像』は、きわめてしばしば転轍手として軌道
を決定し」（Weber, 1920；邦訳 58 頁）てきたとして、人間が取る行動におけ
る宗教の影響力を論じている。こうした背景を踏まえ、本章では、日本企業
における再生の鍵は、哲学・宗教学などの豊富な人文知に基づいた経営者の
経営哲学にあるとの見解のもと、経営者個人の宗教的信仰がその経営哲学の
構築において果たす役割を明らかにすることにより、今後の日本企業と経営
者に示唆を与えることをその研究課題としたい。宗教は人間の究極的な価値
観や、その生や死などの問題に対して答えを提供するものであり、「共生」、
「ステークホルダー全体の幸福」、「社会貢献」などの今後の企業が追求すべ
き価値観に対し、有用な回答を用意していると考えられるためである。住原
（2014a）などは、宗教は経営者の経営理念の作成において知識の貯蔵庫とし
てのメタ理念の役割を果たすと指摘している。

　宗教的な信仰の薄い日本において、本章における研究課題はやや奇異に映
るかもしれないが、先行研究などにおいても、野林（2020）などは、経営者
理念に影響を与える要因として経営者の過去体験と経済思想・経営思想に加
えて経営者の宗教思想を挙げるなど、経営者への宗教の影響については先行
研究でもアプローチされている。古くは、近代組織論の始祖チェスター・
バーナードも協働の拡大と個人の発展の適切な割合については哲学と宗教の
問題であると論じており（Barnard, 1938）、経営活動における宗教・哲学の必
要性を指摘している。2004 年にはアメリカ経営学会（Academy of Management）
内に分科会として International Association of Management, Spirituality & Religion
が設立され、同分科会において経営活動や組織経営におけるスピリチュアル
や宗教的な研究が行われ、定期的にジャーナルも公刊されている（IASMR
ホームページ）。

　また経営実践に目を向けてみても、東芝の社長、経団連の会長を務め、日
蓮宗を信仰していた土光敏夫は人間が生きていくうえで、心の拠り所となる
のは宗教であり、人間は信仰を持つべきであると述べている（土光, 1995）。
宗教的信念を経営哲学、経営実践へと昇華させ、企業の成長を実現した経営

者としては、金光教の信者で、修養団体の一燈園とも関わりのあったダスキン創業者の鈴木清一、鈴木の後任の社長であり、天理教の信者である駒井茂春、クリスチャンであった群是製糸（現グンゼ）創業者の波多野鶴吉[5]、プロテスタントの伝道師であった近江兄弟社創業者のウィリアム・ヴォーリズ、経営理念に「仏教伝道の支援を通じて人々の幸福に寄与する」（ミットヨホームページ）ことを掲げ、仏教布教の資金獲得のために三豊製作所（現ミットヨ）を創業した沼田恵範などが挙げられる。先に挙げた経営者の一人である駒井などは、真、善、美の人生の最高価値を総合的、統一的に追求したなかからの教えであるため宗教の教えくらい、ビジネス運営上の心の法則について、根元的で貴重な教えを与えてくれるものはないと述べている（駒井, 1985）。

　なお本章は、経営者に特定の宗教の信仰を強制することを目的として作成されたものではなく、経営者が過度な自利の追求を抑え、絶えず自己反省、すなわち省察を通じて自らを成長させながら、従業員を含めたステークホルダーに貢献することを目指していく崇高な精神を持つ必要性を訴えることを目的として作成されたもの、すなわち経営者の経営観の再構築、ある意味での「道」として経営実践を捉え、経営道を追求していく必要性とそれに伴う経営者自身と社会における企業観の再構築を提言するものであることを付記しておく。とりわけ、今日では企業市民や CSR という用語が浸透し、企業の社会的責任の遂行の要請が強くなっており、企業を存続・成長させていくためには、そのような経営者の精神性が求められていると言えよう。

第 2 節　先行研究の検討——経営と宗教——

　本節では、経営哲学と宗教との関係に限定せず、経営と宗教について言及した先行研究について検討する。なお、本節では、岸本（1961）に依拠し、宗教を「人間生活の究極的な意味を明らかにし、人間の問題の究極的な解決にかかわりをもつと、人々によって信じられているいとなみを中心とした文化現象」（岸本, 1961：17）であり、「そのいとなみとの関連において、神観念や神秘性を伴う場合が多い」（岸本, 1961：17）ものと定義する。

　まずは、経済・産業というマクロ的な視点から企業経営に及ぼす宗教の影響について論じた研究である。

　筆者が指摘するまでもなく、経済・産業と宗教との関わりについて言及したパイオニア的な研究であり、経営と宗教に関する研究の基盤を提供しているのはウェーバー（1905）であろう。ウェーバーは、資本主義の発展期に、その結果として住民たちの間に社会層分化と職業分化が生じた地方では至るところでプロテスタントの数が多い理由を明らかにしようとしている。具体的には、ウェーバーは、プロテスタントにおける、救いの確信を得るために天職に励むべきとする天職観念と、所有物の無頓着な享楽に反対する世俗内的禁欲（禁欲的プロテスタンティズムの天職観念）により、彼らは禁欲的に労働に打ち込むことになり、蓄えられた富を自分のための消費的な使用に用いることを良しとせず、その結果、再投資が促され、産業構築と近代資本主義の基盤が形成されたと論じている。しかしながら、ウェーバーは一度、資本主義が構築されると、宗教および倫理はその役目を終えるとして、アメリカでは競争の感情が資本主義と結びついていると論じている（Weber, 1905）。

　日本の政治・経済と宗教との関わりについて論じた研究としては、ベラーを挙げることができる。ベラーは、明治維新以降の主に政治、経済における日本近代化において、儒学、仏教、神道の江戸時代に日本に存在した宗教こそが、新たな政治・経済における、勤勉・倹約を中心概念とする適切な中心価値の形成にあたり重要な役割を果たしたことを明らかにしている（Bellah, 1985）。

　ベラーの補足をすると、林などは、武士の主君への忠義や商人の商業倫理・道徳が、忠君愛国・富国強兵のための経営哲学に拡張し進化したとして、彼らが商人道から大義を担う士魂商才へ、国家力を支え、国民を豊かにする経世済民の経営哲学への大転換を起こし、「先議後利」の道徳観を企業経営の中で実践したとしている（林, 2019）[6]。

　また宗教学者の島薗なども、戦後の日本の資本主義的な経済発展の大きな理由として、勤労と経営に関する宗教＝倫理的教説を体現し、普及しようとする指導者（松下電器産業創業者の松下幸之助やダスキン創業者の鈴木清一など）や集団が数多く存在し、そうした指導者や集団が勢力を増してきたことを挙

げている。その反面、島薗は、今後（論文が公刊された 1992 年以降）、日本経済の発展の一翼を担ってきた勤労の精神の根底にある宗教＝倫理的教説は弱体化していくであろうと日本経済の失速を予見している（島薗, 1992）。

　島薗の戦前、戦後日本経済を支えてきた経営者の宗教的な精神が喪失し、成長の原動力を喪失した日本企業及び日本経済は失速するであろう（失速している）とする見解は林（2019）と同様である[7]。

　ウェーバー、ベラー、林、島薗、いずれの研究も個別の企業経営における宗教の影響というよりも、経済・産業の起こりや発展と宗教との関わりを明らかにしている。その意味では、筆者の問題意識とはやや異なるものの、宗教が企業経営に少なからぬ影響を与えていることを指摘している点では、筆者と見解が同じである。

　次は、企業経営と宗教との関わりについて論じた先行研究について検討する。広い意味で経営と宗教について論じたわが国における先行研究は少なくない。

　わが国の個別の企業経営と宗教との関連、すなわちミクロ的視点からの経営と宗教について論じた初期の研究としては近江商人を取り扱ったものが多い。それらの研究では、主に彼らの多くが信仰していた浄土真宗と彼らの経営上の精神・信念との関連を明らかにすることを目指している。筆者が入手した国内の先行研究の中で一番古いものは、社会学者の内藤による研究（内藤, 1978）であった[8]。内藤は、浄土真宗の信者の多い近江国出身の商人である近江商人の経済倫理における宗教の影響を確認している（内藤, 1978）。宗教学者の芹川も、近江商人の経済倫理の構築に仏教思想が影響を与えたことを家訓の検討から明らかにしている（芹川, 1987）。さらに加えると、芹川によると、近江商人の家訓や店則には、時として信心の勧めが述べられており、これらは仏法を信じ、慈悲をもって日常生活を送り、先祖を祭ることによって家の伝統を守る精神のことであるという（芹川, 1987）。小倉（1970）は、近江商人の江洲中井家とアメリカの宗教的共同体であるオナイダ・コミュニティを母体とするオナイダ・リミテッドの経営理念の比較を試みている。その他、近江商人と宗教との関連について論じた研究としては植松（1998b）が挙げられる。植松は、仏道の経済人として三井高房、松居遊見、

初代伊藤忠兵衛、土光敏夫の 4 名を挙げ（三井高房、土光敏夫は近江商人では
ないが）、その宗教的バックボーンと彼らの経営行動と信念を検討している。
また植松は、上記の単著書と同年に土光敏夫の宗教観についての研究論文を
公刊している（植松, 1998a）。しかしながら、植松の二つの研究を見る限り、
土光についてはその経営行動において自らの宗教的な信念は反映されていな
い。

　近江商人研究以外の仏教思想と企業経営との関連性を論じた研究として
は、新たな政治理念、経営哲学の支柱の必要性を論じ、仏教的理念こそがそ
れを提供できるとして「ほとけの教え」のマネジメントへの応用を試みた大
橋（2011）、長寿企業の長寿性を仏教思想から明らかにしようと試みた小倉
（2016）などを挙げることができる。

　一方でキリスト教思想と企業経営との関連性を論じた研究としては、鐘紡
の社長を務めた武藤山治と倉敷貿易（現クラレ）などの社長を務め、多くの
社会事業、慈善事業、文化事業に貢献した大原孫三郎の経営理念のキリスト
教の影響を検討した辻井（2004）、波多野鶴吉、武藤山治などのクリスチャ
ンであった経営者の経営理念におけるキリスト教への影響を確認した中川
（2002）、近江兄弟社創業者のウィリアム・ヴォーリズのキリスト教精神に基
づく経営活動と、ヴォーリズ逝去後の同社の倒産と、創業者の創業精神に基
づく立て直しのプロセスを明らかにした村山（2012）、波多野鶴吉による郡
是製糸の経営理念の構築とヴォーリズによる近江兄弟社の経営理念の構築に
ついて論じ、理念に強くコミットする人間の生き様、軌跡が理念に力を与え
ることを論じた住原（2008）、山崎製パンの二代目社長の飯島延浩が聖書の
「大きな物語」を山崎製パンの経営陣・管理職と分かち合い、創業者飯島藤
十郎の物語を他者と共有可能なレベルに具体化させていくプロセスを明らか
にした三好（2014）などを挙げることができる。

　仏教、キリスト教以外の宗教思想と企業経営との関わりを論じたものに
は、ヤオハン創業者の和田一夫が自らが信仰していた生長の家の教えを基に
企業理念の策定や社員教育などの経営実践を展開していたことを明らかにし
た石井（1997）などを挙げることができる。石井は、ヤオハンでは生長の家
を受け入れることのできない従業員は排除されたとしている（石井, 1997）。

　王などはヤオハン香港の失敗理由を経営理念の側面から明らかにしようと試みている。具体的には、王は、生長の家の教えに基づく同社の経営理念が現地の日本人社員に受け入れられなかったことがその大きな失敗理由であるとしている。また王は、同社が現地の日本人社員に生長の家への入会と同団体主催のイベントへの参加を求めたが、ほとんどの社員がそれを仕事のひとつとしてしか認識しておらず熱心には聞いていなかったと論じている。こうした事実を踏まえ、王はヤオハンおいては、生長の家の思想に基づく経営理念というイデオロギーは、従業員の行動に影響を与える一種のヘゲモニーである経営風土には昇華できなかったと指摘している（王, 2008）。

　住原は、天理教の信者である和菓子メーカーの米屋創業者の諸岡長蔵、めいらくグループの事実上の創業者である日比孝吉を取り上げ、両者の経営手法や信条を明らかにしている。住原は両者ともに、天理教教祖の教えに朴訥なまでに忠実であろうとしたこと、教祖の教えを実現することが最も大事であるとの信念を有していたこと（日比は事業はそのための手段でしかないと発言している）を明らかにしている（住原, 2009）。

　住原（2009）以外の天理教と企業経営との関わりについて論じたものには、天理教信者である株式会社シオザワの三代目社長の塩澤好久が自らの経営活動と天理教信仰との関わりを論じている塩澤・住原（2014）、天理教信者であるダスキン二代目経営者の駒井茂春指揮下のダスキンの経営理念と経営活動について言及している高橋（1994）などがある。その他天理教については、松下電器産業（現パナソニック）創業者の松下幸之助と天理教との関わりについて論じた住原（2020）などがある。

　宗教思想に基づいた経営哲学、経営理念を有していることがよく知られているダスキンを対象にした研究も複数存在する。高橋などは、ダスキン二代目社長の駒井茂春などの社内関係者へのヒアリングと社内資料からダスキンの経営上の信念である「祈りの経営」の姿を明らかにしようと試みている（高橋, 1994）。岡田（2000）は鈴木清一が創業したケントクとダスキンの経営理念を比較し、鈴木の経営理念の進化を明らかにしようと試みている。具体的には、岡田はケントク時代の経営理念は物と心を分けていたが、ダスキンの経営理念は物と心は不即不離の関係であり、「物心ともに豊かになる」と

表現し、事業経営を目指そうとしていると論じている（岡田, 2000）。森岡は、金光教の教典の検討から鈴木清一の経営活動の検討を試みている（森岡, 2017）。

　特定の企業や経営者の事例研究から、その宗教的な影響力の影響を明らかにしようとするのではなく、理論的な視点から経営と宗教との関連性を明らかにしようとした研究としては、村山 (1990)、岩井 (2017) を挙げることができる。村山は、企業経営の精神化の必要性を指摘し、その手段を経営の日常性に応えてくれるような実践的倫理である宗教に求め、村山はそうした試みを「経営宗教学」と称し、その理論化を試みている（村山, 1990）。岩井 (2017) は、宗教システムの管理・運営に関する学問を「宗教経営学」と定義し、その性格の解明を試みている。そこでは、住原 (2014a) が指摘しているように、宗教思想が、単なる雑多な知識の寄せ集めではなく、個々の言葉や概念が系統立ち、統一された価値体系としての性格を有するゆえ、経営理念のメタ理念（知恵・知識の貯蔵庫的な役割）としての機能を果たしうること[9]、宗教団体における特定の個人のみが保有する知識や技能を確保する「秘密のマネジメント」が、教祖や聖職者の権威を正当化し、地位を保護することと、秘密を段階的に開示することにより修行者へのモチベーションを提供することに繋がること、企業にとっても技術、ノウハウ、経営情報、顧客情報などの「秘密」は資本として機能するゆえ、それをどこまでクローズとし、どこからをオープンにするかを決定することが重要な戦略であり、宗教の秘密のマネジメントは企業にも示唆が大きいことを指摘している（岩井, 2017）。

　村山が提唱している経営宗教学は、企業経営、経営実践の精神性を高めること、すなわち経営活動における精神性を宗教的なレベルへと昇華していくことを目指すものであり、岩井の宗教経営学は、宗教団体の経営活動のみを指すものではなく、宗教団体のマネジメント手法を企業経営へと活かすこと、反対に企業経営手法を宗教団体の経営へと活かしていくこと[10]、これらにより宗教団体と企業の相互発展を目指すものであると指摘することができよう。中牧なども、会社経営における経営者の抱く宗教観や宗教行動を「経営宗教」と称し、経営宗教は経営者が個人として抱く思想や行動に関わると

している（中牧, 1997）。その意味では、本章において検討している先行研究の多くは、経営宗教学と分類可能であろうが、宗教的思想を経営理念を含めた企業経営へと活かしていくという意味では、宗教経営学の要素も存在すると言えよう。

　以上、本節では企業経営と宗教との関わりについて論じた先行研究を検討したが、少なくない量の先行研究が存在していることが分かった。これらの先行研究は宗教学者・社会学者の手によって試みられているものが多かったが、近年では、村山元理など経営学者の手によって試みられているものも存在している。それは、宗教及びその思想が経営者のみならず、従業員を含むステークホルダーの心を動かす可能性を秘めたものであることに気づかれてきたためであろう。また、本節における先行研究の検討を通じ、宗教が経営者の人生、さらには経営者としての信念に小さくない影響を及ぼし、ひいては企業経営のあり方にも小さくない影響を及ぼしていることが分かった。手短に言えば、住原（2014a）なども指摘しているように宗教及びその思想は経営理念の策定への影響、それに伴う組織のマネジメント実践における正の影響を見ることができるということである（ヤオハンのケースのように負の影響を及ぼす場合もあるが）。では、こうした、「宗教的経営哲学」とも呼べるような、経営者の宗教信仰を基盤とした経営哲学は、いかなる機能を有し、いかなる強みを発揮するのであろうか。

第3節　宗教及びその思想に依拠した経営哲学の検討

　本節では、経営哲学（そして経営理念）における宗教及びその思想の役割について経営哲学と経営と宗教に関する先行研究に依拠しながらアプローチしていきたい。『新明解国語辞典』によると哲学とは、「宇宙や人生の根本問題を理性的な思弁により突き止めようとする学問。自分自身の経験から築き上げた人生観（世界観）」であるという。この定義を踏まえるならば、経営哲学とは、経営学、（企業）経営の根本問題（「そもそも、なぜ経営するのか？」、「企業とはなぜ社会に存在するのか、そしていかにあるべきか？」など）を究明していく学問であり、そうした学問的な姿勢、及び経営者がその経験

から構築した経営観に関するものと捉えることができる。

第1項　経営哲学の機能と役割

　まず、経営哲学の類型についてであるが、少なくない先行研究においてそれが複数の領域から成り立つものであり、経営哲学はその総称であることが指摘されている。高田は、経営哲学を、学問の対象、方法を吟味し、その学問に最適の研究方法を措定し、その研究の結果得られた知識の体系化を考える「経営学方法論」、経営目的とその達成のための手段・方策の策定と実行、実行における統制などを含む「経営技術（の）原則」、経営者の信念であり、イデオロギーである「経営理念（の）論」の三つの領域から成り立つと論じている（高田, 1967）。村田は、経営哲学は、経営という現実がもつ意味を根源において探求する「経営の意味の探求」、経営学の学問的前提を問い、方法論的に吟味する「経営学の方法論の吟味」、経営者の理念である「経営理念としての哲学」の三つの領域から成り立つと論じている（村田, 1997）。また、村田（1997）は、経営理念は、組織体に浸透した組織文化となったものなければならないとしている。小笠原は、経営哲学を、「社会科学としての経営学」の成立根拠を対象論と研究方法論として展開する経営学理哲学である「経営学の哲学」と、経営実践に関する諸問題を理論哲学的に展開する経営実践哲学と、経営存在の本質的諸問題を哲学的に究明する経営存在哲学の2つから成り立つ「経営の哲学」の二つの領域から成り立つとしている（小笠原, 2004）。小笠原はこれらの領域は相互に密接な関連をもって成立しており、経営学の哲学はその基礎に位置づけられ、経営の哲学こそが経営哲学の本論をなすものであると指摘している（小笠原, 2004）。高は経営哲学の領域として、経営という社会現象に臨む学究的姿勢、価値や行動原理を導出する学問、行動原理の実践を具体化する学問、社会制度の設計を検討する学問、経営者の経験に裏打ちされた個別価値（経営思想）、企業が掲げる経営理念・組織文化として定着した考え方、経営現場のプラクティスとしての実践思想の七つを挙げている（高, 2009）。また高（2009）は五番目の経営者の経験に裏打ちされた個別価値（経営思想）において重要なことは、全体として眺めた場合の共通項を確定していくことであると指摘している。

このように先行研究においては、経営哲学は経営者の経営実践における信念に留まらず、経営学方法論をも対象に入れる広く経営現象・経営学理論を哲学的に検討していく営みであると認識されていることが分かる。本章においては、高田、村田、小笠原、高などにおいて、経営哲学の領域のひとつと認識されている「経営者の（経営実践における）哲学」を経営哲学として議論を進めていくことにしたい。小笠原（2004）は経営者個人の哲学を、「経営者哲学」と称しているが、本章における経営哲学は、経営者哲学と同義であると認識して問題はない[11]。小笠原（2004）は、経営者哲学とは、経営者・管理者の経営に関する哲学、特に経営実践に関わる「経営哲学」を指すものであり、通常これは経営理念とか経営信条、経営思想と呼ばれるものであり、経営者・管理者個人の経営実践上の諸観念を意味しているという。小笠原はこれらの経営哲学は、明示的な理論の形を取らず、断片的な経営観の表明に留まるものが多いが、他方で自らの観念や思索を著作として世に問う経営者も少なくなく、後世彼らの発言や行動が経営者史家や経営著作作家の手によってまとめられることも多いという（小笠原,2004）。また、佐藤は、経営者哲学は、経営者個人の経験に基づく人生観や信念体系の中心に位置する信念といった個人哲学を指すが、同時に経営者哲学は経営体の経営観や信念であるとしており、経営者個人の哲学が組織体を通じて組織や社会に浸透した経営体哲学であるとしている（佐藤,2013）。

　次に、経営者の経営実践における信念、哲学に焦点を当てた狭義の経営哲学については先行研究ではどのように定義され、どのようなことが研究対象とされてきたのかを明らかにしたい。

　庭本は、経営哲学は、日常現象としての組織体験や経営実践から生成する哲学であるとともに、経営主体（経営者や経営体）の経営行為を導く実践哲学であり、経営に対するときに無意識な見方や価値観に基礎を置く思考（＝経営観）、すなわち経営主体の経営行為を導く基礎となる考え方であるとしている。また庭本は、経営理念を経営哲学の上に展開される目標達成のための具体的な活動指針や実践規範であり、理念の表明を含むこともあるとしている。庭本は、経営者個人の哲学が、従業員、顧客、取引業者などの他社の共鳴を得て、組織価値に浸透するとき、経営体としての哲学や理念となり、

大きな力を発揮するとしている（庭本, 2003）。

　村田は、経営者の理念としての哲学、すなわち経営理念としての哲学は、経営者の理念すなわち経営実践のため指導理念として経営者が抱く、あるいは掲げる哲学の研究を第一とし、第二には、その経営者の経営理念がいかなる形に具体化されて、企業経営または組織運営において制度化されているかを研究することであり、それらのことを歴史的、社会的に考察することであるとしている（村田, 1997）。

　また村田は、現実の企業経営において経営理念としての経営哲学が成功するためには、その実践理念がその時代の文明をリードする思想性を持つこと、そして人々に支持されることが必要性であるとしている（村田, 2003）。

　高は、経営に取り組む者が寄って立つ、個人的な「信念」や「確信」を経営哲学と称し、学としての経営哲学は、全体として眺めた場合の共通項を確定していくところに意義があるとしている（高, 2009）。高田は、経営哲学について触れた諸研究を検討しながら、経営理念には、ism や価値（value）などの経営者の個性を反映しており、経営者の数だけ経営理念があるとしている（高田, 1967）。

　平田は、経営者には船長のごとく組織の方向を定めるしっかりとした基軸が必要であり、それが哲学であるとしている。経営哲学を組織内に浸透させることにより、組織メンバーに共通の価値基準を創り出し、その基準に基づいて組織が共通の世界観、価値観を持った組織として一体化されていくことの必要性を指摘している。そして平田は企業における哲学は自らの存在意義や社会性に言及したものが多く、「大義」と類似の位置づけにあるという（平田, 2012）。

　次に狭義の経営哲学の分類について言及するが、小笠原は、経営哲学を、山本（1982）に依拠しながら経営哲学、企業哲学、事業哲学に分類している。小笠原によれば、事業は経営の対象＝客体、企業は経営の意思主体、経営は事業の行為主体という関係で相互に円環的関係にあり、直線的に捉えると「企業→経営→事業」という主体―客体関係、および目的―手段関係の中に位置づけられ、それぞれに位置する人格的主体の代表を当てはめると企業には出資者・融資者、経営には経営者・管理者、事業には作業者・生活者を

指摘できるという。それぞれの哲学の具体的な内容であるが、小笠原は、企業哲学を、出資機能と支配機能が企業の本質であるならば、企業哲学の内実は出資と支配の哲学であり、経営が組織と管理の統一であるならば、経営哲学の内容は、組織と管理の哲学であり、産業と作業は事業における目的と手段であるならば、事業哲学は事業の哲学と作業の哲学から構成されるとしている（小笠原, 2004）。

　以上、先行研究に依拠しながら経営哲学の姿を描写することを試みてきた。そこにおいては、経営哲学とは、経営者の経営実践のよりどころとなる信念の体系であることが分かった。そして、この信念の体系である経営哲学は、庭本（2003）や佐藤（2013）が指摘するように従業員、顧客、取引先、社会などのステークホルダー[12]の共感を得るものでなければならないことが分かった。付言するならば、ステークホルダーの共感を得ることが、従業員の組織への愛着、ひいては仕事へのモチベーションを引き出し、消費者に対して製品・サービスの魅力度を高め、売上の増加に繋がるのである。その意味では、経営哲学は、ステークホルダーとの関わり方を志向するものであることが必要である。この課題は経営哲学における社会における企業の存在意義、社会との関わり方をあらわすものである。経営者は自社の存在意義を、自らを取り巻くステークホルダー、社会との関わりの中で明らかにしていく必要があるということである。

　また、経営哲学は、内部ステークホルダー、すなわち従業員に対して影響力を行使するものでなけれならない。具体的に言えば、それが経営理念となり明文化され、従業員に組織文化として共有されることにより、従業員の組織への愛着を引き出し、その一体感を高め、仕事へのモチベーションを引き出していく役割を果たすこと、王（2008）の言葉を借りるならば、個人のイデオロギーから、組織としてのヘゲモニーにしていくことが求められる。小笠原（2004）の言うところの管理哲学・組織哲学の問題である。

　このように経営哲学は、大きく分ければ、ステークホルダーとの関わり方を規定することと、経営理念へと昇華し、従業員への共有を促し、彼らの信念や行動を規定していくことという二つの機能を有するものであることが明らかになった。先述のように、現代の企業経営においては、企業と社会との

あり方は見直されつつある。もっぱら自分のみの利益を追求する企業は、社会的な支持、すなわち自社を取り巻くステークホルダーの支持を得ることは困難であり、長期的な存続・成長は困難となっている。今後は、自らを取り巻くステークホルダーと協調を図り、共生を実現しながら共存共栄を実現していく企業こそがその存続と成長を高めていく可能性が高い。その意味では、企業経営における価値規範の転換が求められているということである。本章では、長い歴史を通して上記の課題に取り組んできた宗教及びその思想を中核に据えた新たな時代への適応を可能とする経営哲学像を探索していきたい。

第 2 項　宗教及びその思想に依拠した経営哲学像の探索

本項では、宗教およびその思想に基づく経営哲学とはどのようなものか、そのアウトラインを先行研究に依拠しながら、そこに若干の私見を加えながら明らかにしていきたい。まずは先行研究では、宗教およびその思想に基づき「経営」そのものをいかに捉えているのか、簡潔に検討してみたい。

まず住原は、経営者と宗教思想との関連を、（一）神頼み、魔除け、お守りのための宗教、（二）組織内の意識統一のための宗教、（三）社員教育、「人づくり」のための宗教、（四）教えを実践し、理想世界を実現させるための企業経営、（五）信じる宗教の不況のための資金源としての起業と経営、（六）ビジネスそのものに結び付けるための宗教（宗教文化）、（七）事業の「奴隷」にならないための宗教の七つに分類している（住原, 2014a）。住原の挙げる（二）、（三）、（四）、（六）が経営者の経営哲学と宗教に関連しよう。

島薗（1992）は、宗教思想に基づく勤労観として、「宗教＝修養的勤労思想」を挙げ、その内容として、以下の六つを挙げている。

まず一つ目は、企業の経済活動とそこでなされる勤労には崇高な道徳的理想があるとする信念である。経済活動は単に私益を追求するものではなく、それは企業に関わる多くの人々の、ひいては人類全体の福祉の増進に貢献するものであるため、企業活動とそれを支える労働は高い使命感に基づいて行われるべきであり、職業労働とは神や仏、あるいは宇宙の理法によって与えられた天職であるとする考え方である。二つ目は、経済活動は愛と奉仕の精

神に基づいて行われねばならないとする信念である。他者の幸福に奉仕することが他者と自己の幸福と繁栄をもたらすとする考え方である。三つ目は、勤勉で細心な勤労によって生産性を向上させ、人と環境との調和を実現するという考え方である。四つ目は企業という集団で行われる経済活動は、そこで働く個々人の成長と自己実現に貢献しなければならないという考え方である。五つ目は、勤労者個人は他者と宇宙と自然から与えられる恵みに感謝し、満ち足りた明るい心境に到達すべきとする考え方である。六つ目は、宇宙全体がひとつの生成発展する調和した生命体であり、理想的な経済活動はこの宇宙的生命の発展に参与していくべきであり、勤労や経営は究極的にはこうした宇宙調和的発展に寄与すべきとする考え方である（島薗, 1992）。

　佐藤は経営者の経営者哲学の形成要因は「宗教的なもの」によって形成されてきたと考えることができるとしている。佐藤は、この宗教的なものは、経営を通じた死生観と経営の本質を求める姿から生まれるものであり、経営者の生活や経営体を活性化させ、意味あるものとする、経営者個人と経営体の死生観や経営を通じて本質を求める姿から、事業を通じた社会貢献となる事業哲学を目的とした価値観や信念を持っているとしている。さらに佐藤は、経営者は日々の経営実践の中で、「われわれは何のために存在するのか」問いに向き合い続けるため、経営哲学が宗教的なものによって形成されるのは、経営者が悟りを求めているからではないかと指摘している（佐藤, 2013）。

　住原は、宗教およびその思想は企業における経営理念における知識の貯蔵庫、メタ理念としての役割を果たすとしている。すなわち、宗教とその教え、思想は科学的知識体系のような、新事実が発見されることによって、それまでの理論や価値観が塗り替えられていく性格のものではなく、時代がどのように変化してもかわらない「閉じられた価値体系」という性格を有しているために、経営理念におけるメタ理念としての役割を果たしうるとしている。また、住原はすべての宗教がメタ理念としての役割を果たせるわけではなく、その教えが合理化されていること、すなわち教義が一定の体系立った内的な合理性を有している場合にはじめてメタ理念としての役割を果たすという。そして、住原はこの合理化された教えが世俗的、社会的に広く認められる人間行動、行為を促す内容であることによって、メタ理念として参考に

されているとしている（住原, 2014a）。

　メタ理念以外に宗教が企業経営に果たす役割として住原は、それ自身が「精神財」としての機能を果たしうることを挙げている。精神財は、宗教信仰が情動を司る部位を刺激する信仰に基づく強い感情のことである。住原は、普通ならば諦めるかもしれない局面ですら、直面している事態を「神仏の意思」として解釈し、問題解決のために強い探求心を持つという場合もあり得るとしている（住原, 2014a）。

　住原の議論を踏まえるならば、自身の心のみならず、内部・外部のステークホルダーの心を刺激するような役割こそが宗教およびその思想に基づく経営哲学の強さなのではないかと言える。岸田は、宗教は、人間の問題という与えられた課題を究極的に解決しようとするものであり、宗教はつねにあらゆる場合に適用できるような解決を求める人間の要請に応える文化形態であり、宗教を信奉する人々は自身が抱える課題よりも、自身が信奉する宗教体系とその課題処理の能力の方が、いつでも上であると信じているとしている（岸田, 1971）。

　そしてこの理念の強さであるが、住原は、波多野鶴吉とウィリアム・ヴォーリズの経営理念に触れながら、彼らのように自身の宗教信仰と宗教思想をベースに経営活動を行っていた経営者は、経営を主目的、理念を手段と考えていたわけではなく、理念を追求することが自然、優良な製品づくり、経営の成功に繋がるという理念・経営一体論として自身の経営活動を認識していたとしている（住原, 2008）[13]。住原は、別の著作においては、信仰と実業の一方を「主」とし他方を「従」とする二項対立的な発想と捉えるのは表面的な解釈であり、「主」対「従」、「目的」対「手段」の対立的解釈を超えたところに、彼らの主観としての本意が宿っているのではないかとしている（住原, 2009）。

　住原の指摘する理念・経営一体論のあらわれは、波多野鶴吉とウィリアム・ヴォーリズ以外の実際の宗教思想に基づき経営活動を行っていた経営者の事例研究を試みた先行研究においてもみられている。天理教の教えに朴訥なまでに忠実であろうとして、教祖の教えを実現することが最も大切であり、「事業は手段」でしかないと述べていためいらくグループの日比孝吉（住

原, 2009)、実際の経営者としての立場から、世俗的な日々の仕事であって
も、教理にも基づく心がけを以て従事することで聖なる行為として位置づけ
られるとして、会社経営を通して社員の、社会の（天理教の究極的な目的であ
る）「陽気ぐらし」を目指していきたいとしている塩澤・住原（2014）、後述
する一燈園の理念を事業を通して実現を目指したダスキン創業者の鈴木清
一、鈴木の跡を継ぎ、天理教の「陽気ぐらし」を企業経営を通して実現を試
みたダスキン二代目社長の駒井茂春など（高橋, 1994）、宗教家としての使命
を企業経営という手段を通して実現しようとした経営者の事例はわが国にお
いても複数挙げることが可能である。

　住原はこのような経営者を評して、本来は形のない宗教的な理想や理念
に、実業によって形が与えられることになる一方で、形があっても、聖なる
目標に向かっているのでなければ、その形には意味や生命がないとし、この
二つが相まって初めて完成形とすべきものであるというのが彼らの主観では
ないかと論じている（住原, 2014a）。

　以上の議論を踏まえるならば、必ずしも売上・利益の獲得を第一義的な目
的とはしておらず、宗教信仰に基づいて経営実践を展開している経営者は、
社会、人類の幸福に資することを旨とする自身が信仰する宗教の究極的な目
的の実現に重きを置き、経営実践を行っており、究極的な目的の実現→事業
（→売上・利益）という経営観を有しており、自身の経営哲学はそれを反映す
るものとなっているものと考えられる。こうした社会、人類の幸福に資する
極めて公共性の強い経営者、ひいては企業の目的こそが、従業員、消費者を
はじめとするステークホルダーの心を動かし、彼らの支持を得ることに繋が
るものと言える。その意味では、宗教思想に基づく社会貢献性の強い経営目
標は経営者自身をその達成へと駆り立てるだけでなく、ステークホルダーを
も惹きつける力を有するのである。それだけでなく、そうした目標は、内部
ステークホルダーである従業員に自社で働く意味を与え、自社への愛着と仕
事へのモチベーションを与えるものとなる。経営者は、自身が信仰する宗教
に依拠しながら、自身の経営目標、それが内包される経営哲学を構築し、そ
れを経営理念へと昇華し、組織文化として従業員に共有し、企業戦略、そし
て事業戦略を策定し、実行していくことが求められる。経営者が宗教的な究

極的な目標の追求を、企業という器とその活動である経営、事業を通じて実現していくという人生観、経営姿勢を持つ場合は、経営者の宗教観が自らの経営哲学の中核となる。その意味では、自らの宗教観を具現化した事業活動が、ステークホルダーの幸福に資するだけでなく、それが事業としていかに実を結ぶか、すなわち社会性の実現を通じて経営性、すなわち売上と利益の向上による企業の存続を実現していくのかを考えなければならない。ダスキン創業者の鈴木清一の言葉を借りるならば、信仰の実践と経営の両立、すなわち「道と経済の合一」を実現していくことである。

第 4 節　事例研究——ダスキン創業者鈴木清一——

　本節では、宗教家としての自らの宗教思想を核として経営哲学を構築し、それを基に経営実践を展開し、企業を成長させることに成功した経営者としてダスキンの創業者の鈴木清一の経営哲学と経営実践を取り上げたい。少なくない研究者により論考が試みられてきた波多野鶴吉やウィリアム・ヴォーリズと比べると、老川（2002）、神渡（2011）のようなジャーナリスティックな書籍、岡田（2000）、森岡（2017）などの少数の経営学的な視点での研究が試みられている以外は、鈴木の経営哲学が経営学研究において取り上げられることは思いのほか少ない。しかしながら、鈴木が自身の宗教的信念を核として経営哲学を構築し、経営実践を展開することにより、同社を多様な事業を擁し、それぞれの事業がその領域において高いシェアを有する大企業へと成長させた事実を踏まえるならば、鈴木の宗教思想に基づく経営哲学、およびそれが組織としての理念に昇華した経営理念については詳細な検討に値すると言えよう。

　ダスキンは 1963 年に鈴木清一によって設立された、大阪府吹田市に本社を置く環境衛生からフードサービスまで多角的に事業を展開する企業であり、フランチャイズシステムを事業展開の柱としている。ダスキンの中でも、主力事業であるモップやクロス、マットなどの暮らしや環境の清潔・快適を維持する商品の定期交換レンタル（ダストコントロール事業）、960 もの店舗を擁するアメリカ発祥のドーナツチェーンである「ミスタードーナツ」

などは同社における知名度の高い事業であろう（株式会社ダスキンホームページ）¹⁴⁾。

　ダスキンという企業を象徴するものとしては創業者の鈴木により作成された同社の経営理念を挙げることができよう。ダスキンでは経営理念のほかに「悲願」、「一家の祈り」、「働きさん（ダスキンでは従業員を「働きさん」と呼んでいる）三つの誓い」などが理念として掲げられており、これらは同社の従業員、フランチャイズの従業員に朝・晩に唱和されている。こうした宗教的な思想に基づく経営理念とその実践は「祈りの経営」と呼ばれている。以下がダスキンの経営理念、ダスキン悲願、ダスキン一家の祈り、働きさん三つの誓いである。

「　祈りの経営ダスキン　経営理念

　　一日一日と今日こそは
　　あなたの人生が（わたしの人生が）
　　新しく生まれ変わるチャンスです

　　自分に対しては
　　得と損あらば損の道をゆくこと

　　他人に対しては
　　喜びのタネまきをすること

　　我も他も（わたしもあなたも）
　　物心ともに豊かになり（物も心も豊かになり）
　　生きがいのある世の中にすること　合掌

　　ありがとうございました」（株式会社ダスキンホームページ）

「≪ダスキン悲願≫

謙遜、賢明、剛健の徳を養い、仕事の第一は人間をつくることでありま
すように

働くことが楽しみであり、利益は喜びの取引から生まれますように

あきないを通じて、人と仲良くなり、経済をもって世界平和のお役に立
ちますように　合掌」（鈴木, 1974：109；株式会社ダスキン, 1984：2-3）

「≪ダスキン一家の祈り≫

　　はかなきは金銭、たよりなきは地位

　　人の思惑も苦にせず、ただひたむきに

　　ざんげの一路を歩み、己れをささげて

　　報恩の托鉢を致します。　合掌」（鈴木, 1974：110）

「≪ダスキン働きさん三つの誓い≫

　一　私はダスキンに入社を希望して

　　　チャンスを与えられたことを感謝し

　　　力いっぱい働くことを誓います。

　二　私は自分がうまれかわったこの喜びを

　　　他の人にもつくすことによって

　　　お礼をしたいと思います。

　三　私は地位とか、物の分け方などで

　　　ねたみ、うらみ、争いの心をおこさずに

　　　楽しい職場をつくります。　合掌」（鈴木, 1974：110）

　祈りの経営は、金光教の信者としての鈴木の宗教観、鈴木が師事した修養
団体の一燈園[15] 創始者である西田天香（明治～昭和期に活躍した宗教家、社会
事業家）から受けた教えを基盤として、経営実践の経験と、経営学理論の学
修の過程で構築された鈴木の経営観、労働観、ひいては人生観が表象化され
たものであると指摘することができる。鈴木の養母のきわが金光教信者で
あった影響で鈴木も熱心な金光教の信者であったことは良く知られた事実で

あり、鈴木と一燈園、その創始者である西田との関わりについても多くの二次資料における記述がある[16]。以下、鈴木の経営哲学を構成するキーワードとなる言葉から鈴木の経営哲学とそれを支える宗教思想について検討したい。

① 祈りの経営

　まずは、ダスキンの経営理念ともなっている「祈りの経営」である。そもそも「祈り」とは何をあらわすのであろうか。ダスキンにおいては従業員が朝晩にお経を唱えることは良く知られている事実であるが、祈りの経営における祈りにはそれ以上の意味が込められている。鈴木は自分を含めた人間は生きることができているのは、神の働きによるものであると捉えている。「祈る」とはまずは、自分を生かしてくれている神への感謝の祈りということになろう。しかしながら、祈りの対象は神だけではない。鈴木は、神と人間の関係を、生かしている神と、生かされている人間があると捉え、人間は神に生かされているだけではなく、神を生かす存在であると捉えている（株式会社ダスキン, 1983a）。神によって人間が生かされているという考え方は宗教においてはそう珍しい考え方ではないのであろうが、鈴木が信仰する金光教においても、同様で、金光教の教典には、「世界中、天（あめ）が下の者は、みな天地金乃神の子である。天地金乃神のおかげは世界にいっぱい満ちている。そのおかげがなければ空気がないのと同じで、人間は一時（いっとき）も生きてはいられない」（金光教本部教庁, 2009：9）と記されている。神を生かすためには、神から「生かされている」ことへ恩返しをすることが大事であり、具体的にはそれは人を助けるという形で実現されるという。鈴木は、このことを「神さまから受けたおかげのお礼返しをすること、いかに多くの人に喜ばれるか、いかに多くの人のお役に立つかということを、日々の生活の中に生かしてゆくことこそが人生の目的であり、人間の生きがいであると思うのです」（鈴木, 1997：39）と述べている。このように考えていくと、祈りの経営における「祈り」の対象は自分を生かしてくれている神と自分が役に立ちたいと思っている自分以外の人々ということになり、自分以外の人々の幸せを祈っているということになろう。また、人助けをすることにつ

いての理由として鈴木は、「あなた自身が今日あるのは、多くの人たちに助けられているのです。人を助けるどころか助けられているのです」（株式会社ダスキン, 1983a：5）としており、神によって生かされているだけでなく、周囲の人々によっても自分が生かされているためであるとしている。こうした自分は神、そして周囲の人々に生かされて生きていると状態を、鈴木は「あいよかけよ」と称している（株式会社ダスキン, 1983a）。あいよかけよとは、元々は備中地方の方言で、金光教の教義の中核をなす言葉であり、金光教の教典には「氏子あっての神、神あっての氏子、末々繁盛いたし、親にかかり子にかかり、あいよかけよで立ち行き」（金光教本部教庁, 2009：203）と記されている。これは、人間は神や周囲の人々によって生かされていることを表している[17]。

　神への報恩のために人助けに精進するという鈴木の行動理念もまた金光教に受けた影響が大きいと言える。金光教の教典には、「人が人を助けるのが人間である（中略）人の難儀を助けるのが人間であると心得て信心をせよ」（金光教本部教庁, 2009：23）、「人にはできるだけのことをしてあげ、人に物をあげたくてしかたがないという心を持ち、自分だけよいことをしたいというような心を持つな」（金光教本部教庁, 2009：135）、「どんな物でも、よい物は人に融通してあげれば人が喜ぶ。それで徳を受ける。人に物をあげる時でも、自分によい物を残しておくようなことではいけない。たとえ前かけ一枚でも、よい方をあげ、悪い方を自分が使うようにせよ」（金光教本部教庁, 2009：136）、「自分のことは次にして、人の助かることを先にお願いせよ。そうすると、自分のことは神がよいようにしてくれる」（金光教本部教庁, 2009：186）など人助けに関する教えは多い。鈴木は神、そして人に生かされていることを感謝し、その報恩のために人々の幸せに貢献しようと考え、ダスキンにおける事業をその手段として捉えていたことが分かる。そうであるならば、鈴木における経営とは自らの信仰の実践であり、「祈りの経営」とは、企業という器、経営、事業という手段を通じて、自社と関わりのある人々すなわち顧客、フランチャイズ契約店、取引先などのステークホルダーの幸せを絶えず願い、その実現を目指していくことであると捉えることが可能である。

116

　祈りの経営の概念を構成しているのは金光教の教えだけではなく、鈴木が師事した一燈園の主催者の西田天香の思想もまた同様に、その根幹をなしている。祈りの経営の祈りは神、そして自分以外の人々とその幸せに向けられていることは先述の通りである。絶えず人々の幸せを祈りながら、人々の幸せのためにより力を尽くしていく。祈りの経営における祈りの最後の対象はほかならぬ自分である。しかしながら、その祈りは、感謝の対象である神、幸せを祈る対象である自分以外の他者とは異なり、懺悔となる。この懺悔は、捨てきれない我欲に対するものである。自分に対しては日々懺悔し、人々の幸福の実現を目指していく態度こそが祈りの経営における態度であると考えられる。このことを鈴木は「自分本位のことを考えずに、ただひたすら懺悔の一路を歩み、己を捧げて、報恩の托鉢[18]をしていきます。そこから、『すみませんでした。すまなかった』とへりくだってまいります。そこから人間が生まれ変わってくるのです。祈りの経営ダスキンは、口先だけのことではなく、日々の生活の中に懺悔、感謝の気持ちが組み入れられていく」（株式会社ダスキン, 1984：5）と述べ、多くの人々に喜ばれるためには「エゴイズムの自己放棄」（鈴木, 1997：33）の必要性を指摘しているが、こうした鈴木の懺悔の思想は西田の思想に影響を受けているものであると考えられよう。

　西田は、生存競争をしなくても生きられる世界に強い憧れを持ち、この世のあらゆる葛藤の原因は、自己の欲望に執着し自利の追求を第一とするところにあるため、その問題解決への途は、我執・我欲の生活からの離脱、すなわち一切のものに捉われない「無我」になるほかはなく、そのためには自己の身体、財産、家族などすべてを「自分のもの」ではなく、「光のもの」とみなし、無一物の托鉢生活によって新しく生まれ変わる必要があると説いている。すべてを「光」のものと思い、ただひたすら他者のために無報酬で奉仕し、その日の食事を感謝の気持ちで供養されたらいただくが、供養されねば死ぬまでという「許されて生きる」一燈園の托鉢生活を西田は「我執」・「我慾」から解脱して、「無我」になりきれない自己の「懺悔の生活」であるとしている（栄原, 1990）[19]。

　西田の称する「懺悔の生活」を栄原は、他者にひたすら献身しようと努力

しながら、これに徹しきれぬ自己の罪を詫びつつ、利他行の実践に没入することであるとしている（栄原, 1990；並松, 2009）。

　「大いなるもの」に生かされている存在としての人間という認識、エゴイズムの放棄、他者への献身については金光教の教えと共通する部分があるが、このように、鈴木の人を幸せにする存在としての自己の我欲に向けられる絶えざる懺悔の念は、西田、一燈園での教えの影響が大きいと言えよう。

②　喜びのタネをまく

　経営者として、そして金光教信者としての鈴木の悲願でもある人を幸せにすることであるが、ダスキンの経営理念では、「喜びのタネをまく」という言葉が用いられており、フランチャイズ契約店の従業員を「喜びのタネをまく人」という意味を込めて「シーダーさん」と称していたこともあった（株式会社ダスキン, 1984：112）。鈴木もダスキンを、「ダスキンでは単に金儲けだけの仕事ではない。喜びのタネまきをする仕事なのです。販売テクニックや能率とかノルマとか科学的な経営手法ももちろんだいじなのですが、少なくとも金だけを追いかけるのではなく人に喜ばれるタネまきをしていると、後から金が追いかけてくる」（鈴木, 1997：130）として、ダスキンという企業の経営において、喜びのタネまきこそがその主活動であると論じている。鈴木は、この喜びのタネについて、「祈りを深め、感謝できる人間になる。賢明で人の成長を助け、優秀性を追求しながら喜びのタネをまく、喜びのタネをまくからここに感動が生まれます」（株式会社ダスキン, 1984：5）と述べ、そこから「感動が生まれて、物も心も豊かになり、利益とともに発展するという願いが、ダスキンの経営理念の基本」（株式会社ダスキン, 1984：5）であるとしている。喜びのタネとは、顧客やフランチャイズ契約店、取引先、社会など自社と関わる人々に自社との取引により喜ばれることを指している。自社との関わりのなかで、顧客であるならば、掃除が便利になった、手間がかからなくなった、フランチャイズ加盟店であるならば、お客様に喜んでいただき、やりがいのある仕事が見つかったなど、喜び、幸せを感じてもらうことにより、ダスキンもその施しとして売上やロイヤリティをいただき、ダスキンのステークホルダーとともに発展していくことを目指しているのであ

る。こうした想いは、ダスキン悲願の「利益は喜びの取引から生まれますように」という言葉に集約されている。

③ 道と経済の合一

　上記のようにダスキンの活動は「喜びのタネをまくこと」である。これは取引を通じて人々を幸せにすることである。これはダスキン、そして創業者の鈴木の人生における目的でもあった。鈴木は、こうした営利を超越した社会的な目的の追求を「道」と捉え、道の追求のためには売上と利益の獲得、すなわち「経営」の同時に実現していくことを目指し、「道と経済の合一」という用語を用い、ダスキンが人々に喜びのタネをまき続けるためには、道と経済の合一を実現することが必要だと論じている。鈴木は、そもそものダスキンの設立の動機を「食わんがために働く、あるいは金儲けだけを目的とした利益追求だけの会社ではなく、世の中のお役に立つような道と経済の合一を願う、拝み合いの会社を作ってみたい」（株式会社ダスキン, 1983c：144）と述べている。道と経済を合一するためには、人々に尽くしながら売上・利益を上げることが求められるということであり、具体的には、鈴木は「いかに喜ばれるような品をつくるか」、「いかに喜ばれるようなサービスをするか」、「いかに喜ばれるような取引をするか」が求められるとしている（株式会社ダスキン 1983c：144）。これは消費者に喜んでもらうための製品・サービスを他社に先駆けて構築すること、それを実現するためのビジネスモデルなどを構築することなどがそれに当たる。すなわちイノベーションの実現である。化学ぞうきんの開発とそのレンタル、フランチャイズシステムによるダストコントロール事業はダスキンのイノベーションによる業態・業界の創造であると言える。

　アメリカ製の清掃用具を繊維と接着剤の両側面から改良し、いったん拭き取った埃を離さないだけでなく、防カビ、防菌効果を持つ、家庭用の化学ぞうきんの「ホームダスキン」と、ハンディタイプのホームダスキンの開発と、そのレンタルシステムと、フランチャイズ方式によるその普及は、わが国においてダストコントロール業界の創造をも実現したまさにイノベーションであったと言える（駒井, 1992）。

　鈴木が提唱した道と経済の合一であるが、鈴木が師と仰ぐ西田もまた「経済と信仰の合一」を提唱し、その実現を現実の経済社会の中で実現しようとしている。具体的には、西田によると、経済と信仰の合一は徹底した托鉢生活により実現されるという。並松は、西田の経済と信仰の合一という理念は、既存宗教と自身の一燈園との違いを強調するためにも必要であったとしている（並松, 2009）。

　このように、鈴木は自身の宗教家そして人間としての理想の実現と経営者としての責務を同時に実現していく手段として、西田の「経済と信仰の合一」をよりどころに、「道と経済の合一」という経営哲学における命題を構築したものと考えられる。

④　得と損あらば損の道をゆくこと

　道と経済の合一を実現するためには、道だけでなく、経済の追求も必要となる。鈴木の経営哲学において経済性をあらわす概念としては、経営理念にもある「得と損あらば損の道をゆくこと」と、⑤で検討する「物集まらざるは恥なり、集めた物を己のものとするのも恥なり」を挙げることができる。

　これはお客様の喜びのためならば、自分が損をすることや苦労することも厭わない、西田の言い回しを用いるならば、我執・我欲から解放された精神状態になることである。ダスキンの目的が、「喜びのタネ」をまくことならば、人に喜んでもらえれば、喜んで損をしようという心がけである。鈴木は、「損も得もない不二だと私は思います。むしろ生かされているということのありがたさから、いろいろふれるままに、時にとっては損であり時にとっては得もあろうし、そうじゃない、もうひとつ本質的なものは、どのようにして相手に喜ばれているか、あるいは本当に誠実を尽くしているか」（鈴木, 1997：48）が重要であるとしている。西田の思想になぞらえて考えるならば、お客様に喜んでもらい、お客様の幸せに繋がるのであれば、自分は損をしたとしても、自分も最終的には生かされる、すなわち黒字になり、会社は存続する反面、お客様が喜ばない、幸せに繋がらないのであれば、自分はそのまま死ぬだけ、すなわち倒産して消滅するということである。もう少し簡単に言うならば、「自分を二の次にして人の成長を助けよう」（駒井,

1997：20）[20] という精神を持つことが「得と損あらば損の道をゆくこと」の実践に繋がると言えよう。先述のように金光教の教義にも、「人にはできるだけのことをしてあげ、人に物をあげたくてしかたがないという心を持ち、自分だけよいことをしたいというような心を持つな」（金光教本部教庁, 2009：135）、「どんな物でも、よい物は人に融通してあげれば人が喜ぶ。それで徳を受ける。人に物をあげる時でも、自分によい物を残しておくようなことではいけない。たとえ前かけ一枚でも、よい方をあげ、悪い方を自分が使うようにせよ」（金光教本部教庁, 2009：136）、「自分のことは次にして、人の助かることを先にお願いせよ。そうすると、自分のことは神がよいようにしてくれる」（金光教本部教庁, 2009：186）など、自分のことよりもまずは、人助けをしなければらないことを諭した教えが数多く存在している。

「損の道」については、鈴木の薫陶を受けた後任の社長の駒井も、「経営者としては、たとえ儲かることがわかっていても、してはいけないことと、たとえ苦労が多くて赤字覚悟でも、しなくてはいけないこと、この二つを心掛けたいものです」（駒井, 1996：12）と述べている。

⑤　物集まらざるは恥なり、集めた物を己のものとするのも恥なり

道と経済の合一の実現のためには会社は黒字を出す必要がある。それだけでなく、企業は存続するために利益を出さなければならない。鈴木もまた同様に企業は存続するためにも利益を出す必要があると考えており、赤字は恥ずべきことであると認識していた。赤字が恥である理由を鈴木は、西田の教えである「物集まらざるは恥なり、集めた物を己のものとするのも恥なり」（株式会社ダスキン 1983c：12）という言葉をその根拠としている。売上とは、その企業がどれだけお客様から喜ばれたか、お客様を幸せにできたのかをあらわす指標であるため、鈴木は赤字であることは、お客様から喜ばれていない、恥ずべきことであると認識し、お客様に対するお役の立ち方が至らないことを反省すべきであり、お役に立ち喜ばれるようになれば、確実に利益は与えていただけると考えている（駒井, 1992）。また、後段の「集めた物を己のものとするのも恥なり」であるが、赤字も恥であるが、集まったからといって、私腹を肥やしたり贅沢三昧の生活に費やしたりするのは、もっと恥

ずかしいことだということである（駒井, 1992）。だからこそ、私腹を肥やす
のではなく、さらに世の中の役に立つよう、人材開発なり、製品開発、技術
開発へと、資金を投入すべきだということである（駒井, 1992）。実際に鈴木
の後任の社長の駒井は、自著において鈴木は、さらにお客さまのお役に立つ
ようにと、大きな事業投資を続け、従業員に大きな投資を許してくれたと述
べている（駒井, 1992）。世俗内禁欲が天職に打ち込むことに繋がり、それに
よって生み出された富は私的に消費されることなく、再投資に使用され、さ
らに大きな富を生み出すことに繋がったと考えると、ウェーバーがその研究
の対象とした資本主義の形成を促したプロテスタントに共通する部分がある
と言えよう[21]。

⑥　フランチャイズは人生の道

　鈴木はアメリカ発祥のフランチャイズシステムを初めてわが国に導入し、
本格展開に成功した経営者としてもよく知られている。このフランチャイズ
システムにも鈴木の宗教思想に基づく哲学が垣間見える。鈴木が化学ぞうき
んのレンタルをフランチャイズシステムにより事業展開するに至ったのは、
『商業界』主幹であった倉本長治、キリスト教精神に基づく企業の民主化運
動を行う HDIA 協会設立者のメルビン・エヴァンスなどとの関わりが大きい
が（倉本にはアメリカにおいて台頭しつつあるフランチャイズという新たなビジ
ネスシステムについての紹介をされ、エヴァンスからはフランチャイズの理念に
ついて教えを受けており、「フランチャイズは人生の道」という鈴木の経営哲学を
構成する命題も元々はエヴァンスが提唱していたものである（鈴木, 1997））、とり
わけ、エヴァンスの「手のひらを広げ、その上に小さなタネを置いて、相手
のためにオープンにしておく。すると、タネはすくすく育つ。ところが、そ
れを自分が独占しようと、手を閉じてしまうと、タネは成長しないし、相手
に影響を与えることもありません。なぜか？　簡単なことです。手のひらを
広げておけば、その上に雨も降るし、太陽の光線もふりそそぎます。手を閉
じてしまうと、雨も光も、もはや届きません」（駒井, 1985：209 - 210）とい
う教えが大きかったと鈴木は語っており（株式会社ダスキン, 1983b）、エヴァ
ンスの教えはダスキンのフランチャイズの理念の根幹をなしているものと言

122

える。エヴァンスの教えは、フランチャイズシステムにおいて本部が加盟店から利益を搾取し、それを独占するという一方のみが栄えるのではなく、加盟店も栄え、本部も栄えるという共存共栄の理念を持ち、その理念に基づいた運営を行うことの必要性を説いたものであり、鈴木が構築したダスキン悲願の「利益は喜びの取引から生まれますように」と関連性が強いと言えよう。フランチャイズ加盟店もまたダスキンに参加することで、喜びを得て、幸せになることが大事だという思想であり、それこそがフランチャイズシステムを成り立たせるカギとなると鈴木は考えていたのである。「ダスキンフランチャイズチェーンには本部があり、加盟店があり、そして働きさん、シーダーさんがおられます。本部が成功しようと思えば加盟店が成功しなければなりません。加盟店が成功しようと思えば、その加盟店で働いている働きさんが幸せでなければなりません。シーダーさんも然りです。成功というのは幸せと同じなのです。ダスキンに関係している人すべてが幸せになってほしいのです」（株式会社ダスキン，1983b：67）という鈴木の言葉にそれが象徴される。我欲を捨て他者に奉仕し、喜びを与えるという金光教、一燈園で培われた利他・奉仕の思想は、エヴァンスの教えを解釈しながらフランチャイズシステムの根本理念を構築することにも生かされていると言えよう。

　共存共栄的な理念ともうひとつ鈴木のフランチャイズビジネス観を構築する要素としては、本部と加盟店の理念の共有の徹底が挙げられる。鈴木は、「フランチャイズは一体とならなければならないということであり、一体になって問題解決にあたってこそフランチャイズの良さが出てくるのです。（中略）　願わくば一体となろう。この一体というのは不二ということです。すなわち『二つにあらず一つ』ということです」（株式会社ダスキン，1983b：66）と本部と加盟店との関係を捉えている。本部と加盟店がひとつとなり、同じ理念を共有し、喜びのタネをまくこと、すなわち「ダスキンのお客様に、健康と、快適な生活のためのお役に立つこと」（株式会社ダスキン，1983c：145）、幸せになってもらうために専念することにより、本部と加盟店の共存共栄が実現されると鈴木は考えたのである。経営理念、悲願、一家の祈り、働きさん三つの誓いなどの唱和と、朝晩にお経を唱えることなどはこうした理念の共有のための取り組みが具現化されたものと言えよう。

　このように、フランチャイズ加盟店→顧客へとダスキンに関わった人々に喜びが波及していくことにより、多くの人々が幸せになることこそが、鈴木の経営者として、そして宗教家、人間としての悲願であり、フランチャイズシステムがその実現に近づくことを可能とすると考えたからこそ、鈴木は、エヴァンスが提唱した「フランチャイズは人生の道」とという命題を自らのフランチャイズ経営における哲学の根幹としたのではないだろうか。

　以上、本章では、鈴木清一の経営哲学を構成するキーワードの検討を通して鈴木の経営哲学における宗教およびその思想の影響と、その効果について検討を試みた。鈴木の経営哲学の構築においては、自身が信仰する金光教と、自身が活動に携わっていた一燈園とその創始者の西田天香の指導の影響を強く受けていることが確認された。その意味では、金光教の教義と西田の思想は、鈴木の経営哲学の構築における基盤を形成するもの、すなわち住原（2014a）の言うメタ理念の役割を果たしていることが明らかにされた。そして、これらの思想こそが鈴木の経営哲学に神秘性だけでなく一種の凄味を与え、そしてそれが明文化された経営理念に鈴木自身と従業員、顧客、フランチャイズ加盟店の心を動かすパワー（人々を動かすヘゲモニー）を与えたのではないかと結論づけることが可能である。もちろん、経営哲学は宗教的な要素のみによって構築されるわけではなく、鈴木自身の人生、経営実践の経験、学びなども反映されていることを付記しておく。実際にダスキンの成功は鈴木の経営哲学、経営理念のみでは説明することが不可能である。鈴木が倉本長治、エヴァンスや国内外の経営者との交流を深め、常に最新鋭のビジネスについて触れる機会を得ていただけでなく、国内、アメリカにおける企業経営に関する講演会や勉強会に積極的に出席し、最新鋭の経営知識を習得していたことなどもその成功に大きく寄与していたと考えられる。実際に鈴木は、国内でいち早くフランチャイズビジネスに着手したわけだが、それを成功に導くことができたのは倉本からフランチャイズビジネスについての講義を受けたからであった。その意味では、思想だけでなく、（経営学）理論を大切にする経営者であり、鈴木の経営哲学は宗教思想と豊富な経営実践の経験だけでなく、経営学理論もまたその構成要素をなしていると言えよう。

第5節　ディスカッション

　本節では、今までの議論を踏まえた上で、宗教が経営者の経営哲学におい
て果たす役割を明らかにしたい。先述のように、経営者が信仰する宗教は、
鈴木清一の事例からも分かるように、自身の経営哲学の構築における思想の
基盤、よりどころとなる役割、すなわち住原（2014a）の指摘するメタ理念
としての役割を果たすだけでなく、宗教自体が、住原（2014a）が指摘する
ように、その教えが合理化されており、倫理性、すなわち世俗的、社会的に
広く認められる人間行動、行為を促す内容を備えているため、それに基づい
た経営哲学、経営哲学を基盤として構築される経営理念が、経営者自身とス
テークホルダーの心を動かす原動力となることが確認された。以下、詳しく
検討したい。

　まずは、経営者自身に果たす役割である。これは、住原（2014a）の指摘
するところの精神財の役割である。先述のように住原は、普通ならば諦める
かもしれない局面ですら、直面している事態を「神仏の意思」として解釈
し、問題解決のために強い探求心を持つという場合もあり得るとしている
（住原, 2014a）。岩井もまた、信仰の力があったことで困難を克服して成功す
ることができたというストーリーは枚挙にいとまがないとしている（岩井,
2017）。

　すなわち、第一の役割は経営者自身が、自らが信仰する宗教の教えに基づ
き、企業という器、経営、事業という手段を通じてそれが目指す世界、社会
の実現、すなわち信仰の実践を志向することにより、経営、事業への心理的
なエネルギーを引き出し、それを高めることが可能になるということであ
る。経営、事業を通じて自らの信仰を実践することにより、彼らの企業経営
へのモチベーションを高めるだけでなく、そこにおける創意工夫を引き出す
ことができる可能性が高まるということである。それは、金銭、社会的な地
位や名誉以上の誘因として機能するということである。鈴木は、宗教とは、
苦しみがなくなることではなく、苦しみそのものを「ありがたい」と思うよ
うになるものであると述べていることと（株式会社ダスキン, 1983a）、天理教

信者である、めいらくグループの日比孝吉の「教祖の教えを実現することが最も大切であり、『事業は手段』でしかない」（住原, 2009：42）という言葉は第一の役割を象徴するものであるといえよう。

　第二は、外部ステークホルダーに対する役割である。具体的には、経営者の経営哲学における宗教思想は、企業と社会のあり方を規定する上でその根幹を形成していることが挙げられる。佐藤（2013）などが論じているように、そうした経営哲学においては社会との関わりは、利他、奉仕などの言葉で表される場合が多い。いずれも自分以外の人々の役に立ちたいという意思のあらわれであり、その実践である。経営者の宗教思想に基づく究極的な目的を経営、事業という手段により実現していくという行動理念は鈴木など、宗教思想を基盤として経営哲学を構築している経営者に共通する特徴であるが、宗教は営利のために存在せず、人々への奉仕、幸福のために存在し、人間に生や死に関する究極的な価値観を提供し、人間が抱える問題解決に示唆を与える。そうした宗教上の究極的な目的を経営、事業を通して実現を目指すことにより、社会、それを構成するステークホルダーとの関わりと貢献の仕方が強調された経営哲学、そして経営哲学を基にした企業の方針、価値観の表象でもある経営理念の構築が可能となる。このように、宗教思想を基盤とすることにより、社会との繋がりと、具体的な関わり方、貢献のあり方がより明確化された経営哲学を構築することが可能となる。土屋は、社会的責任を自覚し、あるいは社会に対する道義的責任を自覚し、これを実践せんとする信念をバックボーンとするもののみが経営理念であるとしているが（土屋, 2002）、社会への関わりと人々への貢献を志向する宗教思想を基盤とする経営哲学とそれを基に構築された経営理念は、社会的責任と社会に対する道義的責任を明確に意識したものであり、土屋の論じる経営理念に該当する性格を有していると言えよう。こうした社会における高い貢献意欲と使命感を包摂した経営哲学、経営理念を基盤として構築される経営理念はステークホルダーの心を掴み、動かすことができる可能性を秘めている。人はパンのみにて生きるにあらずということである。鈴木清一を慕って付いていったダスキンの従業員やフランチャイズ加盟店の経営者や従業員、取引先のように、ステークホルダーは社会への高い貢献意欲を包摂した思想、理念とそれに基

づいた実践に心打たれ、共鳴し、行動を共にしたり、経営者や彼（彼女）が経営する企業を支援する可能性が高いということである。近年は、CSR、ESG投資などの用語が注目を集めるようになっており、企業も社会の一員として社会への貢献が求められるようになってきている。こうした近年の社会との関わり方が企業の評価を大きく分ける時世においては、人々への奉仕や幸福への貢献を究極的な目的と捉え、経営哲学を構築している経営者およびその経営者が経営する企業は強さを発揮できる可能性が高い。

　第三は内部ステークホルダー、すなわち従業員に向けた役割である。具体的に言えば、従業員の労働観の構築、仕事へのモチベーション向上の効果である。人間は自分の仕事がどのような形で人々の役に立っているのか、すなわち自分の仕事と社会との繋がりを知って初めて自分の仕事の意味を理解し、仕事へのモチベーションを高めることへの貢献である。お題目として自社の存在やそこでの労働を崇高なものと称し、それを組織内に共有させるだけでなく、社会やそこに生きる人々への具体的な貢献を意識させることによりその効果が期待できる。先行研究との関わりで言えば、島薗（1992）の宗教＝修養的勤労思想の社会との現実的な関わりを従業員が認識した上でその共有を実現するということである。上記のように経営者の経営哲学、企業としての理念である経営理念は自社と社会との関わり方、貢献の仕方を規定するものである。経営者の宗教思想を基に構築された経営哲学、経営理念は、営利性を打ち出すものではなく、奉仕、利他など社会との関わり、貢献を明確にしたものが多く、従業員に対しても自社の社会的な存在意義、従業員の仕事の意味を理解させやすい。ダスキンにおいても従業員、フランチャイズ加盟店に対して、ダスキンの仕事は「喜びのタネをまくこと」であることを伝え、それに専念するように指導している。お下がり（ダスキンにおける給料をあらわす用語）は重要ではあるが、生きることの本当の意味は人を喜ばせることであり、仕事を通じて人を喜ばせることができるのは素晴らしいことであることを経営理念などを通して伝えようとしているのではないであろうか。その意味では、ダスキンにおける鈴木の経営哲学に基づく経営理念は、ダスキンの従業員やフランチャイズ契約店の従業員に新たな生き方を提示し、彼らの労働観の転換を求めるものであり、喜びのタネをまくという自

分の仕事へのモチベーションを高めることを目的としていると言えよう。社
会や人のためになる活動にこそ人はやりがいを見出し、モチベーションを高
めるのである。その意味では、人々の幸福への寄与などを至上命題に掲げ、
利他、奉仕、救済を志向する宗教思想を基盤とする経営哲学とそれを基にす
る経営理念は、従業員に働く意味を与え―すなわち、新たな労働観の構築を
可能とし―、労働へのモチベーションを高めることに優位に働くと言えよ
う。鈴木は、信仰とは生き方であるとしているが（株式会社ダスキン,
1983a）、その意味では、従業員に生き方を提示し、信仰を与える（強要でも
押し付けでもなく）ことであるとも言うことができよう。ダスキンにおける
一燈園での新入社員研修、経営理念などの唱和、朝晩のお勤めなどは経営理
念の共有と行動レベルにおける定着を志向したものであると言えるが、重要
なことは従業員が職業生活、ひいては日常生活におけるある種の「信仰」と
してこの理念を共有し、行動にまで浸透させることが求められるということ
である。

　以上三点が経営哲学の構築における宗教の役割となるが、ヤオハンのよう
に経営者の宗教信仰に基づいた経営哲学、そしてそこから構築された経営理
念が従業員の心を掴まない、動かさないものことを十分起こりうる。経営理
念の基となる経営哲学を人々の心を動かす「生きた」ものとするには、経営
者の行動が重要となる。先述のように経営哲学は経営者の経営実践のよりど
ころとなる哲学、表層のところでは信念、考え方のことである。経営者は、
経営実践のみをむやみに積み重ねるのではなく、絶えず省察（西田、鈴木の
言葉を用いるならば「懺悔」）し、省察を媒介にして経験と学習を重ねなが
ら、自身の経営哲学を洗練させていくのである。佐藤は困難に直面したとき
に、悩み苦しみながら「自らの存在、使命とは何か」を問い直し、克服する
ことで得られる経営者の価値観や信念を「悟り」として、経営者は悟りを求
めており、悟りを得ようと経営の心理や本質を追求し、経営者哲学を形成し
ているのではないかとしているが（佐藤, 2013）、経営者は自身の宗教信仰に
基づく究極的な目的と経営者としての目的とを統合し、その実現に少しでも
近づいていくことを目指す。そうした究極的な目的の達成のため、絶えざる
実践と経験、省察、学習を繰り返していく過程の中で導き出されるものこそ

が佐藤（2013）の指摘する「悟り」と言えよう。そうした悟りに至ろうとする経営者の求道的な態度と姿勢、行動こそが、経営者自体の人間としての魅力を高め、自身の経営哲学を宗教的な価値の高いものへと昇華させ、そこから構築される経営理念をステークホルダーの心を掴み、動かすものにするのである。近江兄弟社、グンゼ、ダスキンなどの従業員が自社の経営理念を日常の仕事のよりどころとするまで、その共有を可能としたのは、自身の使命に向けて我欲を捨て邁進した創業者の人間的な魅力も大きかったのではないかと言える。その意味では、経営者個人の魅力が経営哲学、経営理念に魅力を与えるのである。そしてその魅力は、企業として、人間としての目的を達成しようと我欲を捨て邁進する中で構築されるものであるため、山城章が指摘するように、経営とは終わることのないさらなる高みを追求すべき「道」であると捉えることも可能であろう[22]。鈴木の「祈りの経営」が従業員、フランチャイズ加盟店、顧客など多くのステークホルダーの心を動かしたことは、人々を喜ばせること、幸せにすることのみを絶えず考え続け、我欲を捨て、無私であろうと絶えず懺悔を続けた鈴木の求道者的な姿勢、行動が大いに影響していたと考えられよう。鈴木の事例からも、人を喜ばせる、幸せにするという人生の目的、すなわち道をひたすら追求し続ける姿勢こそが、鈴木に多くの人々を惹きつけることを可能とするだけでなく、その分身でもある経営理念とそこから構築された経営理念の魅力を高め、そこに人を動かすエネルギーを与えたのではないかと指摘することができる。キリスト教の教えを基に経営理念を作成し、経営実践を行った郡是製糸の創業者、波多野鶴吉も、大規模な会社は優れた指導者により率いられる必要性を認識し、自ら「優れた指導者」たらんとして、キリスト教の教えに没頭し、自己練磨に努めていた（祖田, 1976：大野, 2015）。波多野の求道的な経営姿勢、行動は従業員のみならずステークホルダーの波多野への魅力、そして信頼を高めたことは複数の資料において言及がなされている。こうした経営者の姿勢は、ドラッカー（1974）が指摘した「真摯さ」に通じる部分があると言えよう。

第 6 節　小括

　以上、本章では、経営者の経営哲学における宗教の役割について明らかに
した。住原（2014a）が指摘するように、宗教は、経営者にとって知識の貯
蔵庫、すなわちメタ理念としての役割だけでなく、宗教が有する究極的な価
値の究明、問題解に関わるという人々の行動を促す性格ゆえ、ステークホル
ダーの心を掴み、動かすことに繋がっていること、宗教が社会志向性の高い
性格を有するがゆえ、宗教思想を基盤として構築された経営哲学と経営理念
はステークホルダーにとっての繋がりと貢献を創出しやすいことが明らかに
された。こうした社会志向型、ステークホルダー志向型の経営哲学、経営理
念は、ESG 投資や CSR が企業の評価、存続に小さくない影響を与えるよう
になっている今日ではその重要性は高まってくると言えよう。そうした時代
の要請に応えるためにも、今後も多面的な視点から、経営者の宗教信仰を基
に構築された経営哲学、理念にアプローチしていくことが求められよう。一
例を挙げれば、具体的に経営哲学が構築、修正されていくプロセス、経営哲
学と経営理念との関係の明確化、岩井（2017）が指摘するような宗教思想に
影響を受けた経営理念が組織内でいかに浸透し、実践されているかなどを明
らかにすることが挙げられる。
　本章における結論を敢えて一般化するならば、企業は、社会においてその
存在意義を高めるため、その貢献性を高めること、その役割の重要性を従業
員に明確に認識させ、行動レベルまでそれを落とし込ませることという極め
て一般的な提言にはなるが、そのためには、経営者が、「企業とは何か」、
「企業は社会にどのように貢献すべきか」、「従業員は何のために働くのか、
社会にどのように役立てるのか」などの経営における根源的な問いに答えた
上で、論理立った経営哲学を構築し、それを基に人々の心を動かす経営理念
を構築することが求められてくる。そうした究極的な命題に答え、人々の心
を動かすような哲学、理念を構築するためには、経営者自身が、哲学、宗
教、歴史などの豊富な人文知をベースとした、死生観、自身の存在意義など
についての明確な思想を持つ必要がある。宗教信仰を持つ経営者は、そうし

た思想として自身が信仰する宗教がその役割を果たしていたことは先述の通りである。辻村が論じるように、こうした営みには人文知が不可欠である。また、三品も見えない未来に向かって時代の趨勢を読み、世界の動向を捉え、技術と市場の深化を予見し、大きな投資判断をするために必要になるのは、実務能力の確かさではなく、視野の広さであり、歴史観、世界観、人間観であるとしている（三品, 2006）。こうした視野の広さに資する哲学・宗教的な素養の役割は大きいと言えよう。その意味では、今後はマーケティング、ファイナンスなどの技能を有する前に豊富な人文知を有する経営者の台頭が求められると指摘することもできよう。

　また、本章においては、明確な社会への貢献意欲、そしてそれに関わる宗教的な思想を持つ経営者の強さを明らかにすることにも貢献している。その意味では、本章における結論は、島薗（1992）、土屋（2002）、林（2019）などの経営者の明確な宗教的な思想のバックボーン、加護野（2011）の指摘するところの経営者の市民精神こそが日本企業の強さの基盤になってきたという主張をミクロ的な視点から補強するものとなっていると言えよう。しかしながら、上記の各論者が指摘するように今日の日本企業とその経営者においては、そうした精神が失われて久しい。これは、三代目社長の千葉弘二の特別背任による逮捕（有罪判決）、株主代表訴訟にまで発展したミスタードーナツの肉まんに国内での使用が認められていない酸化防腐剤 TBHQ が使用されていた「ダスキン事件」など、鈴木逝去後のダスキンが引き起こした企業不祥事――「祈りの経営」がお題目となり、真の意味で鈴木の経営哲学、ダスキンの経営理念は後世に継承されなかったこと――を踏まえるならば、本章において事例として取り上げたダスキンも例外ではなかろう[23]。イノベーションも日本企業の再生には重要な経営課題であるのかもしれないが、真に重要なことはそれを実現する精神性であり、金銭のために生き、経営するのではなく、人の役に立ちたい、社会の役に立ちたいという強烈な意志であり、それを我欲を捨て達成しようとする姿勢である。戦前・戦後に活躍し、日本経済を牽引した経営者の場合は、産業報国などのスローガンに象徴されるように、国への貢献、愛国心が、企業経営を通した革新への原動力となってきたことは少なくない研究者、とりわけ経営史、企業家史研究者によって

論じられてきた。宗教の教えは、今後日本企業の巻き返しをするにあたり、経営者が有すべき思想・哲学の構築に一定の示唆を与えうるものであると確信している。そうであるならば、今後も本研究を継続する中で、日本企業及び経営者への提言を模索したい。

注

1) 本章において使用する経営哲学という用語は、小笠原（2004）が指摘する「経営者個人の哲学」と同義であると理解して差し支えない。

2) こうした企業観は、企業を「社会の公器」と定義した松下幸之助などの戦前・戦後に活躍した経営者によって提起されていることを踏まえるならば、厳密には新しい企業観・経営観ではないとも言える。

3) アメリカにおける MBA 教育のあり方については、ヘンリー・ミンツバーグなどにより批判がなされているが、本章の本題ではないので立ち入らないこととする。アメリカにおける MBA 教育批判の詳細はミンツバーグ（2004）を参照されたい。

4) 島薗などは新宗教の熱心な信徒の指定を除けば、現代日本の 18 歳の青年は哲学的宗教倫理的信条や特定の宗教＝倫理的実践をほとんど習得していないと指摘している（島薗, 1992）。

5) 筆者による経営者としての波多野鶴吉の考察については、大野（2015）を参照されたい。

6) 土屋もまた、江戸時代以来わが国の経営者たちの中に、道義的信念をバックボーンとして企業経営に従事した立派な尊敬に値すべき人々が少なくなかったと論じている（土屋, 2002）。

7) 第 2 章でも紹介したように、わが国を代表する経営学者の一人である加護野は資本主義を成り立たせるには、社会や職場のルールや約束を守り、真剣に仕事に取り組もうとする勤勉さ、克己心並びに従順さである「市民精神」、何者かを追い求め、様々な障害を克服しても志を成し遂げようとする精神である「企業精神」、抽象的な利益にこだわり、そのために合理的判断を働かせようとする精神、すなわち自分自身の利益をもとに考えようとする「営利精神」の三つが求められるとしている（加護野, 2010）。そのうえで加護野は、近年の日本企業の低迷の原因を市民精神の衰退と企業精神の弱体化、営利精神ばかりが強くなってしまったことに求めている（加護野, 2010）。

8) 近江商人の経済倫理に関する記述のある第 1 章「宗教と経済倫理—浄土真宗と近江商人」の現出所が 1941 年に『社会学』第 8 号に掲載された「宗教と経済倫理—浄土真宗と近江商人」であることを踏まえると、国内では、最古の経営と宗教について論じた研究論文ということになろう。

9) 住原は、宗教理念が経営理念におけるメタ理念として機能するのは、宗教の教理が体系立った内的な合理性を有しているためであるという（住原, 2014a）。さらには、その内容が倫理性、つまり世俗的・社会的に広く認められる人間行動・行為

を促すものである場合にメタ理念として参考にされるという（住原, 2014a）。住原は経営者は単にメタ理念に縛られる存在ではなく、その「解釈」と「応用・適用」により新たな創造性を行為を通して表現する可能性を提示している（住原, 2014a）。また辻村（2019）は、経営者の経営観は、哲学的な定言・全称命題であり、それゆえ人文知が不可欠としており、宗教が経営哲学のメタ理論として機能する可能性を示唆している。

10）大橋（2011）が称する「経営仏教学」は、この文脈で用いられているものと考えられる。すなわち、組織マネジメントに仏教の教えを利用していこうとする研究視点である。

11）小笠原は、経営哲学の再深層部には、一般哲学の理解が存在し、その最表層部には企業経営の実践上の経営理念や信条としての経営者の経営哲学が位置するとしている（小笠原, 2004）。

12）フリーマンは、ステークホルダーをそれらの支援がなければ組織が存続することができない集団と定義しており、そこには株主、従業員、顧客、供給業者、金融業社、社会などが含まれるという（Freeman, 1984）。本書においても、ステークホルダーは、企業の存続・成長に物的・金銭的・精神的に不可欠な支援をもたらす個人、組織と捉えたい。

13）住原は、波多野における理念・経営一体論は、従業員に対して低賃金・労働強化を正当化する側面があることも否定できないとしている（住原, 2008）。

14）鈴木清一の生涯とダスキンの発展の歴史について記された一番新しい著書としては、神渡（2011）が挙げられる。

15）ダスキンの新入社員研修は一燈園で行われている。

16）鈴木が一燈園で修業するようになった経緯は、鈴木の自伝（鈴木, 1973）が詳しい。

17）「あいよかけよ」について、金光教では、「人間は、大いなる天地のはたらき、つまり神様によって生かされており、神様もまた、人間をとおして神としての生きたはたらきを現すという関係にあるのです。私たちのいのちは、そもそも神様から頂いたいのちであり、大いなる天地のはたらきの中で、今日まで育てていただいたいのちです。そのうえ、神心まで分け与えられているのです。自分勝手に生きるのではなく、人の助かりのために生きてほしいという神様の願いに応えていくことが大切です」（金光教ホームページ）と述べられている。

18）西田は、人に頼まれて行う奉仕活動を托鉢と称している（西田, 2018）。鈴木も同様の意味で托鉢という用語も用いている。

19）並松はこうした西田の覚醒のきっかけをトルストイの愛他精神に求めている（並松, 2009）。また並松は、一燈園の中心的な活動を「懺悔・奉仕・無所有」としている（並松, 2009）。

20）駒井によると、この言葉は鈴木が生前よく言っていたものであるという（駒井, 1997）。

21）鈴木のことをよく知る駒井は、鈴木の生活を、「最後まで長屋に住み、（中略）会長の最高の贅沢は、大根おろしにちりめんじゃこで、これに醤油をかけ、熱いご飯にのせて食べるのを『一番のご馳走』と言っていた」（駒井, 1992：286）、「会長

自身は、およそ贅沢という生活とは無縁の人でした」（駒井, 1992：286）と述べており、そうしたある種の「世俗内禁欲」についてもウェーバーが研究対象としたプロテスタントの生活態度とも関連性があると言えよう。

22）山城は、1972 年に山城経営研究所を設立し、同研究所において経営者のあり方や責任を探求し、確信するための場として「経営道フォーラム」を開講している（山城経営研究所ホームページ）。同社では、経営道を「社会のため、世界のため、更には地球のために、〈企業や経営はどうあるべきか〉を真摯に追及すること」（山城経営研究所ホームページ）と定義している。

23）鈴木逝去後のダスキンの経営を批判的に検証した書籍としては、大下（2001）が挙げられる。

第5章
経営者と企業の社会的責任

第1節　問題意識

　経営実践、そしてそれを研究の対象とする経営学のいずれにおいても企業が存続・成長を実現していくためには利益をあげることは当然必要なことではあるが、それと同時に社会及びその構成員であるステークホルダーの支持を得ることが重要であると言われてきた（Davis & Blomstrom, 1975；Post et al., 1975；Freeman, 1984；清水, 1997；宮坂, 1999；合力, 2004；Carrol & Buchholtz, 2015 など）。具体例を挙げれば、企業が生み出す製品・サービスが顧客の生活に寄与するものであり、社会にプラスの影響を与えるものでなければ企業は存続・成長することが困難であるし、社会にマイナスの影響を及ぼす企業不祥事を起こした企業は、その経営活動にきわめて大きな打撃を与え、最悪の場合は倒産することも起こりうることなどがある。このように考えていくと、企業がその存続・成長を実現するためには、自らを取り巻く社会からの支持を得ることを目指し、社会といかに関わり合うか、すなわちいかに社会に貢献するかを考えていかねばならないということである。近年の国内外を問わず経営実践、経営学におけるCSR、ESG投資への注目の高まりはそれを象徴していよう。

　企業経営の責任者である経営者は、利益の獲得だけでなく、自分が経営する企業がいかに社会に貢献していくべきかを考えていかなければならない。すなわち経営性と社会性の両立であるが、これは国内外を問わず多くの研究者により論じられてきた研究テーマでもあり、今更筆者がそれを議論の対象としたところでそこに含意のある議論ができるとは思えない。それゆえ、筆者は、経営性と社会性の両立可能性の追求ではなく、後者、すなわち社会性

に焦点を当て研究を進めたい。具体的には、経営者が自らを取り巻く社会という存在をどのように認識し、どのように関わるべきか、すなわち社会的責任を果たすべきと捉え、それをいかに自身の経営実践における意思決定のよりどころとなる自身の経営理論へと包摂していくのかを明らかにすることを本章の研究課題としたい。CSR 研究において広く共有されている考え方に企業の公共の福祉への貢献が、社会だけでなく自己や株主をも発展させるとする「啓発された自己利益（Enlightened Self-interest）」[1] があるが、啓発された自己利益を踏まえるならば、企業経営の根幹となる経営者の社会の捉え方や社会との関わりについての考え方こそが、社会的責任の遂行のみならず企業発展の根幹となるということができる。経営者の社会に対する認識、関わり方への認識は、ドラッカー（1974）、櫻井（1976）、森本（1994）、高田（1984, 1988）、ポスト他（2002）、庭本（2006）、松野（2019）などが指摘するように経営理念、ひいては経営戦略へと落とし込まれ、組織文化として企業内に浸透し、従業員に共有されることにより個人の信念から企業の信念と行動に昇華することとなる。そのように考えると、社会性を包摂した経営者の経営理論こそが、企業における経営理念のあり方、社会的責任の捉え方、ひいてはその戦略や組織構造、企業文化のあり方を決定づけることとなるため、それを明らかにすることは大いに意義があるといえよう。

　本章の結論を先取りして述べると、経営者には「企業は社会システムに埋め込まれた存在であり、他の諸要因（社会に存在している人や組織）との相互依存により存在しているがゆえに、それを無視しては存続することが不可能であり、彼らといかに関わり合うかを考えねばならない」という認識を持ったうえで、事業を中心とした企業経営という営みによって自らが埋め込まれている社会システムを良いものとしていくことにより、その構成員へと貢献していくことが求められるということを明らかにしていく。すなわち、企業にとっては社会貢献は「従」ではなく、根源的に追及されねばならない主目的であるという認識を経営者が持つ必要があり、それを踏まえ、企業の社会的責任の遂行と経営性を包摂した自身の経営実践の方法論、意思決定のよりどころでもある経営理論を構築し、それを踏まえ経営理念、ひいては戦略、組織構造を構築し、そうした経営者の認識を企業文化として企業内に共有す

ることにより、企業としての価値観、行動基準（バーナード（1938）の言うところの「他の人々のための道徳準則」（Barnard, 1938：邦訳291））として昇華させ、企業全体で共有することが求められるということである。そして、経営者がこうした意識を持つためには、経営者自体が株主利益と自己利益追求中心の企業観ではなく、明治時代にわが国における産業の基盤を構築した渋沢（2008）、ドラッカー（1974）、出光興産の創業者である出光（2016）、田中（2014）なども論じているように社会への貢献が企業の主目的であり、利益はそれを支える手段に過ぎない、すなわち企業とはその本業である事業を中心とした営みにより社会に貢献することが目的であり、利益はそれを支える手段にしか過ぎないという企業観を持つことが求められるということである。こうした企業観に基づき、社会的責任を遂行していくためには、経営者個人の社会観、人間観に基づく、社会的責任観とも言える社会的責任の遂行への信念が求められること、経営者がこうした企業観を有した上で、経営者が自らの社会的責任に対する信念である社会的責任観を基盤とした経営理論を構築し、経営実践に当たる必要性を明らかにする。そのうえで経営者は自身の経営理論、そしてその基盤となる社会的責任観の前提となる人間観、社会観を洗練させる必要があるが、これらの「観」は、哲学、宗教、歴史などの豊富な人文知を基盤とするものであり、長い時間をかけて培われるものであり、ビジネスマインド・スキルなどと異なり、研修などの企業内教育、ビジネススクールなどの企業外教育などの教育により獲得することは難しく、その意味では経営者の選抜も重要になるということを明らかにしていきたい。

第2節　先行研究の検討

　本節では、経営者と企業の社会的責任との関わりについて論じた先行研究を検討し、先行研究における到達点と未達点を明らかにすることにより、先行研究に対する本章の立場と本章がなしうる貢献を明らかにしたい。
　まずは国外の研究を見ていくが、ここで若干ではあるが、諸々の先行研究において企業が社会貢献活動を行うことが求められるようになってきたの

か、その背景について明らかにしたい。企業に社会貢献が求められるように
なってきたことの背景として多くの先行研究では主に二つの理由を挙げてい
る。

　一つ目は、社会とそこに生きる人や組織に対する企業の影響力の強さであ
る（Davis & Blomstrom, 1975；櫻井, 1976；土屋, 1980；森本, 1994；Post et al.,
1996；Post et al., 2002；合力, 2004；Carrol & Buchholtz, 2015 など）。企業はその経
済力、生産している製品・サービス、従業員の雇用など多様な形で社会に生
きる人々に対して強い影響力を有しており、企業は現代において社会に対し
て強い影響力を有している最大の組織と言っても過言ではない。そうした社
会における影響力の強さゆえ、多くの人々がその経済力を中心とした力を行
使することにより社会に貢献することへの期待が高まってきたということで
ある。二つ目は、企業は社会に生かされている存在であり、その活動は社会
やそこに生きる人や組織とは切り離すことができないということである
（Drucker, 1954；山城, 1970；Davis & Blomstrom, 1975；清水, 1997；Post et al., 2002
など）。企業の経営活動は自らを取り巻くステークホルダー、広い意味での
社会からの支援を得て成立しているものであるため、その活動は社会にマイ
ナスの影響を与えるものであってはならず、社会に資するものでなければな
らないという見解である。「企業市民（コーポレートシティズンシップ）」はそ
うした見解を象徴する用語であろう。以上を踏まえると、企業は社会に生か
されている存在であり、かつその影響力の強さゆえ、その経営活動は社会に
資するものでなければならないということになる。すなわち、社会への貢
献、社会性を配慮しながら経営活動を行わなければならないということであ
る。社会性を配慮することにより、公害の抑制や企業不祥事の防止を可能と
し、社会貢献により自社のイメージを高め、ブランドの構築を可能として最
終的には自社の売上や利益を高めていくことを可能とするかもしれない。そ
の意味では、社会性を加味した経営実践によって先述の啓発された自己利益
を可能とする可能性が高まるということになる。

　以上、若干ではあるが、企業になぜ社会貢献が求められるのかを諸々の先
行研究の総括を踏まえながら検討した。企業の影響力の強さ、社会に埋め込
まれた存在であり、その活動において社会に存在する多様な人々や組織に支

援を受けている存在であることがその理由であることが分かった。それでは、企業経営の責任者である経営者はそうした社会をどのように認識し、行動しているのかについて先行研究を見てみたい。以下、国外の「企業と社会」論領域の代表的な研究者であるデービス＝ブロムストロム、ポストの研究を検討する。

デービス＝ブロムストロムは企業と社会との関わりの構築における経営者の役割として、自社の外部環境との関わり方を変えていくこと、組織の理念、社会とのコミットメント方法、戦略を構築すること、社会的な問題領域における専門的な部門を設置すること、資源を社会との関わりのために動員すること、業績への期待の修正や報酬システムの改良などを挙げている（Davis & Blomstrom, 1975）。

ポスト他（1996）では、経営者の役割として取締役会における指針を業務上の計画へと転換させていく必要性を論じている。また彼らは、経営者は企業内におけるパブリックアフェアーズ担当のマネジャーが主張していることを現実のものとする役割を担っていると指摘している（Post et al., 1996）。

ポストは別の著書においては、企業が社会的即応性を担保するかどうかは、社会における企業の役割についてどのように考えるかという哲学―トップマネジメントの哲学―次第であるとしている。またポスト他は、戦略的にステークホルダーをマネジメントすることを求めている経営者は企業は、経済・社会的存在であることを受け入れており、企業は変化する社会的環境に適応する義務を負うという考え方を有し、新しく生起する社会的課題事項に対して、経営政策や経営活動を修正するなど、企業のすべてのステークホルダーの利害を認識し考慮しているとしている（Post et al., 2002）。

「企業と社会」論以外の研究者に目を向けてみると、自らを社会動態学者と称しているピーター・ドラッカーは、企業は社会の機関であり、それは社会と経済の中に存在しているのであり、有用かつ生産的な仕事をしているとみなされる、すなわち社会的な機能を果たしているがゆえにその経営者は公益に責任を持つべきことが要求されるとし、社会的責任こそがマネジメントの倫理であるとしている（Druker, 1954, 1974）。

そのうえでドラッカーはマネジメント（経営者）の第一の責任は利益をあ

げ、事業を発展させることであり、それにより資源の能力を増大させ、社会の富を増大させていく必要があるとしている。ドラッカーはこの責任は絶対のものであり回避できないとしている。ドラッカーはマネジメント第二の責任として社会の信条と一体感を損なうことのないよう企業をマネジメントすること、第三の責任であり最も重要な責任としてマネジメントが自らの行動がもたらす社会的な影響を常に考えるべきことを認識することであるとしている。これは経営者が常に公共の利益の促進を考えることが求められるということである（Druker, 1954）。

またドラッカーは社会的責任が求められるのは大企業のみではなく、中小企業もまた雇用主であり、コミュニティにおいて存続し、存続し続けるためには社会の支持あるいは好意に依存するため社会的責任に関わる目標が必要とされるとしている（Druker, 1974）。

次に国内の経営者と社会との関わりについて論じた先行研究について見ていきたい。まずは、戦後期の日本を代表する経営学者の一人であり、今までの章でも数度取り上げた山城章である。山城は企業の目的としてその経営体の充実を挙げ、その実現のためには自らを取り巻く外的世界の要請に応えていく必要があるとして、これこそが経営体の自己充実の道であるとしている。そしてそのためには山城は、外部環境を構成する社会への責任（対外責任）、すなわち公共性、公益性と経営体の充実（社内の社会性）とが調和的に理解される必要があるとしている。しかしながら山城は、企業における社会的責任の遂行と経営体の充実においては、公益性、公共性は企業経営における下位目的、手段目的として考慮すべきであり、第一に考慮すべきは経営体の充実・発展であるとしている。そのうえで山城はこの二つは経営思想・経営理念により結合が可能であるとしている（山城, 1970）。

次はわが国における企業の社会的責任研究の代表的な研究者の一人であった高田馨である。高田は、経営者の社会的責任とは経営者が自律的に環境諸主体の人権を尊重することであり、社会的責任道徳の原理を内在させた経営文化（経営倫理文化）の構築の必要性を論じている。具体的には高田は、経営者の価値観、知性、感情、意志、行為の全体である経営者文化に道徳的価値観を内在させた経営者倫理文化を組織内に浸透させることにより、経営倫

理文化が組織内に浸透し、経営者の社会的責任に対する意識を組織に浸透させることが可能となるとしている（高田, 1988）。

　また高田は社会的責任を実現する手段として、経営目標そのものを設定すること、経営組織をつくること、経営経済過程（財務計画）を作ることを挙げ、社会的責任を経営理念化する活動と社会的責任の実行を区分している（高田, 1984）。

　次は高田同様わが国における企業の社会的責任研究の代表的な研究者のひとりである櫻井克彦である。櫻井は、企業はその存続のために責任への対応を余儀なくされているのであって、経営者は経営の理念のうちに社会的責任を取り込まねばならず、経営の目標および制約をなすものとして社会的責任を理解せねばならないとし、社会的責任に関する具体的な経営政策を通じて責任に対処せねばならないとして、このことは社会的責任が現代の大企業の目標としての作用してきていることを示唆するとしている。そのうえで櫻井は、企業の社会的責任とは企業をめぐる諸グループの期待ないし要求に応えていくことであるとともに、責任には企業目標としての社会的責任と、企業の制約としての社会的責任が存在することになるとしている。また櫻井は企業が生み出す利潤について、社会的責任が利潤と並び企業目標を形成しつつあることを踏まえるならば、現代企業の目標は実は社会的責任そのものであるといっても差し支えないとしている（櫻井, 1976）[2]。

　次は数多くの経営者研究に関する著書や論文を公刊している経営者研究者の清水龍瑩である。清水は、企業は社会経済全体をトータルシステムとするサブシステムに過ぎず、企業はこのトータルシステムに長期的にマイナスの影響を与えることはできず、社会的貢献を怠ることは利害関係者との信頼関係を損ね、企業の長期の維持発展を困難にするとしている。企業の社会的責任の遂行を清水は、企業倫理の自己抑制、利他主義の考えを企業の利害者集団の中に実現し、社会的責任を果たすことであるとして、この責任の遂行により、企業への批判を減じ、長期の存続が可能となるとしている。また清水は日本型企業の企業倫理は社長の深い内省から生まれた高い道徳的理想・良心から出発し、それが企業組織全体に浸透していくといったインプリシットで緩やかなものであるとしている。こうした日本型の企業倫理の浸透方法を

踏まえ、企業不祥事の防止方法として清水は、社長が自らの深い内省によってフェアネスとは何かをつねに考え、これを毎日口にすることによって自分自身に納得させるとともに、従業員に対して経営理念として浸透させることが重要であるとしている（清水, 1997）。

　次はわが国における CSR、ステークホルダーマネジメント領域の代表的な研究者の一人である宮坂純一である。宮坂は、資本主義がステークホルダー資本主義へと変容しており、多彩なステークホルダーが監視する状況の中で、企業はステークホルダー・コーポレーションとして存在することが期待されているだけでなく、そのような存在として行動しなければ生き残れなくなっていると指摘している。そうした状況において企業が存続していくためには宮坂は、経営者が個々のステークホルダーの道徳規範に裏付けられた権利・義務を然るべく実現し、組織内に信頼関係を生み出し、組織として企業を維持していくことが求められるとしており、それを実現するためには経営者が「誠実であること」を求めている（宮坂, 1999）。

　次はわが国における経営哲学研究の代表的な研究者の一人である小笠原英司である。小笠原は、企業活動の是非を判定する主体が社会である限り、社会貢献を優先目的としない利潤＝存続至上主義による事業活動は、社会的利益を犠牲にする結果を生み、その結果が甚大である場合にはそれに対して何らかの制裁を受けることになるとしたうえで、企業における至上善は存続ではなく、事業の「使命」であるとしている。この使命を自覚的に理念創造し、事業として達成していくことが求められるとしている。しかしながら企業には自己の利益を求めようとする私益心があり、それこそが組織活力の原動力になるため、小笠原はかかる情理と公共の倫理とを経営の論理によって統一することが経営者の役割であるとしている。また小笠原は経営者を超えて、ビジネス界においても第一に社会貢献を掲げ、その達成のために会社存続を果たし、事業成果への報酬として利益を得ることが、経営倫理上の命題であるとともに企業が事業体としての本然を実現するための必然でもあるという常識を回復する必要があるとしている（小笠原, 2004）。

　次はチェスター・バーナードを中心とした経営学説研究において多くの著作や論文を記している庭本佳和である。庭本は企業は社会性の発揮があって

はじめてその営利性を社会から許容される、すなわち営利性の正当性は社会性の発揮に基礎づけられるとしている。庭本はこの営利性の追求と社会性の発揮を実現するためには、経営戦略や管理・業務システムをはるかに超えた、経営の理想や夢であり、主観的な使命感である「経営理念としての社会的責任意識」と、経営戦略、組織など実際の社会的責任の遂行のための活動である「経営戦略としての社会的責任」の二つが必要であるとしているが、この二つの間にはギャップが存在しており、社会的責任を支える経営の論理がこのギャップを埋めると指摘している（庭本, 2006）。

　最後は複数本の経営者研究論文を記している佐藤聡彦である。佐藤は、経営体は自己完結的なものは存在せず、企業活動を行っていく過程で社会と関わらざるを得ないため、企業は社会との関わりの中で社会性全体の目的として自社の目的を想像していくとしている。仮に企業独自の目的を持ちえたとしても大きな社会性の目的や社会性の心理はその時代に合った社会的な規範やモラルに従って形成されるがゆえ結局は社会目的という大きな懐の中で転がっていくという。このように企業と社会との関係を捉えた上で佐藤は事業の経営の目的は社会的使命重視の経営であるとして、経営者のリーダーシップは企業利潤の達成や組織の存続を手段として包摂した社会性の実現こそが目的であるとしている。そして佐藤は、経営者が新しい価値観や信念を創造する道徳的活動こそが経営者のリーダーシップにおいて重要な役割を果たすとしている（佐藤, 2010）。

　以上、本節では経営者と社会的責任との関わりについて論じた国内外の先行研究を検討した。そこでは、経営者が社会的責任の遂行を自社の経営理念へと昇華し、そこからそれを踏まえた経営戦略、組織構造を構築し、企業文化として経営理念を共有していくことにより、社会的責任重視の価値観を従業員に共有させていく必要性が明らかにされた。経営理念には従業員に共有してほしい価値観が多分に含まれていることを踏まえるならば、経営理念はバーナード（1938）が指摘した道徳準則の役割を果たしていると考えることができよう。経営理念についてであるが、その構築、修正においては経営者の価値観や信念、哲学が大きな影響を及ぼしていることは少なくない先行研究でも指摘されている（大野, 2021 など）。それを踏まえるならば、企業はそ

の行動において社会的責任を包摂していくためには、経営者が社会的責任を
どのように捉えているのか、そして自らの経営実践における意思決定の判断
基準ともなる自らの経営理論において社会的責任を加味したものを構築する
ことが必要となる。次節では、経営者は企業における社会的責任をいかに捉
え、自身の経営理論をいかに構築すべきかを検討したい。

第3節　経営者は社会的責任をいかに捉えるべきか？

第1項　なぜ企業不祥事は根絶できないのか？

　先述のように企業と社会論における先行研究では、企業が持つ影響力の強
さと、企業自体がその経営活動において社会を構成するステークホルダーに
依存しており、彼らの助力なくしてはその活動が極めて困難になることなど
から企業における社会的責任の遂行の必要性が指摘されている。そうした指
摘を踏まえるならば、企業は根源的に企業に対して貢献することが求められ
ており、それこそがその存在意義であると考えることも可能であろう。そう
であるならば、公害や企業不祥事など社会にマイナスな影響をもたらすこと
は起こさないことが当然求められることになる。しかしながら企業による不
祥事は根絶されることなく、洋の東西を問わず定期的に生じているのが現状
である。一度不祥事を起こした企業が再発防止のため多様な対策を講じても
再び不祥事を起こしてしまうという事例も少なくない。このような状況を評
し、森本は、日本企業においては好況時には華やかな社会貢献を競い合いな
がら、他方で低次元の責任とその根底にある倫理が繰り返し問題になり、そ
れに対する初歩的対応を反復しなければならないところに、日本における
CSR 実践の真の課題があるとしている（森本, 1994）。森本の指摘を踏まえる
ならば、企業不祥事を根絶できない原因としては、企業の経営活動における
社会的貢献の位置付けにあると言えよう。「社会への貢献ありき」の経営活
動ではなく、利益の獲得ありきの経営活動であり、社会的貢献はそれを補助
する周縁的なものとして位置づけられているということである。その意味で
は、そうした不祥事を起こした企業においては、利益を中心とする効率性が
「主」で社会貢献が「従」という位置づけがなされていたと指摘することが

できよう。また田中も企業不祥事の再発防止策として「経営者の監視機能さえ強めれば良い」という見解は、経営者の人格、良心、自制を最初から期待してはおらず、期待しているのは他者による監視のみであるとしている（田中, 2014）。田中の指摘通り、再発防止策として経営者の監視機能を強めても企業不祥事は根絶される気配はなく、問題は外部からの「監視」ではなく、経営者レベルだと経営者の信念や価値観、現場レベルだと企業文化などのようなソフト、ハード両方の企業そのものにこそ求められよう。

　また清水などは企業倫理問題が多発している原因として、本来は人の意識が固定してできる法律や制度が現代の情報化・グローバル化の急展開によって法律・制度がヒトの意識よりも先に変わってしまい、それに追いつけない人々の意思決定、行動が法律などとコンフリクトを起こしていることを挙げている。言うまでもなく新たに適応が求められる法律や制度はアメリカを中心とするアングロサクソン型社会のものであり、その中心原理は資本主義、個人主義、市場競争原理であり、日本型経営の底にある人本主義、協調主義、信頼取引原理とは対立をなすものである（清水, 1997）。

　日本と欧米、特に英米におけるビジネスの価値観、考え方の違いについては田中も指摘している。田中は英米においてはビジネスは利己的、すなわち自利心に基づくであり、自己の利益を追求することを主眼に置いており、経営者もまた自利心に基づいて経営を行っているため、株主から受託された企業の運営を適切に行わせるため（＝コーポレートガバナンスの実践）には社外取締役や委員会制度、賞罰などの牽制が必要となるとしている。その一方で日本企業における経営者の規律は責任感や信用、やりがい、思いやりなどの経営者の良心によって実現されており、田中はここにこそ日本型のコーポレートガバナンスの特徴があるとしている。そして田中は、この経営者の良心は日本型の企業観—企業は（名目上は株主のものであるが、実質は）そこに働く人々のもの[3]—によって喚起されてきたとしている。「我々のもの」であるからこそ自ら進んで企業の存続や繁栄を図ろう、それに貢献しようという意思を強めさせることに繋がるということである（田中, 2014）。

　さらには田中は、今後の日本における経営者及び企業のあり方にも言及し、利益を欲すること自体は良いが、それを本位には考えるべきではなく、

損得勘定の自利心は第二位に置き、第一位に置くべきは、事業によって世の
ため人のためを図ろうという利他心に基づく良心であり、それを実現するた
めには経営者が「他者を尊重し思いやる」、「自分に与えられた責任を果たそ
うとする」ことからなすべきことをして、それは他面で自分の欲求を満たし
たり、自分の権利を主張したりするのを劣後させることであるとしている
（田中, 2014）。
　以上の森本、清水、田中の指摘を踏まえるならば、企業不祥事を引き起こ
した企業に足りず、再発防止に必要なものは、企業はその活動において社会
におけるステークホルダーに依存しているという事実を経営者が明確に認識
したうえで、その恩に報いようという意識を経営者が持つこと、すなわち、
経営者が広く社外（社会）に向けられた利他の心—そしてこれは倫理や道徳
がその根底にあるものである—を持つことであり、それを企業の経営活動に
おいて「従」とせず、「主」として経営者自らの価値観とし、ひいては企業
の価値観として浸透させていくことであろう。土屋（2002）の言葉を借りる
ならば、経営者が「経済人」、「営利主義」の奴隷から脱し、「利潤追求」、
「資本蓄積」を「自己目的」、「最高目的」とするのではなく、「道義的責任
感」を有し、企業の経営実践にあたる必要があるということである。後述の
出光興産創業者の出光佐三の言葉を用いるならば、黄金の奴隷にならない精
神が必要ということである（出光, 1971）。自らの価値観として利他的な精神
をその骨身に浸透させ、行動習慣として定着させるいわば自己統制こそが、
外部監視よりも強力な不祥事の防止策となるということである。企業が事業
を中心としたその活動を通じて社会に貢献することによってはじめて企業は
自らを取り巻くステークホルダー、広義の社会においてその存在の正当性を
獲得し、その存在が許されることにも繋がる。企業がそうした利他心がその
活動の中心にない限りは、企業不祥事の防止・再発防止の議論は外部監視の
強化に終始し、永遠に収束を見ないということになろう。

第2項　日本型企業観と企業目的の再検討
　先述のように、企業が不祥事を未然に防止し、自らを取り巻くステークホ
ルダーにその存在を許容され、存続するためにも企業は、自身の企業観、そ

して企業目的を捉え直す必要がある。具体的には、企業は利益を追求する存在ではあるが、それはあくまで社会に貢献するための手段であり、企業の第一義的な目的は事業を通じた社会への貢献であり、企業は経営者、従業員を含めたステークホルダーのためのもの、すなわち広く社会のためにあるとする企業観である。こうした見解は先述のように、少なくない先行研究において指摘されており、特に目新しい指摘ではないことは筆者も承知している。しかしながら、利益や「企業の論理」が最上位に置かれ、社会的責任の遂行がその下に置かれ、企業不祥事が根絶される気配のない今日の企業社会においては、改めてその企業目的、そしてそれを支える企業観自体が問い直されていることだけは間違いのない事実であるといえよう。

　上記のような企業観、企業目的を持った企業家がわが国に存在しなかったのかと言われれば決してそのようなことはない。わが国においてはそのような企業観、企業目的を持ち、社会への貢献を目的に掲げ、社会の発展に貢献し、自らの企業をも発展させた経営者は存在しているが、いずれも第二次世界大戦終了よりも前に生まれている。森本は、わが国において明治以後の産業化の過程で先駆的経営者が、企業が金儲けの機関（資本的企業）であることを当然の前提としつつも、「陰徳」、アリストテレスの「配分の正義」、ノブレス・オブリッジとしてのチャリティを自己の個人的倫理として実践しており、現在のCSRの内容を断片的にせよ実施していた事実を見逃すべきではないとしている（森本, 1994）。土屋もまた、終戦前の日本には道義をバックボーンとし、利潤追求の営みを道義化せんとする理念がまったくなかったと考えるのは誤りであり、道義をバックボーンとする理念こそ正しい経営理念との信念を抱き、かつ主張し、実践した先駆者は江戸時代にも、明治・大正・昭和（終戦前）にも決して少なくはなかったとしている（土屋, 2002）[4]。土屋はそのような経営者の理念が江戸時代から昭和前期で経営者の間には支配的になりえなかった理由として資本主義の発展段階が低く、企業の社会性が低く、自由競争が激しく、しかも自由競争が前面に行われ、社会性の認識も熟していない場合は資本家エゴイズムが強く前面に現れるためであるとしている（土屋, 2002）。森本や土屋が指摘するように、社会貢献、すなわち社会的責任の遂行を企業の目的として掲げ、社会の発展に寄与すると同時に自

社の成長を実現した経営者は江戸期から昭和前期まで少なからず存在していたのである。

　一例を挙げれば、わが国の産業基盤の構築に大きく貢献した渋沢栄一などは、人は一人では何事もなしうることはできず、国家社会の助けにより、自らも利し、安全に存続できるため、企業がその活動を広げれば広げるほど社会の助力を受けることになるため、この恩に報いるためには社会に助力することは当然の義務であるとしている。このように渋沢は事業を通じた国家社会への貢献を強く主張しているが自らの利得を追求しようとすることを否定しているわけではなく、仁義理などの道理と密着する必要性を論じている。道徳と利益の追求の統合を実現する「義理合一」[5]などの言葉がそれを象徴していよう（渋沢, 2008）。

　上記のように江戸時代から昭和初期まで社会的責任の遂行を第一義的な目的として経営実践を展開した経営者は少なからず存在していたものの[6]、戦後、そうした経営者は急速に減少していくことになる。合力は戦後、日本においては先進国に追いつき、そして追い越すことを至上命題とした経営ナショナリズムの理念のもと、多少の犠牲を強いてもやむをえないものとして黙認され、多くの企業は国家の保護のもちで強大な権力を手にするに至ったとしており、経済成長の中で企業の成長、利益の獲得が一義的な目的に設定され、それが強化されたことを論じている（合力, 2004）。その結果、企業は成長と利益を追求する機関となり、社会的貢献はその隅に追いやられたが、公害や企業不祥事の頻発により、企業の社会的責任は無視できないものとなり、その対応に追われているのが今日の企業社会の現状であると言えよう。しかしながら、その貢献のあり方は土屋（1980）、森本（1994）によると横並び的で顔の見えないものであり、庭本（2006）などは、多くの企業で掲げられている社会的責任は、多少の革新があったとしてもすでに現行の経営戦略や管理・業務システムに落とし込まれた社会的責任であり、時に他社に追随的な社会的責任であり、各社の社会的責任経営が似通っているのはこのためであるとしている（庭本, 2006）。庭本の指摘からも分かるように、自社による社会的責任の遂行を独自のものとするためにも、経営理念、そしてその基盤となる経営者の哲学、信念のレベルから社会的責任にアプローチする必要

があると言える。以降はそのあり方を探るため、社会的責任の遂行をその目的に掲げ、社会への貢献と自社の成長を実現した企業家の事例を若干ではあるが紹介したい。

　まずは松下電器産業（現パナソニック）創業者の松下幸之助である。よく知られていることではあるが、松下は企業を「社会の公器」と評している。具体的には松下は、企業は名目の上では株主のものであるが、個人のものではなく、社会のものであり、社会生活を維持し、文化を向上させるために存在していると考えている。なぜ社会のために経営をしなければならないかについては松下は、企業の活動に必要な人、金、土地、物等諸々の要素はすべて天下、公のものであり、企業はそれらを社会から預かって仕事をしているため、その活動は社会に資するものでなければならないとしている。では、具体的に企業はどのように社会に貢献するべきなのか。その問いに対して松下は、（製造業における）企業の使命は、真に人々の役に立つような優良品を開発し、それをできるかぎり合理的に生産して、適正な価格で、必要なだけ供給することであると回答し、それにより社会から貧困をなくすことがその使命であるとしている。有名な「水道哲学」は松下のそうした信念を象徴するものであると言えよう（松下, 2011）。

　以上のように松下は企業は社会の発展に資することがその根源的な役割であると捉えている。松下が貢献すべきと考えている社会であるが、松下は社会は自然の理法に従い生成発展する存在であると捉えている。そして人間自身は万物との共同生活を限りなく発展させていく責務と権限を与えられている存在であると認識している。そうした人間観の上に、松下は企業は生成発展する社会に貢献するためには、企業自体も生成発展しなければならないとしている。企業が生成発展する社会に貢献するためにも松下は利益が大事になると論じている。具体的には新たな研究開発、設備投資など増大していく人々の求めに応じられる体制にしていく必要性である（松下, 2001）。

　以下で松下の利益に対する考え方について検討したい。松下は企業の役割として利益をあげる必要性を指摘している。具体的には、先述のように企業は社会から諸々の諸要素を借り受け、事業活動を営んでいるため利益を出さないということは許されないことであると松下は考えている。利益を出すこ

とができなければ、国や自治体に税金を納めることができなくなり、大企業
であればその財政にも影響を及ぼすであろうし、株主への配当もできなくな
る。さらに言えば、利益を事業へと投資し、さらに社会に資する製品の開
発、販売を展開することもできなくなる。こうした企業の役割を遂行するた
めにも松下は適正価格による利益の獲得を肯定している。ただし、松下は利
益は過当な利益、暴利であってはならず、社会の良識によって承認された適
正利潤であるべきであるとして、その適正利潤を正当な努力によってあげる
ことは企業の社会的義務であるとしている（松下, 2011）。

　そして松下は、企業が事業を通じた社会貢献を実現する手段としてこの企
業は何のためにあるのか、どのように経営していくのかという考え方が反映
された経営理念、使命感をしっかり持ち、経営者や経営管理者がそれに基づ
いた力強い指導をしていくことを挙げている（松下, 2001）。

　次は出光興産創業者の出光佐三である。出光は、自社の存在意義、目的を
「われわれは石油業ということをやっているのじゃない。人間が真に働け
ば、こういう大きな力を発揮する。そして、一人一人が強くなり、一致団結
して、和の力を発揮したときには少数の人でも、こんな大きな力があらわれ
るのだということを現わして国家社会に示唆を与える」（出光、1971：21）こ
とであるとしている。出光によれば、人々がお互いを尊重し、譲り合い、仲
良くすることこそが和の力を発揮させ、世界の人々が求めている福祉の実現
を可能にするという（出光, 2013）。しかしながら、この人々が譲り合い、仲
良くすること（互譲互助）は、出光によれば、個人主義、権利の主張を旨と
する欧米人には「権利の放棄」とみなされ、到底理解できないものであり、
日本人独自の精神性であるという（出光, 1971, 2013, 2016 など）[7]。以上のよう
に、出光は、日本人である自分が自社の事業において自身の信条である
「人々がお互いを尊重し、譲り合い、仲良くすること」を貫き、経営にあた
ることにより、平和、福祉に貢献することを目指し、国内外の企業、個人に
対して見本を見せようと考えていたのである。そうであるならば、出光の経
営実践への動機は平和、福祉の実現による国家への貢献であり、企業の成
長、利益の獲得というのは第二義的な目的にしか過ぎなかったと言うことが
できよう。

　次に出光は利益をどのように捉えていたかについてであるが、出光は利益を報酬であると捉えている。何の報酬かというと金儲けに走らず、企業外部では消費者本位、企業内部では従業員本位という商人の使命を果たしたことへの報酬という考え方である。出光によれば互助の精神こそが事業の社会性であるという（出光, 1971, 2016）。

　出光の「消費者本位」をあらわすビジネスモデルとしては、生産者と消費者を繋ぐため、少ない店舗ではなく、多くの地域に店舗を設ける「大地域小売店」[8]、従業員本位をあらわすものとしては出光興産の経営理念である「人間尊重」（出光興産ホームページ）、それを具体的にあらわす出光存命時の経営制度としては馘首（クビ）がない、定年制がない、労働組合がないことが挙げられる（出光, 1971）。

　上記のように出光は利益そのものの存在を決して否定してはいない。上記の社会性を実施するためにも自力を養成する必要があり、自力を養成するものこそが利益であるとしている（出光, 2013）。しかしながら、金儲けが主目的となり、消費者や従業員を犠牲にして利益をあげようとする姿勢については出光は咎めており、こうした姿勢を「黄金の奴隷」となっている状態であり、黄金の奴隷となるべきではないとしている（出光, 1971）。しかしながら上記のように自社の理念を実現するためにも黄金、すなわち金銭は必要であり、必要以上に卑しむべきではないことも出光は指摘している（出光, 2016）。重要なことは、金銭を扱う理念、精神である。その精神として出光は「士魂商才」を挙げ、清廉潔白な武士の魂を持ち、物質文明を尊重することにより、金や物の奴隷になることを避けることが可能となるとしている（出光, 1971）。

　以上、松下幸之助と出光佐三の事例からも彼らが経営という営みを利益、儲けを獲得する手段としてではなく、社会に貢献するため、すなわち社会的責任を遂行するための手段として認識しており、より良い社会貢献を行うための手段にしか過ぎないと認識していたことが明らかとなった。経営者がこうした企業観、経営目的を持つに至るには、松下や出光のように明確な社会観、そして人間観を有することが求められよう。松下は自然の理法に従い生成発展することこそが社会の姿であり、人間は万物との共同生活を限りなく

発展させていく責務と権限を与えられている存在であると捉えている（松下, 2001）。また出光は、互いが互いを尊重し、譲り合い、仲良くすること、互譲互助こそが人間本来のあり方であり（出光, 1971, 2013, 2016 など）、そうした心を第一義にして、物を超越することが日本の民族性であり、そこに清廉潔白や責任を重んじることが日本人の精神的バックボーンであるとしており（出光, 2016）、出光は、そうした精神性こそが日本社会の基盤となるものであると考えている。松下や出光のように、経営者の明確な社会観、人間観の上にはじめて「企業は社会のためにある」とする企業観、経営目的が構築されると考えることができよう。今日では、多くの企業は自発的に社会的責任の遂行という課題に取り組んでいるが、それは先述の庭本（2006）が指摘するように経営戦略レベルではなく、経営理念、経営理念の構築に影響、修正を与える経営者の哲学、信念レベルから社会的責任という課題をどのように捉えるのかということを反映させていくことが求められる。それこそが、松下や出光のような企業の経営活動を通じた「顔の見える」社会的責任の遂行へと繋がっていくのである。

第3項　経営者の社会的責任観を基盤とした経営理論の構築

　本項では、今までの議論を踏まえ、経営者がどのように社会的責任を認識し、自身の経営実践の判断基準、よりどころでもある経営理論へと取り込んでいくべきかを考えていきたい。

　まずは本章において十分に説明してこなかった、経営者が保持している経営実践のための方法論とも呼べる経営理論について論じていきたい。既述のように経営理論とは、経営者がその経営実践や学習の過程で構築した、自分なりの経営実践のための方法論、すなわち理論のことである。このように経営理論は、経営者がその経験の中で練り上げた経営方法論であるがゆえ、経営理論は営者の経営実践における意思決定のよりどころとなる。経営者の経営実践はマーケティング、財務、人事など個別の職能にとどまらず、組織全体にまたがるものとなる。こうした経営者の職務を三品（2005, 2006）、楠木（2011）などは「シンセシス」と称している。三品によるとシンセシスとは、個別の要素を組み合わせ、まとまりのある全体を形作ることであり、企業に

おける各職能を統合し、自社における経営実践の有効性を高めていくことを実現することである（三品, 2006）。経営者の経営理論はこのシンセシスという自らの役割の遂行においてよりどころとなるものということになる。筆者は、以前の論考（大野, 2020a）において、経営者の経営実践に対する信念や考え方、方法論を（経営者）「自らの経営理論」と定義し、経営者には経営実践の経験とその省察を通して（現在や今後の経営実践における意思決定のよりどころとなる）自らの経営理論を構築する必要性を指摘した。その見解は本章においても変わらないゆえ、以降は経営者独自の経営理論のことを「自らの経営理論」と定義し、議論を進めていくことにしたい。

　以上、経営者にはその経営実践の遂行にあたり自らの経営理論を構築することが求められることが分かった。本章における課題と自らの経営理論の関連性について言うならば、経営者は自らの経営理論の構築にあたり、その根幹として社会的責任観とも呼ぶべき、経営者の社会的責任の遂行への強い信念を据えることが求められるということを指摘したい。先述の松下や出光などは社会貢献こそが自社の使命であり、事業はそれを実現するための手段にしか過ぎないと認識していた。松下や出光の事例を踏まえても、自らの経営理論の構築にあたっては社会と自社との関わり、すなわち自社が社会に対してどのような形で貢献していくのか、その信念を根幹にしなければならない。収益を生むための具体的なビジネスモデルは社会的責任観という土台の上に築かれることになる。そうすることにより、社会的責任の遂行を事業という形により実現するための具体的な方法論が構築され、経営者の経営実践における試行錯誤と省察の過程で修正が繰り返されることにより、自らの経営理論に基づいた経営理念が構築、あるいは再解釈され、それを基盤にして経営戦略、組織構造を構築し、自らの使命を事業という形により遂行することにより、社会貢献という自社の使命、目的の実現とそれを支える企業成長、利益の獲得の両方が可能になるのである。社会的責任の遂行が基盤になく、ビジネスモデルを基盤、中核にした経営者自らの経営理論の場合は、寄って立つ価値観のない経営理論となり、企業成長、利益の獲得がその中心に置かれた経営実践が行われることなる。それでも一時的にはうまく機能することもあるかもしれないが、信念なき経営実践では、「自己利益」、「成長」

という誘惑に打ち勝つことは難しく、自己利益のためにステークホルダーに犠牲を強いる意思決定を下し、企業不祥事を起こしてしまう危険性を払拭することは難しいと言える。また、社会貢献に対する信念なき経営実践では自らを取り巻くステークホルダーの支持を得て、企業における活動の正当性を得ることは難しく、経営活動において必要な経営資源の獲得を将来的に困難とする危険性も高い。そのような意味では、社会的責任観を経営者自らの経営理論の根幹に据えることは経営者、企業の中核的な価値観として君臨し、企業を倫理・道徳的に正しい行動へと導き、不祥事を未然に防止する役割と、経営者の社会的責任の遂行への信念を経営理念、そして経営戦略、組織構造へと繋げていく役割を果たすものであると言える。大野（2020a）が指摘するように自らの経営理論は経営実践の経験とその経験の省察の過程で絶えず修正され、洗練されていくものである。しかしながら、その根幹となる社会的責任観は、企業の社会への関わり方への信念をあらわすものであり、それは松下の「水道哲学」、出光の「人間尊重」のように創業者の社会への貢献に対する想いが多分に反映されたものである。そうならば、それは修正されるものではなく、普遍的なものであり続けることになる。根幹に置かれた社会的責任の遂行への強い使命感は不変であるが、その上部に置かれるビジネスモデルに関する方法論については経営者による経営実践の経験と省察の根幹にある社会的責任観との照応の中で変化するものであることを注記しておく。

　上記のように、経営者自らの経営理論の土台をなす社会的責任観の重要性が明らかにされたがこれはどのように構築されるのであろうか。これは経営者の個人的な特性に負うところが大きいというのが現実であろう。社会的責任への強い信念を抱くためには、田中（2014）なども指摘しているように経営者自体が利己的ではなく、社会・従業員志向的な利他的な精神を持つ必要がある。利他的な精神があってはじめて経営者は社会や従業員に目を向け、彼らへと志向することが可能となる。では、経営者の利他的な精神に影響を与える要因は何であろうか。具体的に言えば、経営者の利他的な精神、社会的責任観の構築には松下、出光の事例のように経営者自身の社会観、人間観がそれに強い影響を及ぼすと考えられる。経営者が自らや自社を取り巻く社

会をどのように捉え、従業員を含めた社会に生きる人間をどのように捉えるのか、それが明確になってはじめて自分が経営する企業、そしてその活動である事業を通していかに社会に役立っていくべきか、その方向性が明確になるのである。しかしながら、人間が社会をどのように捉えていくかについてはその時々、時代の価値観が強い影響を及ぼすことは間違いなく、経営者も決して例外ではない（島田、2013）。経営者はそうした時代の価値観に影響を受けながらも、自らの社会観、人間観を構築し、自社と社会との関わり方に関する信念を規定することが求められるのである。

　こうした社会観、人間観を養っていくためにはマーケティング・リサーチなどのサイエンスの素養よりも、哲学、宗教、歴史などの人文科学的な素養が求められる。三品は、見えない未来に向かって時代の趨勢を読み、世界の動向を捉え、技術と市場の深化を予見し、大きな投資判断をするために必要になるのは、実務能力の確かさではなく、視野の広さであり、歴史観、世界観、人間観が問われているとしたうえで、大学生が将来経営者になるために学ぶべきものとして歴史を挙げ、歴史を学ぶ意義として非凡な発想の土台となることを挙げている（三品、2006）。また、辻村も経営者の経営観は、哲学的な定言・全称命題であり、それゆえその構築には人文知が不可欠としている（辻村、2019）。三品や辻村の指摘からも、経営者自らの経営理論の「根幹の根幹」となる社会観・人間観の構築には、豊かな人文知の必要性が伺える。経営者が社会、そこに生きる人間をどのように捉え、そして企業、その活動である事業はその社会及び人間にいかに貢献できるのかを自問自答しながら経営者自身の独自の社会的責任観を練り上げていくことが求められるのである。それこそが最終的にその企業の「横並びではない」「顔の見える」貢献性の高い社会的責任の遂行へと繋がっていくのである。

　このように考えていくのならば、経営者の選任においてはサイエンスのスキルが高く企業成長と利益の拡大を可能とすることに長けているのみの経営者ではなく、豊かな人文科学知に裏付けされた社会観、人間観、そして、利他の精神に支えられた社会的責任観を基盤とした自らの経営理論を持ち、それを経営理念、経営戦略、組織構造へと具体化し、ひいては企業文化に昇華し、社会への貢献という価値観を従業員全体の価値観として共有し、企業に

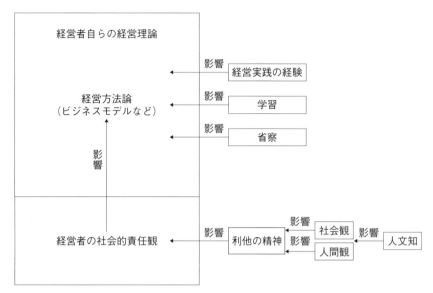

図 5-1　議論のまとめ
筆者作成

　おける社会性と経営性を同時に実現できる可能性のある人物こそがふさわしいということになろう。その意味では、哲学、歴史、宗教などの企業経営に縁遠いものと見なされてきた人文科学の知を企業に魂を吹き込むものとして今一度見直すことも必要ではないかといえる。先述の渋沢栄一を筆頭に、グンゼ創業者の波多野鶴吉やダスキン創業者の鈴木清一などわが国の経済発展を支えた経営者にも儒教やキリスト教、仏教などの宗教の教えをその経営実践へと生かしていた者も少なからず居り、筆者の主張を裏付けるものとなっていよう。本節の議論を図示すると図 5-1 のようになる。

第 4 節　小括

　以上、本章においては、経営者が企業の社会的責任をどのように捉えていくべきかを明らかにしてきた。そこでは、経営者は企業がその活動において社会における多様なステークホルダーに依存している実情を踏まえ、その目

的として社会に貢献することを据える必要性と、社会への貢献が主で、企業
成長と利益の獲得が従という企業観を持つことの必要性を指摘した。そのう
えで、経営者がそうした企業観を構築するためには、宗教や哲学、歴史など
の豊富な人文知に基づく社会観、人間観を構築した上で、それを基盤とする
利他の精神を持つこと、これら社会観、人間観、利他の精神を基にした、企
業の社会への関わり方の信念である社会的責任観を構築する必要性を指摘し
た。そしてこの経営者の社会的責任観は、経営者の経営実践における方法論
であり、意思決定のよりどころとなる経営者自らの経営理論の基盤となるこ
とを指摘した。経営者自らの経営理論は社会的責任観を基盤として、ビジネ
スモデルなどの経営方法論が築かれることを明らかにし、社会的責任観を基
盤とすることにより、企業の社会貢献を掲げた経営理念と経営戦略、組織構
造を繋ぎ、社会貢献と事業を繋いでいくことを可能とすることを明らかにし
た。その一方で社会的責任観がなく、経営方法論のみの経営者自らの経営理
論は、信念なき経営方法論となり、ステークホルダーからの支持を得られ
ず、企業活動における正当性を得ることが困難であること、また自己利益追
求の誘惑に負け、不祥事を誘発してしまう危険性があることを明らかにし
た。こうした本章での議論を踏まえ、経営者にはマーケティング・リサー
チ、ファイナンスなどのサイエンス的な技能のみに長けた人物よりも豊富な
人文知、社会観、人間観、利他の精神を基盤とする社会的責任観を有した人
物こそが経営者に相応しいことを指摘した。

　本章においては、経営者の認識という視点から企業の社会的責任という研
究課題にアプローチし、具体的には経営者が企業の社会的責任をいかに捉
え、それを自らの経営方法論へと昇華していくべきかについて明らかにする
ことにより、企業が社会的責任の遂行をいかに自らの理念や戦略へと昇華さ
せていくのか、そのあり方を示すことにより、「企業と社会」論、経営戦略
論などにおいて議論されている企業の社会性と経営性の統合という研究課題
に対してひとつの示唆を与えることができた。しかしながら、本章の議論を
より学術的、経営実践的に含意のあるものとするためには残された課題も多
い。一例を挙げれば、まずは、経営者の社会的責任観の具体的な内容につい
ての明確化である。それにより、より学術的にも実践的にも含意のある指摘

ができよう。実際の経営者の定性的な事例研究、哲学、宗教学などの人文科学的な知見からのアプローチなどによりそれは明確なものとなっていく可能性がある。二点目は、経営者自らの経営理論の構築における社会的責任観と経営方法論の相互関係と相互発展関係の明確化である。これもまた実際の経営者の定性的な事例研究により見えてくるものは多いと考えられる。最後三点目は、経営者自らの経営理論と経営理念、経営戦略、組織構造、企業文化との相関関係の明確化である。それを明らかにすることにより、企業が経営者の社会的責任観を経営戦略、組織構造へと落とし込んでいくプロセスが明らかとなり、先行研究でも議論が重ねられている企業の社会性と経営性の統合という課題に対して貢献できる部分は多くなると考えられる。以上三点を今後の研究課題としたい。

注

1) デービス＝ブロムストロムは、啓発された自己利益を、企業が公共の福祉を積極的に促進することにより、最終的に企業とそれを取り巻く人々の利益に繋がっていくことであるとしている（Davis & Blomstrom, 1975）。

2) 櫻井（1976）は、利潤は企業の根本目標のひとつであるとともに手段的目標であり、それはまた、管理目標ないし部門目標でもあるとみなしている。

3) 日本型の企業観、コーポレートガバナンスの詳細は伊丹（2000）を参照されたい。

4) 土屋は日本の明治維新以後の資本家的経営者で、ロバート・オウエンや企業経営の目的を社会奉仕にあるとしたヘンリー・フォードらに多かれ少なかれ似た意識・理念を持った経営者として、渋沢栄一、金原明善、森村市左衛門、富田鉄之助、佐久間貞一、武藤三治、矢野恒太、小菅丹治、波多野鶴吉、小森富三郎、相馬愛蔵、大原孫三郎、岩波茂雄、山藤捷三らの名前を挙げている（土屋, 2002）。土屋が挙げた企業家の中で、筆者は過去に波多野鶴吉の経営思想についての論考をまとめている。詳細は大野（2015）を参照されたい。

5) 小笠原は、「合一」とは、まずは人倫としての仁義道徳が基盤にあって、その基盤の上にビジネスが成立している関係であり、ビジネスは始めから終わりまで倫理的性格、特に仁義道徳的であることを免れないとしている（小笠原, 2004）。

6) 渋沢（2008）や出光（1971）などの経営者は、彼らが生きた時代において社会への貢献よりも私的な利益の追求を至上目的に据える経営者が多かったことを指摘している。

7) 出光によれば「和をもって貴し」とする日本民族と、権利を主張し対立闘争する外国民族は根本的に異なるという（出光, 1971）。また出光は、こうした国民性が育まれたのは、外国のエンペラー、キング、日本の将軍などは城壁の中に住んでいた一方で、日本の皇室は無防備の住まいであり、無防備の皇室のもとに国民も

また無防備の生活をして、平和と福祉を楽しんできたためであるとしている（出光, 2016）。

8）大地域小売店の詳細は、出光興産ホームページ「誓いの言葉」（https://www.idemitsu.com/jp/enjoy/history/idemitsu/founder/archive/53.html）を参照されたい。

第6章

経営者能力の性格

——実践知の視点から——

第1節　問題意識

　企業の存続・成長において経営者が果たす役割、影響力は極めて大きい。経営者は、企業の方向性を規定する企業戦略とその実行主体である組織構造の決定の主たる担い手であり、経営者の経営者としての能力、すなわち経営者能力こそが企業経営の良し悪しを決定づけると言っても過言ではない。清水（1983）も、企業成長には短期的には財務要因が、中期的には製品要因が、長期的には経営者要因が貢献すると述べている。経営者による意思決定は言うまでもなく、自らのキャパシティを超えることは不可能であり、自らの経営者としての能力、すなわち経営者能力の範疇を超えることはない。そうであるのならば、経営者による意思決定の基盤となる経営者能力の内容や性質を明らかにすることは経営実践においても経営実践を研究の対象とする経営学においても重要な研究課題のひとつであると言えよう。実際に、経営者の行動や機能、資質の解明を試みた研究は数多く存在しているが、野間口（2012）が指摘するように経営者能力について言及した研究はあまり多くないのが実情である[1]。

　こうした問題意識を踏まえ、本章では、経営者能力の性格を明らかにすることを課題としたい。具体的には、経営者能力を、厳密な実証的な手続きを経て生み出された科学知ではなく、実践者が自らが対面している問題を解決するために生み出された実践のための知恵である実践知[2]と捉えた上で、実践知としての経営者能力の性格を哲学領域の知見から検討を試み、その性格

を明らかにすることにより、経営者能力の理論的拡張を目指すことを第一の研究課題としたい。具体的には、本章は、哲学者の中村雄二郎が提唱した「臨床の知」（中村, 1992）、哲学者のアリストテレスに端を発する「フロネーシス」、楠見孝の「実践知」の三つの概念に依拠しながら、実践の知である経営者能力の性格を明らかにしたい。実践知としての経営能力の検討は、金井・楠見（2012）によっても試みられ、営業職などの実践知についての考察が試みられているが、金井・楠見では、経営者の実践知に関する検討はなされていない。野中・紺野（2012）なども、今日のグローバルな事業環境変化には、論理分析的な形式知中心の戦略中心主義、現場べったりの現場中心主義では対応は困難であり、現場の暗黙知のありようを直観的に獲得し、包括的に理解したうえで目的を遂行する知である実践知の観点からの新たな実学的経営学の必要性を提唱している。野中・紺野（2012）は組織全体として実践知を基盤とした戦略形成、組織デザイン・組織マネジメントをいかに行っていくかという発想であるが、経営者能力に関する明確な言及がなされてはいない。しかしながら、三品（2004）においても指摘されてはいるが、知識で行う実務中心の管理者に求められる能力と、不確実な未来に向かって作用し、大局観が求められる経営者能力は明確に異なるゆえ（後述のように亀井（2005）も経営者に求められる能力と、それ以外のマネジャーに求められる能力は異なると論じている）、経営者と管理者の両者を一纏めにするのではなく、個別の検討が必要であろう。本章では、経営者の実践知としての経営者能力という視点に基づいた議論を行っていきたい。

　結論を先取りして言うと、経営者能力は、各々の経営者にとって自らの経営実践において求められる個別的な能力、社会に生きる人々が自らの生活上の問題を解決するために生み出された実践知に相当し、具体的には、経営者能力とは、経営者が各自の経営実践において意思決定が求められた際のよりどころとなる経営方法論である自らの経営理論を洗練させ、豊かなものにすることに資する能力であることを指摘した上で、それは経験、経験の中でも前向きな経験である実践によって習得されるものであることを明らかにしたい。そのうえで、こうした経験を実りあるものとするためには、自らの経験を絶えず振り返り、学習する省察[3]が求められること、それにより自らの経

営理論を豊かなものにしていくことが可能になること、そして、最後に、経営学理論は経営実践にとって決して無用なものではなく、それは、経営者の自らの経営実践における持論とも言える経営理論の構築と、実践に基づく省察を促進させる役割を果たすことを明らかにしたい。

　本章における後の議論の便宜のため、ここでは経営者能力を、「経営実践において求められる経営者としての能力」であると定義しておきたい。

第 2 節　先行研究の検討と「実践知」としての経営者能力

　本節では、経営者能力に関連した先行研究を検討した上で、経営者能力とは科学知的な側面はあるものの、それよりは行為者自らがその生活に関わる問題を解決するための知恵である実践知的な側面を有するものであることを明らかにしていきたい。

　経営者研究のパイオニアであり、今日もなお経営学において強い影響力を有しているバーナードは、その代表的な著書『経営者の役割（The Functions of Executives、Harvard University Press、1937 年）』において、管理職位にある者に求められる能力として、複雑な道徳性を含み、高い責任能力を必要とし、活動状態のもとにあり、道徳的要因として、対応した一般的、特殊的な技術的能力を必要とし、そのうえで、他の人々のために道徳を創造する能力が要求されると論じている（Barnard, 1938）。

　単著書『経営者能力論（千倉書房、1983 年）』において経営者能力について正面から論じた清水は、経営者機能には、「将来構想の構築」[4]、「戦略的意思決定」、「執行管理」の三つがあるとしたうえで、将来構想の構築に対応した経営者能力として野心、洞察力、直観力を挙げ、戦略的意思決定に対応した経営者能力として対応力、決断力、カシをつくるクセ、説得力、執行管理に対応した経営者能力として包容力、人間尊重の態度、計数感覚、この三つの遂行に求められる経営者能力として健康と情報収集力を挙げている。このように清水は、経営者には、複数の職能にまたがる全社的な役割と、それに付随した多岐にわたる能力が求められることを明らかにしている（清水, 1983）。

　単著書『よき経営者の姿（日本経済新聞出版社、2007年）』において経営者に求められる資質やその育成について論じた伊丹は、経営者の役割として、「リーダー」、「代表者」、（戦略、組織の）「設計者」、「経営理念の策定者・伝道者」の四つを挙げた上で、経営者に求められる資質として、エネルギー、決断力、情と理、さらには新たに事業を興していく「事を興す人」には、構想力、すでに行われてきた事業を大きく改革する「事を正す人」には、決断力、すでにある程度スムーズに運営されている事業をさらに進めて大きく企業として発展させる「事を進める人」には包容力が求められると論じている。伊丹も清水同様、経営者には複数の職能にまたがる全社的な役割が求められ、その役割の遂行には多岐にわたる資質や能力が求められることを論じている（伊丹, 2007）。

　ミンツバーグは、マネジャーの役割を、マネジャーの肩書と権限に結び付いている「対人関係の役割」、情報の発信と受信に関わる「情報関係の役割」、重要な意思決定を下すことに関連する「意思決定の役割」の三つに分類した上で、対人関係の役割に相当するものとしてフィギュアヘッド、リーダー、リエゾン、情報関係の役割に相当するものとしてモニター、周知伝達役、スポークスマン、意思決定の役割に相当するものとして企業家、障害処理者、資源配分者、交渉者という十個のマネジャーの役割を挙げている（Mintzberg, 1973）。

　またミンツバーグは他の単著書において、マネジメントの構成要素を、創造性を後押しし、直観とビジョンを生み出す「アート」、体系的な分析・評価を通じて秩序を生み出す「サイエンス」、目に見える経験を基礎に実務性を生み出す「クラフト」の三つを挙げ、マネジメントを成功させるためにはこの三つが補完し合う必要性を指摘している（Mintzberg, 2004, 2009）。

　菅野は経営者に必要なスキルとして、形式知であり、講義や演習形式により仕組化が可能なビジネス知識やロジカルシンキングなどの科学系スキルと、暗黙知であり、仕組化が容易ではないアート系スキル（強烈な意思、勇気、インサイト、しつこさ、ソフトな統率力）の二つを挙げ、科学系スキルはすべてを習得する必要はないが、アート系スキルはすべてが必須であるとしている（菅野, 2011）。

　ミンツバーグや菅野が挙げている能力であるが、少なくない研究者によって多様な職務間にまたがるものであることが指摘されている。三品は、マーケティング、セールス、オペレーションズ、ファイナンス、アカウンティング、人的資源管理などの職能におけるアプローチは、大きな事象を構成要素に分解するように、現象を別個に調べ、問題を究明し、解決していくアナリシス（分析）である一方で、経営戦略のエッセンスを「シンセシス（統合）」にあるとしている（三品, 2006）。シンセシスとは、個別の要素を組み合わせ、まとまりのある全体を形作ることであり、経営実践で言えば、企業における各職能を統合し、自社における経営実践の有効性を高めていくことを実現することである（三品, 2006）。

　ベーカーは、マネジャーの業務は極めてゼネラルで、可変性に富んでおり、定義不可能なものであるとしたうえで、マネジャーに求められる中核的な技能として多様な職能領域、人々の集団、環境にまたがる統合と意思決定を挙げ、マネジャーの業務は他の専門職とは異なる（統合が求められる）がゆえ、医師や弁護士と同じような、アナリシスを重視したカリキュラムではマネジャーの育成は不可能であるとしている（Barker, 2010）。

　大河内などは、経営は、さまざまの因果系列に属する諸要因を組み合わせて、ひとつの有機的構造を作りあげることであるから、「綜合」と呼ぶべきものであるとしている。大河内によれば、この綜合は経営者が現在の経営行為の形を理解するためではなく、現在の経営諸条件が含む事象が未来において発現するであろう、その可能性や問題や意味を先見して、未来における経営行為の形を構想するために、行われるものであるという（大河内, 1989）。

　亀井は、ビジネスにおける仕事のレベルを作業、業務、事業、経営に分類し、経営は経営者に求められる仕事であり、それは企業価値の向上を目的にするものであり、考慮すべき変数は極めて多く、ほとんどが非定型の業務であり、事業部長レベルの従業員に求められる事業、管理職レベルの管理者に求められる業務、部・課の管理者に求められる作業とは異なるものであることを指摘している（亀井, 2005）。

　三品（2004, 2006）、辻村（2001, 2008a, 2019）、プラハラット＝ベティス（1986）、佐藤（2012）、大野（2020a）などの諸々の先行研究によると、経営

者による経営実践とそれに伴う活動は、真空で行われるわけではなく、経営者の経営（実践）に対する信念を基盤にして行われるため、経営実践においては自らの判断のよりどころとする信念の体系が求められることが分かる。先行研究においては、経営者による経営実践における信念は、「事業観」（三品, 2004, 2006）、「経営観」（辻村, 2001）、「独自の経営理論＝持論（辻村, 2008a）、「支配的論理」（Prahalad & Bettis, 1986）、「経営者哲学」（佐藤, 2012）、「マイ経営学・原理」（辻村, 2019）、「（経営者）自らの経営理論（大野, 2020a）」などと呼ばれ、各研究者により検討が試みられている。これらの信念の体系は、経営者が日常的にその経営実践に用いるものであり、アージリス＝ショーン（1978）の言葉を借りるならば、それは経営者の行動と直結した経営者の使用理論であると言えよう[5]。経営実践においてそうした信念の体系の構築が求められるのならば、経営者能力とは、未知なる事態に対応し、意思決定を下すための非定型的な業務を行っていくにあたり、筆者（大野, 2020a）が「自らの経営理論」と定義したような自らの判断のよりどころとなる経営に対する信念を構築し、それを洗練させるための能力であると考えることができるのではないか。

　これまでの経験が知となって沈殿し、蓄積されていれば、ある程度の見通しが複数立てられるのみならず、少なくともどこに自己批判の目を向けるべきかを素早く判断することが可能となるのである（塚本, 2008）。

　以上の先行研究を踏まえるならば、経営者能力とは、一部分においては分析志向のサイエンス的な要素を必要とするものの、複雑かつ可変性の高い外部環境の下で、統合とも呼ばれるような非定型的かつ複数の職務にまたがる全社的な意思決定を下しながら、全体を調整しながら、形作っていくための極めて暗黙知的な、ある意味で非科学的な能力であると捉えることができよう。そのように経営者能力を捉えるならば、亀井（2005）や三品（2006）が指摘するように経営者に求められる能力と管理者に求められる能力は明確に異なると指摘することができよう。

　また経営実践を取り巻くコンテクストは、それぞれの経営者ごとに異なっているため、たとえそれが同じ企業、同じ経営者であったとしても再現性がない。ある企業の経営者が成功を収めた経営方法が成功したのは、その企業

の経営者がその時に取り巻かれていたコンテクストに対応しただけに過ぎず、別の企業の経営者がそれを模倣したとしても、その企業の経営者が取り巻かれているコンテクストとは異なるため、それが成功する保証は低い。こうした経営実践を取り巻くコンテクストを受け、三品は、経営とは、普遍的な政界のあるものではなく、「コンテクストに対応した特殊解」であるとしている（三品, 2006）。辻村は、経営実践とは、①オールファクターズ・マッチングした、②たった一回限り（非反復的）で、③非公開的要因をも含んだ、全体情況の産物すなわち、個別総合解であると定義し、それゆえに経営実践では、特定の一要因だけで成功の保証など到底得られないとして（辻村, 2007, 2009）、経営実践を一般解志向ではなく、個別解志向であると論じている（辻村, 2001）。三品、辻村らの指摘を踏まえると、経営実践とは、厳密な追試を行うことが不可能であり、科学的な分析を行うには限界が存在するものであり、何が正解かはそれぞれの経営者を取り巻いているコンテクストによって異なるものであると言える。

　さらに言えば、それは、将来に対応するものであり、未知の事態に対応するための非定型的な業務であり、意思決定するための能力であり、それはすでに形式知化され、教室や書籍で学習が可能な知識というよりは、経営者がその経験の中で体得し、学習していく側面が強いと言える。先述の先行研究の中でも言及されているような「決断」や「直観」は教室での学習や書籍では養われず、経験によって養われるしかない能力であると言うことができる。その意味では、経営者能力は、教室や書籍などでの修得が可能な科学知・学問知というよりは、その経営実践の経験の中で習得・洗練されるべき実践知的な側面が強い。三品（2004, 2006）なども経営者の重要な職責のひとつである戦略策定の能力は長年の経験によってしか身に付かないものであるとしている。

　最後に、経営者は、その非定型的な業務に対処するにあたっては、自らの経験に基づく経営実践に関する価値観や信念をよりどころとして意思決定を行うことになり、その意味では、良質な意思決定を行っていくためにも、そうした経営者としての経営実践に対する信念を構築させ、洗練させていくことが求められ、経営者能力においては、いかにその経営実践における信念を

構築・洗練化させるかが重要な要素となってくる。

　以上を踏まえ、本章では、経営者能力とは、万人に対応した科学知ではなく、厳密な実証研究によって明らかにすることは不可能なものであり、自らに課せられた経営課題を解決するため、すなわち経営者がその時に取り巻かれているコンテクストにおける個別解を見つけ出すために培われる実践知であり、自らが非定型的な業務の中で有効な意思決定を下すための判断のよりどころとなる信念を構築・洗練させていくことを実現するために必要となる能力、すなわち経営実践における意思決定のよりどころとなる自らの信念や経営方法論の構築や洗練化に影響を与える能力であると捉え、議論を進めていくことにしたい。

第3節　「実践知」としての経営者能力の性格の検討

　前節において議論したように本章では経営者能力を実践知であると捉えている。そこで本節では、実践知としての経営者能力の姿を明らかにするため、哲学及び教育学の知見を用いる。哲学及び教育学領域における実践知研究を援用しながら、実践知としての経営者能力の性格を明らかにしていきたい。具体的には、実践知について詳細な論考を試みている哲学者の中村雄二郎により提唱された「臨床の知」と、哲学者のアリストテレスに端を発する「フロネーシス」、教育心理学者の楠見孝の「実践知」研究を参考にしながら実践知としての経営者能力の性格を明らかにしたい。

第1項　中村雄二郎の「臨床の知」
　まず、中村は、近代科学の有用性及び影響力について論じた上で、近代科学が社会において支配的なパースペクティブでありえた要因を明らかにしている。

　具体的には、中村は近代科学が人々に信頼され、説得力を持ち、古今の数ある理論や学問の中で特別の位置を占めるようになったのは、〈普遍性〉と〈論理性〉、そして〈客観性〉という自分の説を論証して他人を説得するのにきわめて好都合な三つの特徴を保持しているからとしている。普遍性とは、

理論の適用範囲がこの上なく広いことであり、例外なくいつ、どこにでも妥当することである。次に論理性とは、主張するところがきわめて明快に守備一貫していることであり、多義的な曖昧さを少しも含んでいないことである。最後の客観性は、誰もが認めざるをえない明白な事実としてそこに存在しているということであり、個々人の思いや感情からは独立しているということである（中村, 1992）。

　こうした近代科学は、DNA 二重螺旋モデル、スプートニク号打ち上げ、IC 開発、衛星通信、カラーテレビ、CT スキャナー等多くの発明・発見を生み出し、人々の暮らしを飛躍的に便利にしたものの、その特徴に適合しない、すなわち、局所的であり、個々人の想いや感情とは切り離せず、曖昧さを残さざるを得ない領域を正当に扱うことができないことが明らかになっており、中村は、そうした領域に対しては我々現代人はおよそ不用意であり、それに対処する知を欠いていると指摘している。中村は、その象徴として1970 年代に大きくクローズアップされてきた環境問題、医療における特定病院説に基づく治療方法への懐疑を挙げている。環境問題は、この地球上において、われわれ人間は誰でも、多かれ少なかれ自然破壊や環境汚染の被害を受けるようになり、その問題への対応は、極めて多義性を含んでおり、個人個人によりその被害状況や関わり方、すなわち問題としての捉え方は異なってくる。また、特定病因説に基づく治療方法が目を見張る成果をあげるとともに、感染症などのようにそれが有効性をもたないような領域も明らかになっている。すなわち、日々の環境的・生活的な要因が大きくものを言う病気、つまりは生活世界に深くかかわる個人性の高い病気には科学的医学が有効性を持たないということが明らかになったのである（中村, 1992）[6]。

　能動的かつ機械論を原型とする近代科学とその知は、このように個別的で、多義的で、主観的な問題を解決することにおいては限界を有していることが明らかになってきており、こうした問題を解決する知として、中村は、臨床の知という概念を提唱している。中村は、臨床の知は、コスモロジー、シンボリズム、パフォーマンスという三つを構成原理とするとしている。コスモロジーとは、場所や空間を無性格で均質的な拡がりとしてではなく、ひとつひとつが有機的な秩序を持ち、意味を持った領界と見なす立場を取るも

のであり、そこでは個々の場合や場所が大事になる。第二のシンボリズムは、物事を一義的にではなく、多義的に捉え、表す立場を取るものであり、最後のパフォーマンスは、ただ体を使ってなにかをするのではなく、相手や自己を取り巻く環境からの働きかけを受けつつ、行為し、行動する立場を取るものである。すなわち、科学の知は、抽象的な普遍性によって、分析的な因果律に従う現実に関わり、それを操作的に対象化する一方で、臨床の知は、個々の場合や場所を重視して、深層の現実に関わり、世界や他者がわれわれに示す隠された意味を相互行為のうちに読み取り、捉える働きをするものであり、科学の知が主として仮説と演繹的推理と実験の反復から成り立っているのに対して、直観と経験と類推の積み重ねから成り立っているので、そこにおいては経験が大きな働きをし、大きな意味を持っているという。そのうえで中村は、医学・医療が物理学のような〈物質科学・精密科学〉〈エグザクト・サイエンス〉の面を持つだけでなく、それにもまして具体的な場面・事物の多義性・相互行為に対応する知恵に充ちた技芸（わざ・アート）であり、経験によりそのような技芸を身に着けることにより、客観主義や普遍主義の落とし穴に陥らないことが可能になると論じている（中村, 1992）。

　また、中村は経験と実践についても興味深い論考を展開している。

　中村は、経験を、〈活動する身体〉を備えた主体が行う他者との相互行為としている。そのうえで、経験が真にその名に値するものとなるには、我々がなにかの出来事に出会ったときに、〈能動的に〉、〈身体を備えた主体として〉、〈他者からの働きかけを受け止めながら〉振る舞うことが必要であるとしている。すなわち、他者や世界との関係性に組み込まれ、活動する身体によって支えられ、持続性を与えられた能動性を持ちながら、現実がもたらすさまざまな障害のなかをあちらこちらの壁にあたりながら生きていくことにより、現実との関わりを深めることにより、経験を経験とすることが重要となる（中村, 1992）。

　一方、実践とは、経験の中でより能動的な、特に意志的で決断や選択が伴うものであり、各人が身をもってする決断と選択を通して、隠された現実の諸相を引き出すことであり、ある限定された場所において限定された時間の中で行われるすぐれて場所的、時間的なものであるとしている。中村は、そ

れにより、理論が現実からの挑戦を受けて鍛えられ飛躍するとして、その意
味で、実践が理論の源泉であるとしている（中村, 1992）。

　以上、中村の所説を検討したが、経営実践が行われる企業経営の現場で生
じる問題もまた、個別性に富んでおり、極めて多義的で主観的な問題を多分
に孕んでおり、科学的な知見を用いてそのまま解決することは不可能であ
り、経験と前向きな経験である実践を通して体得するしかない側面が強く、
経営実践を遂行するために駆使され、必要となる能力である経営者能力を考
えるにあたり、有用な部分は多いと言えよう。

第 2 項　アリストテレスの「フロネーシス」

　次はアリストテレスに端を発するフロネーシス[7]について検討したい。近
年は、野中・紺野（2012）など、経営学領域においても、フロネーシスとい
う視点から企業におけるマネジメントのあり方を論じようとする研究もあら
われている[8]。

　まずアリストテレスは、物事を、原理が他のあり方を許容しない物事と、
原理が他のあり方を許容する物事に分類し、前者のうち、論証される原理を
学問的知識、論証されない原理を知性・知恵、後者のうち物事の制作にかか
わるものを技術、行為にかかわるものを思慮深さ、すなわちフロネーシスに
分類している。このフロネーシスは、アリストテレスによれば、普遍的な事
柄のみを対象とするのではなく、個別的な事柄をも認識する必要があるとし
て、この個別的な事柄は経験から知られるものであるとしている。以上のよ
うにアリストテレスは、フロネーシスを学問的知識や技術とは別のものであ
ると定義した上で、フロネーシスとは、行為の目的は行為そのものであり、
善く行為することそれ自体が目的であるとしている（アリストテレス, 2016：
邦訳）。

　この「善く」というものは、自らの置かれている状況や抱えている問題を
解決することを可能とするという意味であり、その意味では、行為者が取り
巻かれている個別的な問題を解決するのに資するという解釈が可能であり、
先述の中村の個別的な問題の解決に資する臨床の知と親和性が高い。

　アリストテレスは、このフロネーシスを「人間にとっての善悪にかかわる

行為の領域における分別をそなえた真なる性向」（アリストテレス, 2016：邦訳45頁）と定義し、それが行為にかかわるために普遍的な知識と個別的な知識の両方を兼ね備えていなければならないが、思慮深さにはどちらかといえば個別的な知識の方が重要であるとしている（アリストテレス, 2016：邦訳）。

　完全ではないにしても人間には人間のやり方があり、それを探るのが人間の道であり、それを探る上で人間が依拠する知識がフロネーシスであるということである。

　塚原は、フロネーシスは、行為にとって決定的になるような小前提を与えるものというよりは、その小前提を活性化させ、個別の方向付けの中で前提を捉えなおすことが重要な特徴であり、常に特殊へのレファレンスを保持するものあるとしている。その意味で、塚原は、フロネーシスは、今、ここで現場にコミットしている知であり、手の中にある目であるとしている。このように、フロネーシスは、常に不確定性と曖昧さに満ちた現場において求められ、それは個別のケースに直面し、具体的な場で重要なものにピントを合わせ、明確な形を見て取る—「いまここ」で「よりよい」を探るための—知なのである（塚原, 2008）。

　池田などは、実践の現場で人々が協働するときに育まれ、かつ伝達することが可能な技能であり、それらの活動と切り離すことができない対人関係などの能力の総称を「現場力」と称しているが（池田, 2010）、フロネーシスは、池田が提唱する現場力を高めうる知であると言えよう。

　このようにアリストテレスは、フロネーシスを行為にかかわるもの、個別的なもの、すなわち個別の行為をよりうまく行うための知識であると捉えているが、それが普遍的な知識の要素も持っていると指摘していることに注目したい。

　塚本なども、フロネーシスに関わる実践的知識は観想的知識から派生するものであり、実践的知識の有効性や正しさは、観想的知識の良さに依拠するものであるとしている（塚本, 2008）。

第3項　楠見孝の「実践知」

楠見は、先述のように実践知を熟達者が持つ実践に関する知性であり、熟

達者をある領域の長い経験を通して、高いレベルのパフォーマンスを発揮できる段階に達した人であると捉えている。そのうえで、実践知を経験の中に埋め込まれた暗黙知を獲得し、仕事における課題解決にその知識を適用する能力を支えるものであるとしている。楠見によるとこうした実践知を支えるのが実践的知能であり、それは日常生活の文脈において問題を解決するために、経験を通して学んだ知識を適用・活用し、実行・達成を支える知能のことであるとしている（楠見, 2012a）。

　そのうえで、楠見は、実践知の具体的な内容として、波多野（2001）による手続きとその対象の理解を可能にする概念的知識の役割の強調、手続き的知識と概念的知識の間の緊密な結束の重視、メタ水準の知識、とくにメタ理解により適応的学習者を強調づけることという三つの適応的熟達者が持つ知識、先述のカッツ（1952）が提唱したマネジャーに求められる三つのスキル（コンセプチュアル、ヒューマン、テクニカル）を基にして、コンセプチュアルスキル、特定の業務を遂行するためのノウハウであり、情報処理の効率化に関わる「タスク管理（テクニカルスキル）」、部下、同僚、上司との関係づくりのノウハウである「他者管理（ヒューマンスキル）」、自分の動機づけをコントロールしたり、自分の能力を組織の中で発揮するノウハウである「自己管理（メタ認知スキル）」、先述のカッツが提唱している概念化のための能力である「コンセプチュアルスキル」の四つを挙げている（楠見, 2012a, 2014）。

　楠見は、上記のような能力は生まれつきのものではなく、自らの意思によって良い経験を通して学習し、実践知を獲得することで身に着けられるとし、具体的な実践知の獲得方法として、意図的にモデルとなる先輩、熟達者を選択し、そこに注意を向け、その行動を記憶内に保持し、適切なときに自らを動機づけることによって実行する「観察学習」、職場の同僚や上司、顧客など他者との相互作用における対話や教えあい、情報のやり取りによって学習される「他者との相互作用」、意図的な経験の反復による練習と無意図的な経験の反復によるスキルの獲得である「経験の反復」の三つを挙げている。そのうえで、楠見は、これらの実践知の獲得のための活動において個人差を生み出す要因として、新しい状況への挑戦性、類推、省察の三つを挙げている。挑戦性とは、新しい状況に対して心が開かれていること、成長しよ

うとする能力や達成動機、冒険心などのことであり、類推は、新しい問題解決において、過去の類似経験を探索し、利用しながら問題解決を図ることであり、省察とは、過去の経験に意義や意味を解釈して深い洞察を得たり、未来に向けて実践の可能性についての考えを深めたり、行為をしている間に状況をモニターして注意を向け、行動を適切に調整することである。そのうえで、仕事の場のような動的に変化する複雑な状況においては、実践を進めながら意識的、体系的に状況や経験を振り返り、行動を適切に調整して洞察を深める省察的実践が重要であるとしている（楠見, 2012b）[9]。

　楠見は、実践知は経験の省察によってのみ身に付くものとは考えてはおらず、新しい状況では、実践知に基づく直観的思考と合わせて、形式知に基づく熟慮的な批判的な思考との両立が重要になるとして形式知の重要性を指摘している。また経験から学修する態度は、本や研修からの学習においても、形式知を経験から獲得した知識と結び付けることを促進したり、そこからルールとして帰納されたり、持論が導かれるとするとしている（楠見, 2012b）。

　その意味では経験から学習する態度は、形式知を自分のコンテクストに合わせ、取り入れていく形で、学習者にとって効率的な学習を促進するものと思われる。そう考えるならば、経験からの学習は、波多野（2001）が指摘するように業務遂行に求められる手続き的な知識の色彩の強い実践知と、概念的知識の色彩の強い科学知のブレンドを促進する役割を果たし、それだけでなく、自らが直面している課題とその解決法を理解するために科学知をいかに適用するかについての理解を促進する役割を果たすものであると考えられよう。

第4節　経営者能力の性格の検討

　本節では、前節で検討した中村の臨床の知と、アリストテレスに端を発するフロネーシス、楠見による実践知に依拠しながら経営者能力の性格に明らかにしていく。

　まず一点目は、経営者能力は科学知ではなく、実践からの要請を受け、実

践のために生み出される実践知であるということである。科学は、中村
（1992）が指摘するように、普遍性、論理性、客観性を有するものであるが、
経営者による経営実践は普遍的ではありえず、それぞれの経営者が置かれて
いるコンテクスト次第で有効な経営実践と、求められる経営者能力は異な
る。また、そうであるならば、成功に至る経営実践は「それ以外の方法はあ
りえない」ものではなく、無数に存在するゆえ、それは極めて多義的なもの
であると言える。そして、経営者を取り巻いているコンテクストは一様では
なく、再現性がないためにそれを後日完全な同じ条件の下で追試し、その妥
当性を検証することは不可能である。経営者能力が発揮される経営実践は、
三品（2006）や田坂（1997）が指摘するように、絵画や楽曲においてアーティ
ストと芸術作品を切り離すことができないのと同じように、経営者（による
判断や意思決定）とは切り離すことができない。以上を踏まえると、経営者
能力と、それが発揮される経営実践は中村（1992）が挙げた近代科学の三つ
の要件を備えるものではなく、非科学的な存在であると結論付けることが可
能であろう。近年における経営学では、科学であろうとして科学性が強く重
視されるようになってきており、それと同時に、経営学が科学的であればあ
ろうとするほど、ある意味で非科学的な経営実践との乖離が生じてきている
ことは少なくない研究者によって指摘されている（辻村, 1995, 2009；Bennis &
O'toole, 2015；大野, 2020a など）。経営学の科学性の追求に伴う経営実践との乖
離により、経営実践に携わる実務家からの「経営学は実践では使えない」と
いう批判が生じていることは想像に難くない。辻村は、経営学について（「極
端な言い方をすれば」と前置きしてはいるものの）世の中の経営者諸氏が頼り
にしうる非学問的な技術論すら提供できなかったのではないかと評している
（辻村, 1995）。さらには、辻村は、経営実践において「経営（学）理論で問題
解決する」ことなど幻想に近いのではないかと指摘し、経営学理論を用いて
「問題点の指摘」はできても、「問題点の指摘≠問題解決」であると論じてい
る（辻村, 2009）。

　このように、経営実践とそれが発揮される経営者能力とは、普遍的な法則
は存在せず、そしてそれが通用することはない。有効となる経営実践は、そ
れぞれの経営者において、その時、その場所で異なる個別性の強いものであ

ると指摘することができる。そうした状況下において経営者はその経営実践において最善の意思決定を行うこと、不確実で再現性のないコンテクストにおいて経営者を最善の意思決定へと導くことが求められることになる。こうした不確実で再現性のない状況において経営者は既知の知識や過去の経験を駆使しながら意思決定を下すことになる。そこにおいては、先述のように経験と学習により構築された自らの経営実践に関する信念であり、経営方法論である自らの経営理論が意思決定のよりどころとなる。すなわち、自らの経営理論はフロネーシスのような個別の行動をよりよく行うための知識としての役割を果たすことになるのである。そうであるならば、経営実践において重要なことは自らの経営理論をその経験と学習により洗練化させることであり、経営者能力とは自らの経営理論を構築し、洗練化させることに資する能力であると言える。

　二点目は、経営者能力が実践知であるならば、経験および前向きな経験である実践により習得されるものであるということである。楠見もまた、熟達者の持つ能力は生まれつきではなく、自らの意思によって良い経験を通して学習し、実践知を獲得することで身に着けられるとしている（楠見, 2012b）。一点目において言及したように、経営者にとって有効な経営者能力とは、それぞれの経営者が置かれているコンテクストによって異なっており、一様ではないため、自らの経験によって自分が取り巻かれているコンテクストに求められる自分独自の経営者能力を習得するほかはないということである。その意味では、三品（2006）が指摘しているように、経営実践における正解とは、コンテクストに応じた特殊解であり、すべての経営実践に共通した正解は存在しないということである。そのような未知で不確実な状況において成果をあげていくためには経験と実践が求められることになる。それにあたっては、ただ闇雲に経験を積むのではなく、自らの経営実践経験に裏打ちされた自らの経営理論を基盤として自らを取り巻いているコンテクストと対話し、試行錯誤しながら経験を積み、自らの経営理論を豊かにしていくことが求められよう。そのように考えるならば、自らの経営理論を洗練させ、豊かなものにするためにいかに有用な省察ができるのか、その能力こそが経営者能力の大きな位置を占めていると言うことができよう。

　先述の実践知は経験からの学習により獲得されるという楠見（2012b）の指摘を踏まえるならば、実践知としての経営者能力を身に着けていくためにはただ経験を積むだけでなく、経験に対して自らを開く挑戦心、新しい問題解決において、過去の類似経験を探索し、利用しながら問題解決を図る類推、そして自らの行為を都度振り返り、学習し、新たな知識や教訓を得て、それを自らの経営理論へと反映させ、都度調整していく省察という行為が求められることになる。すなわちショーン（1983）などが提起している省察的実践である。ショーンも省察的実践の探求に向かう者はある状況を自らの枠組みに当てはめようとすると同時に、状況からの反論に自らを開いておくこと、新しい混乱や予測のつかないことに進んで入り込み、いつでも後に自らの枠組みを壊すようにしなければならないとしている（Schön, 1983）。ミンツバーグなどは、マネジメント能力は、経営実践における経験を題材として、それを自らが習得した理論を用いながら省察していくことにより体得されるものであるとしている（Mintzberg, 2009）。このような実践・経験・省察重視の態度、行動こそが自らの経営理論の構築を可能にしていく。経営者はその経験を省察することにより、自らの経営理論を豊かなものとしながら、より洗練された意思決定を下すことにより少しでも経営実践における成功可能性を上げることが求められ、経営理論の洗練化によりそれを高めていくことが求められる。経営理論の洗練化はより良い省察はもちろん、より良い類推を可能とし、経営実践の成功可能性を高めることに繋がっていくことになる。

　最後、三点目は、実践知である経営実践及び経営者能力は経営学理論からは完全に独立したものではなく、経営実践における科学知に相当する経営学理論の影響を受ける存在であるということである。経営者は経営実践において、経営学者により社会的に構築された経営学理論を参考にしたり、応用することも多々起こりうる。自らの経営実践において経営学理論を取り込みながら、修正を施し、演繹的に自らの経営実践及びその意思決定のよりどころである自らの経営理論に取り込んでいくことも十分にありうることである。先述のように、アリストテレスはフロネーシスを個別的な物事を行うための知であると捉えてはいるものの、それをうまく行うためには、個別的なものごとを行うための知識だけでなく、普遍的な知識も必要であるとしており

（アリストテレス, 2016：邦訳）、フロネーシスの性格の解明を試みた塚本も、フロネーシスに関わる実践的知識は観想的知識から派生するものであり、実践的知識の有効性や正しさは、観想的知識の良さに依拠するとしている（塚本, 2008）。そして、楠見も先述のように実践知の獲得、構築において形式知を取り込んでいくことの必要性にも言及している。金井なども、リーダーシップ学習において、リーダーが自らの業務において用いるリーダーシップの持論を構築する際に、経営学者による経営学理論を参照にすることの有用性を指摘している（金井, 2005）。経営実践に目を向けてみても、今日のわが国を代表する経営者の一人であるファーストリテイリング代表取締役会長兼社長の柳井正などは、自らの経営実践において判断が求められる際はピーター・ドラッカーの書籍を参照していること（NHK「仕事のすすめ」制作班編, 2010）、星野リゾート代表の星野佳路なども経営戦略の立案の際は市販の経営学の教科書を基にしていることを公言している（中沢, 2010）。柳井や星野の事例からも経営学が経営者の経営実践における経験を省察するための基盤となる可能性があることが伺えよう。

　このように考えていくのならば、経営者能力における科学知と実践知は相容れないものではなく、科学知は、実践知としての経営者の経営実践における持論、すなわち経営者自らの経営理論を頑強なものにするための必要な素材であり、それをうまく調和させる役割を果たすものが経営者による省察的な学習であると言えよう。

第5節　小括

　以上、本章では、哲学や教育学の知見を用いながら企業の発展に重要な影響を及ぼす経営者能力の性格の解明を試みた。そこにおいては、経営者能力が、実践のために生み出され、経営者が対面している個別的な問題を解決するために求められる実践知であること、具体的には、経営者が各自の経営実践において意思決定が求められた際のよりどころとなる自らの経営理論を洗練させ、豊かなものにすることに資する能力であること、経営者能力が実践知であるがゆえ、経験と、前向きな経験である実践のみによってしか習得さ

れえないこと、自身の実践について適宜省察を重ねながら、新たな知識を習得し、自らの経営理論に修正を加え、洗練化させていく必要性があること、経営理論の構築や修正にはアリストテレス（2016）の普遍的な知識に相当する経営学理論がそれをよりよく行う役割を果たすことを明らかにした。本章の議論は、経営者能力の性格の明確化と、それがどのように構築されていくのかに関する示唆を与えることを可能にしていると考えられよう。その部分に経営者能力に関する先行研究と経営実践への貢献が求められよう。しかしながら、本章の議論は、経営者能力の性格を明らかにしたにとどまっており、省察や経営実践、（経営者）自らの経営理論などのキーワードを提示したにも関わらず、経営者能力が経営者自らの経営理論をいかに洗練化させ、豊かなものにしていくのか、その具体的なプロセスについては明らかにできていない。今後は、哲学、教育学領域の理論に依拠しながら、経営者自らの経営理論が経営実践と省察の過程の中で具体的にどのように構築、向上されていくのか、そのプロセスを明らかにすること、そうしたプロセスを質的なアプローチにより実証的に明らかにしていくことが研究課題となろう。

注

1) 野間口は、近年における経営者能力に関する研究の少なさは、それが研究され尽くしており、成果が上がりそうなテーマがなくなってしまったことと、日本の企業経営の研究における注目がトップから現場管理者の能力に移行したことに原因が求められるとしている（野間口, 2012）。

2) 楠見は、実践知とは、熟達者（エキスパート）が持つ実践に関する知性であると定義している（楠見, 2012a）。熟達者とは、楠見によれば、ある領域の長い経験を通して、高いレベルのパフォーマンスを発揮できる段階に達した人のことであるという（楠見, 2012a）。

3) 本書では、省察という用語をミンツバーグ（2004）を踏まえ、「経験を洗い出し、意味づけしていくこと」と捉えたい。

4) カッツは、マネジャーに求められるスキルの一つとして、企業を全体として捉え、政策を構築し、実行するために、管理プロセスを調整、統合していく技能であるコンセプチュアルスキルを挙げており、トップマネジメントにはコンセプチュアルスキルが求められるとしている（Katz, 1952）。

5) 伊藤（2018）などは、ベンチャー企業における経営者の使用理論に注目し、彼らが自らの使用理論の省察の過程において、経営理念を制作し、経営理念と自らの使用理論を選り分けていると論じている。

178

6) ショーンもまた、科学的な知見を実践へと応用する技術合理性では、複雑性、不確実性、不安感、独自性、価値観の衝突という性格を有する現代の実践に対して解決策を導き出すことは困難であることを指摘している（Schön, 1983）。

7) 光文社から出版されている渡辺邦夫と立花幸司の邦訳（『ニコマコス倫理学（下）』、2016 年）では、フロネーシスには「思慮深さ」という訳語が当てられている。

8) 野中・紺野（2012）は、組織マネジメントの視点からフロネーシスの有効性を明らかにしようと試みており、経営者能力に焦点を当てて議論を展開しようとしている本章とでは、着目している部分が異なることを注記しておく。

9) ショーンなどは、実践者は目の前の現象を省察し、さらには現象を捉える際の理解において省察を重ね、現象についての新しい理解と状況の変化の二つを生み出そうとしていることを指摘し、実践者は行為の中で省察をすることにより、状況と対話しながら、独自の事例についての新しい理論を構築することを指摘している（Schön, 1983）。

第 7 章

経営者による経営学理論の経営実践への適用

第1節　問題意識

　「企業経営は理論（経営学）とは違う」という言葉をよく耳にする。実際に、経営学における研究論文においても、楠木では「経営学と経営は違うのだ（一緒だったら、私はそもそも学者商売を選んでいない）」（楠木, 2011 : 9頁）と明言され、辻村（2009）では、経営者の「座右の書」には司馬遼太郎や城山三郎などの歴史小説や経営小説が多い一方で、経営学の書籍はピーター・ドラッカーを除くと圧倒的に少ないことが指摘され、ルソー（2005）では、経営者が経営学者やコンサルタントによる研究成果にほとんどアクセスしていない事実が指摘されている。このように、企業経営の実践、すなわち経営実践と、経営実践を研究対象とする経営学とは厳然とした距離が存在するように見受けられる。第3章において指摘したように、この距離は経営学におけるトップジャーナルの査読審査において経営実践への含意よりも、厳密な科学性を求める傾向が強まっていることにより、さらに広がっており、こうしたトップジャーナルへの掲載が、大学教員の職を得ること、より研究条件の良い大学への転任の可能性を高めることなども、経営実践と経営学の距離を広げることに拍車をかけている（大野, 2020a）。この距離がなぜ生じるかについて、筆者はその理由として第3章において、経営者と経営学者の間で生じる需給のミスマッチ（辻村（2001）などが指摘しているように、経営者が求めるのは自社の経営に役立つ「個別解」である一方で経営学者による研究成果は多くの企業経営に適用可能な「一般解」であること）、経営者、経営学者ともに経営実践の姿を明らかにすることができていないこと、経営実践能力がいかに構築されるのか、そのプロセスを明らかにできていないことの三点を挙げ

た。辻村などもこうした経営学の現状を踏まえ、経営学によって「問題点の指摘」はできても、「問題点の指摘≠問題解決」であり、「経営（学）理論で問題解決する」ことなど幻想に近いのではないかと指摘している（辻村，2009）。

　経営実践と経営学は完全に分断された道を歩もうとしているのかというと、必ずしもそうとは言い切れない。後述のように、日本の経営学の発展を支えた経営学者の一人である山城章（1908 ～ 1993 年）などは、経営学とは経営者の経営実践に資するべきであるとして「実践経営学」を提唱しており、経営学は経営実践に資する実践科学であるべきとする視角はすでに以前（早くとも 1960 年代）から存在していた。さらに歴史を遡れば日本の経営学が影響を受けたドイツ経営学においては、三度の大きな論争があったものの、実践科学であるべきとする見解が優勢であったとされており（田中，1999）、またドイツ経営学同様、日本の経営学が今日もなお大きな影響を受けているアメリカ経営学もまた、その成立は産業社会の要請を受けて成立したものであり、今日もなお経営学の古典として多くの研究者に読まれている書籍の執筆者であるフレデリック・テイラーやチェスター・バーナードなどが大学教授ではなく、経営実践に従事する実務家であったことからも経営学と経営実践は決して分断されたものではないことが分かるであろう。

　また、2000 年代にはルソー、ハンブリック、ジェフリー＝サットンなどにより、実務家が経営実践に役立てることが可能な「事実（Evidence）」を提供することこそが経営学者の役割であるとするとされるなど、科学性を極度に重視する経営学研究のあり方についても見直そうという動きも出ている（大野，2020a）。

　経営学のオーディエンスでもある経営者をはじめとする実務者についても、服部（2014, 2015）などが企業における出世と経営学理論の習得との相関を明らかにしたり、経営学とは経営実践において決して無用なものではないことを明らかにしようとしている研究も現れている。

　一方、経営実践の世界においても、現在のわが国を代表する経営者の一人であるファーストリテイリング会長兼社長の柳井正が、その経営実践においてピーター・ドラッカーの書籍を参考にしていることを公言していたり

（NHK「仕事のすすめ」制作班編, 2010）、星野リゾート代表の星野佳路が、自
社の経営戦略やマーケティング戦略の立案の際には経営学やマーケティング
の教科書を基盤にしていることを公言していたりなど（中沢, 2010）、自社の
業績を大きく高めることに成功し、多くの人々の注目を集めている経営者の
中にも、自らの経営実践に経営学理論を積極的に活用していこうとする人物
も現れている。

　こうした経営実践における動向を踏まえ、本章では経営者が自らの経営実
践において経営学理論をいかに役立てていくべきかを明らかにしたい。具体
的には、経営者は自らの経営実践における判断のよりどころとするべき自身
の経営理論を構築するにあたり、経営学理論をいかに解釈し、調整・修正し
ながら、自身の経営理論に取り入れているのか、そのプロセスを実際の経営
者の事例に基づいて明らかにしたい。

　筆者の以前の論文においては、経営者が自らの経営実践における判断のよ
りどころでもあり、経営方法論でもある自らの経営理論の構築における理論
的なプロセスまでは明らかにすることはできたが、定性的な視点から明らか
にすることはかなわず、現実的な妥当性の検討が残された研究課題となった
（大野, 2020a）。

　こうした筆者の以前の論文の研究課題を引き継ぐ形で本章では、経営学理
論を経営実践へ適用し、企業成長を実現した経営者である星野リゾート代表
の星野佳路を事例として、経営者が経営学理論を適用することによって自ら
の経営理論を構築していくプロセスを明らかにしたい。そうすることによ
り、実践科学としての経営学（そして経営者の経営実践に資するべきであると
する実践経営学）の発展に貢献するとともに、経営学理論と経営実践におけ
る距離を縮めることに少しでも貢献したい。また、本章ではそれだけでな
く、経営者が経営学理論を自らのものとして吸収しながら、それを自らの経
営理論の構築にあたり生かしていく過程において、経営学理論およびその作
り手である経営学者がなしうる貢献を明確にしていきたい。以上が本章にお
ける研究課題となる。

第 2 節　先行研究の検討

　本節では、本章の研究課題に関わる先行研究や、本章の研究課題に関連した研究を検討することにより、本章が先行研究に対してなしうる貢献を明らかにするとともに、経営学理論はいかに経営実践へと生かされるのかを考えていく足掛かりとしたい。

　本章と関係性の高い先行研究としては、朱（2016）、服部（2014, 2015）が挙げられる。

　まずは朱であるが、朱はドラッカー（1974）が提示した八つの経営目標（マーケティング、イノベーション、人的資源、資金、物的資源、生産性、社会的責任、条件および制約としての利益）に注目し、キヤノン電子・酒巻久、ファーストリテイリング・柳井正、信貴山病院・竹林和彦の事例研究から、この 3 名の経営者がドラッカーが提示した八つの目標を組み替えながら戦略を構築しており、その組み替えこそが経営者の経営実践における独自性をもたらすとしたうえで、経営者はこの八つの経営目標を経営環境に応じて組み換えていくべきであるとするドラッカー戦略経営論モデルを提唱し、ドラッカー経営学の経営実践における有効性を明らかにしている（朱, 2015）。

　次に服部であるが、服部は、わが国の実務家における経営学の普及の現状と経営学の普及の促進要因を明らかにしようと試みている。服部は、多くの実務家が経営学者による研究の成果を公表する媒体である学術雑誌にはアクセスしていないこと、実務家のサイエンス志向は経営学の普及の阻害要因となり、むしろ仕事に対する特定の強い信念を持たないことが経営学の普及に繋がること、実務家自身のキャリアの成熟が経営学の普及の要因のひとつであることを明らかにしている（服部, 2014）。

　また服部は、後の研究において、自らの調査において日本のビジネスパーソンは、1 か月に 1 冊のビジネス関連書籍も手に取っていないこと、ビジネス関連のウェブサイトや雑誌、学会誌を閲覧していないこと、経営学者が発信している経営学的な知識はビジネスパーソンには普及していないこと、経営学を知ることが昇進という帰結をもたらすことを明らかにしている。以上

を踏まえ、服部は経営学を学んだ実務家は組織への貢献を果たし、それが昇進という形で報いられる可能性を指摘している（服部, 2015）。

　以上、本章の研究課題と直接関係する先行研究を検討したが、朱はあくまでドラッカーが日本の経営者に与えた影響についての検討であり、経営学理論全般と経営者との関連性を論じたものではない。辻村（2009）が指摘するように、ドラッカーを愛読書にしている経営者は多いものの、経営学者はドラッカーだけではない。また服部も経営者を含めたビジネスパーソンにおける経営学理論の普及を考察対象としており、経営者と経営学理論を考察の対象としたものではない。その意味では、広範な経営学理論と経営者の経営実践との関連性を明らかにすることを目指す本章の問題意識とはやや異なる。もちろん、経営者、経営幹部、その他の従業員における経営学の普及の程度を明らかにし、その阻害要因と促進要因を明らかにすることは、経営実践においては重要なことであろう。しかしながら、経営学理論を企業の存続・成長のため、どのように生かしていくかを考察していくこともまた、経営実践および経営実践を研究対象とする経営学には重要なことであるといえよう。とりわけ、経営者の意思決定、企業家行動は、従業員の行動のみならず、戦略や組織など企業のあり方そのものに影響を与える。それを踏まえるならば、経営者が経営学理論を企業の存続・成長のためいかに活用していくべきかを明らかにすることは、経営実践において高い貢献を有するということができよう。それゆえ、本章では、経営者の経営実践と経営学理論の関わり方を、経営者が経営学理論をいかに経営実践へと適用していくべきかという視点から明らかにしていきたい。それこそが本章の先行研究や経営実践における含意となろう。

　次に、経営者が経営学理論を自らの経営実践へといかに生かしていくべきかを考えるための足掛かりとして本章の問題意識と関連した研究を検討する。

　まずは、わが国の経営学の基礎を築いた経営学者の一人であった山城である。山城は戦後十数年の日本の経営学研究の実情はアメリカ流のマネジメントの物真似であったか、アメリカ文献の引き直しであったとして、それはわが国の実際に即応した原理の活用をなすものではなく、そのまま経営実践に

184

は取り入れうるものではなかったと指摘している（山城, 1960）。

　こうした自己反省を踏まえ、山城は経営学とは、経営学の実践主体である経営者の行為能力の啓発を目指す実践経営学であるべきという立場を採用し、「KAE の原理」をその中核的な原理に据えている。K とは knowledge のことであり、アカデミックな文献研究や知識中心の勉強を示すものであり、長い研究のうちに定式化し、正攻法化し、国籍関係なく一般化して原理と呼ばれるものになったものである。A とは ability のことであり、経営を実践する実務者の能力のことである。最後の E とは experience のことであり、経験、経営を取り巻く実際のことである（山城, 1970）。

　そして、山城は、この K と E は経営能力である A の基礎となり、K と E を基礎としてはじめて十分な A、すなわち経営能力が構築されるとしたうえで、経営教育とは経営者の経営能力の啓発を目指すものであるとしている（山城, 1968）。K も E も絶えず進化するものであり（山城, 1968）、そうであるのならば、A もまた経営者の自己研鑽や経営実践の経験を経て A' となり、進化する。そうした終わりなき自己研鑽による経営能力の進化を評し、山城は後に実践の学としての経営学は「経営道」であると述べている（1990）。

　また、山城は経営実践における原理について、実際は多様であるゆえ、実践は国や組織により多様であるとしているとして、原理を基盤としながらも、それぞれの国や組織ごとの特殊性を踏まえ、それに求められる実践能力の究明を図ろうとするアメリカ経営学、イギリス経営学、ソ連経営学、日本経営学や企業経営学、官庁経営学、学校経営学、病院経営学、労組経営学など国や組織ごとの特殊性を踏まえた経営学の必要性を指摘している（山城, 1968, 1970）。

　以上、山城の研究を検討したが、そこでは経営学理論は経営実践から切り離されたものではなく、むしろ経営実践における能力を高めるための基盤となることが指摘されている。しかしながら、ただ経営学理論を基盤にすれば良いわけではなく、経営実践の経験こそが必要になるとしている。経営学理論と経営実践の経験がいかに相互作用しあいながら経営実践能力を啓発していくべきか、これを明らかにすることこそが求められることになるであろう。また、国や組織ごとに特殊性が存在するように企業ごとに、その企業の

特殊性が存在する。そして同じ企業といえども、経営者が置かれている状況は決して一様ではない。すなわち経営者が置かれているコンテクストが異なるのである。それを踏まえるならば、その企業、そしてその経営者が置かれている状況、すなわちコンテクストにも配慮することが求められることになろう。

　以下、本節では山城以外の経営者に求められる能力について広い意味での経営学理論との関わりから論じた先行研究を検討する。数多くのマネジャーに関する著作、論文を残したミンツバーグは、マネジメントの構成要素を、創造性を後押しし、直観とビジョンを生み出す「アート」、体系的な分析・評価を通じて秩序を生み出す「サイエンス」、目に見える経験を基礎に実務性を生み出す「クラフト」の三つを挙げた上で、マネジメントを成功させるためにはこの三つが補完し合う必要性を指摘している（Mintzberg, 2004, 2009）。菅野などは経営者に必要なスキルとして、形式知であり、講義や演習形式により仕組化が可能なビジネス知識やロジカルシンキングなどの科学系スキルと、暗黙知であり、仕組化が容易ではないアート系スキル（強烈な意思、勇気、インサイト、しつこさ、ソフトな統率力）の二つを挙げ、科学系スキルはすべてを習得する必要はないが、アート系スキルはすべてが必須であるとしている（菅野, 2011）。

　ミンツバーグと菅野の議論からも、経営者能力とは理論（サイエンス、科学的スキル）を基盤とするものではあるが、それのみでは経営者能力を構築することは不可能であり、経営実践の経験であるクラフトや、「アート」と呼ばれるような感性的な要素が求められ、経営者能力とは、これらの要素が相互作用しあう過程において高められるものであることが分かる。

　経営学及び経営学者の経営実践への関わり方を論じた研究としては、沼上が挙げられる。沼上は、優れた戦略家は、特定の目的の達成に注意が集中している状態である「実践的意識」と、目的と手段の関係について自分の持っていた信念に反省のまなざしを向けたり、自らの実践的意識をより大きな社会的・歴史的コンテクストの中に位置づけて相対化してみる、などといった思索を展開しているときの意識である「反省的意識」との濃密なやりとりを重ねた上で、自社の行為ばかりでなく他社や顧客などの行為が生み出す〈意

図せざる結果〉を意識的に取り込んだ戦略を構築することが可能であり、彼らは、自らの予測に基づいた行為は意図せざる結果を生み出すことがあるけれども、彼らはその結果を反省し、自分たちの理論を柔軟に修正し、自分自身である種の理論構築作業を行っているとしており、優れた戦略家とは反省的実践家であるとしている。そのうえで沼上は、優れた戦略家が反省的実践家であるならば、経営学者の役割は、（経営実践に関する）法則の発見と伝授だけではなく、彼らの反省的意識における対話のプロセスに参加し、その対話を活性化することであるとしている（沼上, 2000）。

　沼上の指摘からは、経営学理論はただ経営実践に適用されるだけのものではなく、経営者による反省的対話、すなわち省察段階にこそ効果を発揮するものであることが分かる。こうした沼上の指摘は、自己の経験を、（経営学）理論を用いながら意味づけするという、自己啓発によってマネジメント能力を養成することを目指すミンツバーグ（2004）のマネジメント教育観と共通するものがあるといえよう。

　次に経営実践と経営学（理論）との関係について論じた楠木であるが、楠木は、経営（実践）においては他企業の成功事例を自社の経営実践へとそのまま適用することは文脈（コンテクスト）が異なるゆえに不可能であり、具体的事象をいったん論理化してはじめて汎用的な知識ベースができあがるとしている。そのうえで、それを自分の文脈で具体化することにより、経営へと役立てることができるとして、この論理化と具体化の往復の中で経営の本質が見えてくるとしている。そして経営学とは、この論理化と具体化の往復運動の駆動力となりうると指摘している。その意味で楠木は、（経営）実践の基盤となる論理を提供できない経営学には価値がないとしている（楠木, 2011）。

　上記のような、経営学理論が、経営者に経営実践という経験を通じ、経営とは何か、そのロジックを提供する手助けをするものであるとする楠木の見解は、沼上やミンツバーグらの見解と共通している。

　次に、経営者の認識、信念の枠組みについて論じた諸研究の検討をしたい。経営者は自らの経営実践において真空の中で意思決定を行うわけではなく、自らの経営実践の経験や個人的な価値観、信念、学習経験などが統合さ

れたある種の自らの経営上の信念・経営方法論に基づき、それをよりどころ
にしながら意思決定を行っている。こうした経営者が構築した経営上の信
念・経営方法論は、先行研究では、「事業観」（三品, 2004, 2006）、「経営観」
（辻村, 2001）、「独自の経営理論＝持論（辻村, 2008a）」、「支配的論理」（Prahalad
& Bettis, 1986）、「経営者哲学」（佐藤, 2012）、「マイ経営学・原理」（辻村,
2019）、「（経営者）自らの経営理論（大野, 2020a）」など多様な形で呼ばれてい
る。これら先行研究を踏まえるならば、経営者は、自らの経営実践の経験の
中で、自身の経営上の信念であり、経営方法論であり、経営実践における意
思決定のよりどころとなる経営理論を構築しており、それは経営実践の経験
や個人的な信念や価値観、学習により獲得した知識、そして山城などが指摘
するような経営学理論などがその基盤を形成しているものと考えられる。以
降は、拙著（大野, 2020a）を踏まえ、こうした経営者の頭の中にある経営実
践における信念、経営方法論の体系を「（経営者）自らの経営理論」と称す
ることにしたい。

　経営者の職能は財務、マーケティング、人事など単一のものではなく、総
合的なものであることは少なくない研究者によって指摘されている。三品や
楠木などの先行研究ではこうした複数職域にまたがる経営者の職能を「シン
セシス」と称している（三品, 2005；楠木, 2011）。三品は、シンセシスとは、
個別の要素を組み合わせ、まとまりのある全体を形作ることであり、経営実
践でいえば、企業における各職能を統合し、自社における経営実践の有効性
を高めていくことを実現することであるとして、経営者一人の頭の中で行う
ほかはないとしている（三品, 2006）。楠木は、シンセシスは、専門的なスキ
ルに還元できないとして、料理に例えるならば、下ごしらえされた食材を調
理し、ひとつの食事にすることであるとしている（楠木, 2011）。経営者が自
らの経営理論を持つことは、経営者にのみ求められる職能であるシンセシス
をよりよく行うことを可能とするといえよう。

　以上、本節では、先行研究に対する本章の立場を確認し、先行研究に対す
る本章の貢献可能性を確認するとともに、次章を考える足掛かりとして、本
章における問題意識に近い先行研究の検討と、本章の問題意識と関わりのあ
る関連研究の検討を行った。そこにおいては、本章と同じ問題意識、研究課

題を有した研究は存在しておらず、経営者が自らの経営実践において経営学理論をいかに適用していくのかそのプロセスを明らかにする必要性が確認された。そしてさらには経営学理論が経営者の経営実践にプラスの影響を及ぼす可能性があることが確認された。具体的には、経営学理論は、経営者の経営実践の基盤を提供する可能性があること、さらにいえば、経営者の経営実践における意思決定のよりどころともなる自らの経営理論もまた経営学理論がその根幹の一部をなしていること、経営者が自らの経営実践を省察する際に、経営学理論がそれを豊かなものとすることに貢献できる可能性があることなどである。次節においてこれらをもう少し詳細に検討したい。

第3節　経営学理論はいかに経営実践へと生かされるのか？

　本節では、主に前節で検討した先行研究、主に関連研究に依拠しながら、経営者が経営学理論を自らの経営実践へと生かしていく理論的なプロセスを明らかにしたい。

　まずは、前節で検討したように、経営者は真空の中で経営実践に求められる意思決定を行うわけではなく、自らが経営実践の経験の中で構築した自らの経営理論をよりどころとして意思決定を行っている。その意味では、経営者が経営者としての職務を全うするためには、経営者自らの経営上の信念であり、経営方法論の体系である経営者自らの経営理論を構築することが求められる。自らの経営理論を構築する方法は主に二つあろう。一つ目の方法は、経営者が自らの経営実践の経験を通じて一からそれを構築する方法である。二つ目の方法は、経営者自体が経営学理論を自らを取り巻くコンテクストに当てはめた上で適用しながらそれを作り上げていく方法である。本章の研究課題は、経営者が経営学理論をその経営実践にいかに生かしているかを明らかにすることであるがゆえ、二つ目の方法について検討していきたい。先述のように、ファーストリテイリングの柳井正や星野リゾートの星野佳路のように企業成長を実現し、多くの人々から注目されている経営者の中に第二の方法を選択している経営者が現れているがゆえ、そのメカニズムを解明することは、彼らの経営実践の一端を明らかにすることを可能とするため、

経営実践を研究対象とする経営学においても、経営実践においても大いに意義があるといえよう。

　先述のように経営学理論は厳密な科学的な手続きを経ているとはいえども、数多くの企業の経営実践の成功原理に関する一般的な法則であり、それは経営実践においても一定の含意を有するものであることは感覚的には理解できる。しかしながら、経営学理論を自社の経営実践に用いるといっても、そのまま適用することは難しい。経営学理論は多くの企業の調査、事例研究を経て、理論として昇華されたものであるがゆえ、なるべく多くの企業に当てはまる全体解志向であり、自社の経営実践という個別解に適合するものであるとは限らないし、仮に適合したとしてもそれに基づいて構築された戦略やビジネスモデルは差別化されたものではなく、企業に競争優位をもたらすものではありえない。そうであるのならば、経営学理論は自社のコンテクストに適合するよう調整・修正することが求められることになる。他社の成功事例に基づく研究成果であるのならば、経営者自体がその成功要因を一般化した上で、自社のコンテクストに適合するように調整・修正していく必要がある。他企業の成功した取り組みなどを自社のビジネスモデルへ取り込んでいく模倣戦略を提唱した井上（2017）などは、こうした他企業のビジネスモデルの成功事例の成功原理を一般化する作業を「モデリング」と呼んでいる。抽象的な経営学理論の場合は、自社のコンテクストに適合するように調整・修正することが求められる。すなわち、他社の成功事例に基づく研究成果の場合は、他社の事例（具体）→抽象化（一般的な原理へと昇華）→具体化（自社のコンテクストに適合するよう調整）という作業が求められ、抽象的な経営学理論の場合は、抽象（経営学理論）→具体化（自社のコンテクストに適合するよう調整・修正）という作業が求められるのである。大野などは、こうした作業には一般→個別（自己）の演繹的な思考プロセスが求められるとしている（大野, 2020a）。こうした適用と調整・修正の過程を経て、まずは仮置きの経営者の自らの経営理論が構築される。先述の井上は、モデリングした他企業の成功事例を自社のビジネスモデルへと落とし込んでいく作業を「導入」と呼んでいる（井上, 2017）。

　しかしながら、この自らの経営理論はあくまで「仮置き」の経営理論であ

る。仮置きの経営理論は経営実践という実践と、その実践を省察、すなわち反省的な対話を通じて修正、調整していくことにより真の意味での「自らの経営理論」となっていく。そして沼上（2000）やミンツバーグ（2004）などが指摘するように、この反省的な対話に用いられるのは経営学理論である。経営者は経営学理論を用い、自らの実践を内省していく過程により、借り物ではない、「しっくりくる」自らの外部理論の構築を実現するのである。しかしながら、経営者自らの経営理論は、一度構築されたからそれで完全に完成されたというわけではない。企業には自社の成長のため、変化した経営環境に適応するため新たな戦略が求められることも多々起こりうる。その時には、自らの経営理論の拡張が求められる。その時に経営者は再度、その状況に対応するのに相応しい経営学理論を習得し、自らの経営実践へと取り込み、その経営学理論を基にしながら新たな自らの経営理論（自らの経営理論'）を作り上げていくことが求められる。そしてこの自らの経営理論は経営実践とその経営実践の省察とそれによる調整・修正の過程を経て、真の意味での自らの経営理論となるのである。このように、自らの経営理論は、経営者による経営学理論の学習と、経営実践、省察の繰り返しの中で拡張され、重厚なものへと進化していくのである。自らの経営理論を拡張し、重厚なものにしていくためには長い経営者としての経験が前提となる。三品（2006）なども経営者には、教科書のない世界での数十年単位での鍛錬が求められるとしており、経営者として「完成」するのは長い年月がかかることが分かる。こうして長い時間をかけて構築された重厚な経営理論こそが、「経営諸条件のうちに現に生じている多様な現象のなかから、彼の企業の存立に係わると思われる問題を知覚したうえで、将来とるべき経営行為の形を構想して、意思を定める」（大河内, 1989：45頁）こと、すなわち、経営者固有の役割であるシンセシスを可能とするのである。

　本節の最後に指摘しておくべきことは、経営者自らの経営理論には経営者自らの思想や価値観が土台となるということである。個人的な思想や価値観が行動と、行動を規定する方法論を決定付けるということである。大野（2021）では、金光教の熱心な信者であったダスキン創業者の鈴木清一の経営哲学の構築には自身が信仰した金光教と、その活動に深く関わった修養団

体である一燈園の思想が多分に反映されていることが明らかにされている。その意味では、経営者がどのような思想や価値観（これは経営者としての思想、価値観にとどまらず人間としての価値観、思想ということになろう）を有するかということは経営者自らの経営理論のあり方にも大きな影響を及ぼすということになろう。

　以上、本節では、前節における先行研究及び関連研究に依拠しながら、経営者が経営学理論を取り込みながら、自らの経営理論を構築していく理論的なプロセスを明らかにした。そこでは、ただ単に経営学理論を自社の経営実践へと借用するのではなく、その本質を明らかにしたうえで、自社のコンテクストに適合するように適用、調整・修正していくこと、経営学理論を活用しながら自らの経営実践を省察しながら、自らの経営理論を調整、修正することにより真の意味で経営学理論を自らのものとしていく必要性を明らかにした。

第 4 節　星野リゾート・星野佳路の事例

　本節では、星野リゾート代表の星野佳路の経営実践について経営学理論との関わりから明らかにしていきたい。以下が簡単な星野リゾートの企業紹介である。

　星野が経営する星野リゾートは宿泊施設の運営に特化した事業展開をしており、現在「星のや」、「界」、「リゾナーレ」、「OMO」、「BEB」の 5 つのブランドを保持しており、これらの施設は国内外に 50 施設存在する。それぞれ星のやが 8 施設、界が 22 施設、リゾナーレが 5 施設、OMO が 12 施設、BEB が 3 施設である[1]。その他運営している宿泊施設は、8 施設、日帰り施設が 16 施設存在する。同社の源流は 1914 年に開業した星野温泉であり、1991 年に社長に就任し、同社の施設の保有を本業とせず、運営会社を目指すことを方針としたのが星野佳路である。こうした方針の下、1995 年には現在の社名である星野リゾートに社名変更されている（星野リゾートホームページ）。

　次に星野の公表された経歴を記す。1960 年 4 月生まれ、1983 年慶應義塾

大学経済学部卒業。1986年コーネル大学ホテル経営大学院修士課程修了。1988年星野温泉入社、副社長に就任。1989年同退社、シティバンク入社。1991年星野温泉入社、社長に就任（ぼくらの履歴書、B-plus参照）。

　上述のように星野はコーネル大学の大学院を修了している。大学院において多くの経営学理論に触れた経験が、星野が自身の経営実践に経営学理論を違和感なく取り入れることを可能とした要因のひとつであると考えられる。

　以下、星野の経営実践を経営学理論との関わりから明らかにしていく。

①　星野の経営学理論についての見解

　星野は、1991年に星野リゾートの社長に就任して以来、経営学の専門家が書いた教科書に学び、その通りに実践してきたと公言している。以下、星野のインタビュー記事から星野がなぜ自身の経営実践の基盤として経営学理論を使用しているかについて見てみたい。

　自身の経営実践に経営学理論を用いる理由として星野は経営判断を誤るリスクを最小にしたいことを挙げている。星野が参考にしている教科書の多くはアメリカのビジネススクールで教える教授陣が記したものであり、彼らは「ビジネスを科学する」という思想の下、数多くの企業を対象に事例を調査し、そこから方式を見つけ出し、理論として体系化しており、その内容は学問的に証明され、一定条件の下での正しさはお墨付きであるという。そして星野は、教科書に書かれている理論は「経営の定石」であると捉え、定石を知らず経営するのと、定石を知った上で経営するのでは、おのずと正しい判断に差が生まれ、企業の長期的な業績に直結すると考えている。また星野は、経営判断の根拠や基準となる理論があれば、行動のブレも少なくなり、自分の下した判断に自信を持てるようになり、社員に対して判断の理由を明快に説明できるとしている。しかしながら教科書通りに判断しても成果が出ない場合がある。星野はその場合は、それでも最初の一歩としては正しく、そこから戦術を調整すれば良く、何の方法論も持たずに飛び出すのに比べて教科書に従えばはるかにリスクを減らすことができるため、まずは教科書通りにやってみることが大事であるとしている。こうした自身の見解を星野は、どんなときにも自身の直感を信じることができず、それはあまりにもリ

スクが大きいと感じてしまうため、自分の経営方法の中にサイエンスを取り入れる必要性を感じ、教科書を根拠とする経営を始めたという。教科書は経営の定石であり、サイエンスであるため、それに従うことにより、思い切った経営判断を下す場合にその決断に勇気を持って踏み切るきっかけを与えてくれることにもなるという（中沢, 2010）[2]。

　次に星野の経営学の教科書、すなわち経営学理論の生かし方についてであるが、一点目は、著者の研究者としての知名度を重視することである。著名なアメリカの大学の教授にはコンサルタントを兼ねて学問と実践の間を行き来し、膨大な調査によって理論を実証している者も少なくなく、彼らのような研究者が書いた企業のバックグラウンドを十分調査している本こそが教科書として役立つという。その上で書かれてる内容が少々難しそうでも、自社が置かれている状況や自分の悩みに対する「フィット感」があれば、教科書として役立つとしている。二点目は、1 行ずつ理解し、分からない部分を残さず、何度でも読むことである。これは書かれている理論を理解すると同時に、「自社にどのように当てはめれば良いのか」、「どこを変える必要があるのか」を考えながら読んでいくことである。自社の具体的な悩みを考えながら読んでいると頭の中が次第に整理され、やがて打つべき対策が見えてくるという。最後三点目は、理論をつまみ食いしないで 100 ％教科書通りに実践することである。例えば、教科書に「三つの対策が必要だ」と書かれていたら、一つや二つではなく、三つすべてに徹底的に取り組むことで、初めて教科書の理論が有効性を生むという。書かれていることのすべてを実践することにより、成果がすぐに出なかったときに調整すべき方向性が見えるという（中沢, 2010）。

　星野によると、うまくいかない場合は、「戦略を変えよう」ではなく、「なぜ結果がでないのか」という形で思考を働かせることが重要であるという。ここから微調整をしたり、教科書通りにできていない部分があるのではないか確認したりする作業を行い、その結果、失敗のリスクを減らすことができるという（『日経ビジネス』2021 年 12 月 27 日号・2022 年 1 月 3 日号）。

　そして社員にも教科書の内容を説明し、新しい戦略の理論的な背景を伝えることで、仕事の中身や、やり方に対する社員の納得感が高まり、改革が進

みやすくなるという（中沢, 2010）。

　星野は、教科書に沿って経営判断を下した場合、すぐに良い結果が出始めたときもあれば、成果が現れるまで工夫を繰り返し、時間を必要としたケースもあったが、自身が過去に選んだすべての教科書は道しるべとして役に立ち、自分の直感力を信じられないときに、教科書は自らの経営判断の根拠となり、自身を持って頑張る勇気を与えてくれたとしている（中沢, 2010）。

　以上のように、星野は自らの経営実践において積極的に経営学理論を活用している。ここでは大学院時代に多くの経営学理論に触れる経験があり、それが経営実践に役立つことを感じていたという個人的な経験や、経営実践をアートではなくサイエンスであるべきという基本思想の二つがその理由であることが確認された。

②　ビジョン

　社長に就任して間もない頃に星野は、「リゾート運営の達人」という自社のビジョンを掲げた。星野は「会社の向かう方向を決めるのは経営陣の専管事項」と考え、幹部の意見を聞いただけで自らが主導してビジョンを作り上げた（中沢, 2010）。

　星野によるとこのビジョンは、「優秀な運営会社になる」ということを意味し、「優秀」とは、利益と顧客満足を両立させた状態のことであり、運営を委託してくれるオーナーに満足してもらえる高い利益率と将来の利益の先行指標である顧客満足度という二つの指標を両立させるノウハウや仕組みを持つということである（星野, 2015）。

　ビジョンと同時にビジョンの達成にどれだけ近づいているかを図る具体的な尺度として「顧客満足度」、「売上高経常利益率」、「エコロジカルポイント」の三つを定めた（中沢, 2010）。

　この三つの数値目標は、顧客満足度 2.50 点（非常に満足＋3 から非常に不満－3 までの 7 段階評価）、売上高経常利益率 20 ％、エコロジカルポイント24.3 ポイント[3] と高めに設定されており、容易には達成できない（乙政・近藤, 2015）。

　顧客満足度を追求するとコストが上昇しかねないし、リゾート開発＝環境

破壊ということにならないためにエコロジカルポイントも重視している。星野はこのような相反する課題をクリアしてこそリゾート運営の達人というビジョンの実現が可能となると考えているのである。そしてこのビジョンは、星野により絶えず語られるだけでなく、従業員による共有が強く促されることになった。星野によるとビジョンの構築と共有に強い影響を与えたのは、ジム・コリンズとジェリー・ポラスの『ビジョナリー・カンパニー』であるという（中沢, 2010）。

　コリンズ＝ポラスでは、3M やアメリカン・エキスプレス、ボーイングなどのアメリカ企業の調査とノートン、ウェルズ・ファーゴ、マクダネル・ダグラスなどの比較対象企業の調査から同業他社の間で尊敬を集め、大きなインパクトを与え続ける卓越した企業である「ビジョナリー・カンパニー」となるための条件について明らかにしている。単なる金儲けを超えた（会社の基本的価値観と目的である）基本理念こそが組織のすべての人々の指針となり、活力を与えるもの、またその基本理念は長い間変わらないものであるとしている。そしてコリンズ＝ポラスは、この基本理念は、企業の目標、戦略、戦術、組織設計と一貫性のあるものでなければならない（強さを発揮しない）としている（Collins & Porras, 1994）。

　コリンズ＝ポラスが指摘しているように、企業にとってのビジョンは企業にとっての基本的な価値観であり、長期的な目標、すなわち将来構想である。そして、ビジョンは企業にとっての基本的な価値観であり、善悪の判断基準であり、従業員の行動指針ともなる。そして、その構想は、従業員にとってその実現に貢献したいと思えるような魅力的なものであることがまずは求められる。そうでなければ、そのために行動しようとは思わないためである。コリンズ＝ポラスが指摘するように、経営者にはまず求められるのは自社の基本的な価値観であり、長期的な目的でもあり、従業員の行動指針として機能しうるビジョンの設定である。

　星野リゾートのビジョンは、先述のように「リゾート運営の達人」であった。これは、星野によると「リゾート運営」という土俵で、顧客満足度と収益率を兼ね備えた「達人」になろうということであるという（『毎日新聞（オンライン）』2021 年 2 月 18 日）。このビジョンを達成するための指標が先述の

顧客満足度、売上高経常利益率、エコロジカルポイントの三つであり、星野は従業員に絶えず、自社のビジョンを語り、その尺度を提示し続け、従業員にビジョンの共有を促し、従業員に行動指針を与えるだけでなく、彼らの自立性を促し、組織内に活力を与えることにより、三つの指標の基準値を満たすこと、ひいてはビジョンの達成を目指そうとしたのである[4]。星野リゾートでは、目覚まし時計やマグカップなどのグッズを開発したり、毎年1回、星野が経営計画を説明する全社員研修の実施などによりビジョン共有の徹底に努め、そうすることにより、全従業員にビジョンの視点から自分の仕事について考えさせ（例えば料理人であるならば、ビジョンを実現するために施設の料理はどうあるべきかを考えさせる）、顧客満足度の向上や利益率の向上に繋げるように努めている（中沢, 2010）。

　現在は星野リゾートは自社のビジョンは「世界で通用するホテル運営会社になる」に再設定されている。星野によれば、この再設定は企業の成長に適応しようとした結果であるという（『毎日新聞（オンライン）』2021年2月18日）。

③　戦略と組織

　次にビジョンを達成するための星野リゾートにおける戦略と組織について検討したい。星野リゾートの基本戦略は、ビジョンの達成指標となっている顧客満足度、売上高経常利益率、エコロジカルポイントが基盤となっている。具体的には、従業員の創意工夫により個々の宿泊客の顧客満足度を高めながらも、コストを抑え、環境への負荷軽減、配慮の実現を目指していくということである。顧客満足度の向上、コストの削減、環境への負荷軽減・配慮のいずれもトップの星野が考えるよりも現場で毎日その業務に従事している従業員のほうが良いアイディアを持っている可能性は高く、何よりも顧客対応などは即応的な対応が求められ、現場の従業員が即断したほうが良い結果をもたらすことも多々ある。こうした宿泊サービス業ならではの特性を踏まえ、星野は現場の従業員に積極的に委任するマネジメント方法を採用している（中沢, 2010 など）。

　こうした見解に影響を与えた書籍として、星野は、ヤン・カールソンの

『真実の瞬間』、ドン・ペパーズとマーサ・ロジャーズの『One to One マーケティング』、ケン・ブランチャード、J. P. カルロス、A. ランドルフの『1 分間エンパワーメント』を挙げている（中沢, 2010）。

　『真実の瞬間』はスカンジナビア航空の社長を務めたヤン・カールソンによって記された自らの経営実践経験に基づく経営書である[5]。カールソンは顧客の航空会社の印象は航空券販売係や客室乗務員などの顧客対応の最前線に位置している従業員の最初の 15 秒の接客態度で決まるとして、この 15 秒を「真実の瞬間」と呼んでいる。この 15 秒の真実の瞬間において顧客の個々のニーズに応え、自社の印象を上げていくためにカールソンは現場の最前線の従業員にアイディア、決定、対策を実施する権限を委ねることが必要であるとしている（カールソンは、問題が起こるたびに最前線の従業員が上層部の意向を確かめていたら貴重な 15 秒が無駄になり、顧客を増やすせっかくの機会を失うとしている）。これを実現するためにカールソンは、顧客優先の経営方針を打ち出すこと、階層的な責任体制を排除し、変化に即応するようなフラットな組織体制に作り変えること、具体的には各従業員に問題が生じた場合に、それを分析し、適切な対応を立て、独力で、あるいは他の従業員の協力を得て、対策を実施する権限を与えることが必要であるとしている[6]。そしてカールソンは、権限を与えたられた従業員が責任を持って自らの業務を全うするために必要なものとして、意思決定の前提となる情報を与えること、教育への投資、従業員の意思決定が経営目標達成に有効なものかどうかを判断するための正確なフィードバック、リスクに挑み失敗した従業員に罰ではなく指針を与えることなどを挙げている（Carlzon, 1985）。

　カールソンにより提示された顧客獲得のための「真実の瞬間」を重視し、現場の従業員に意思決定の権限を与えるという理論は、星野の経営実践にも生かされ、星野リゾートでは、現場の従業員に自分の責任で意思決定を下す権限が与えられている。意思決定を行うための正確な情報の提供、従業員の意思決定が経営目標達成に有効なものかどうかを判断するための正確なフィードバック、従業員教育なども星野リゾートの経営に導入されている。

　従業員に意思決定とそれに必要な情報について星野は以下のように述べている。「製造業のような、今までの製品の色々なことを確認して、出荷の際

に全て確認して出してくようなタイプの会社なら、このやり方でも良いでしょう。ですが、私たちの接客業というのは、スタッフがお客様に接した瞬間に消費がなされます。質のコントロールをするために、その都度議論する暇はありません。ですから、スタッフに対しては最大限、資源になるような情報を提供してしまって、接客の現場で意思決定をしてもらうということがより大事になってきます。(中略) 接客をしている現場のスタッフが、『この人にこうして差し上げよう』と自分で考え判断することが、一番価値を生む瞬間になっています。このような価値を実現するためには、現場のスタッフに情報を開示しなければなりません。私たちは環境として、スタッフをサポートする。役割が変わってきているのだと思います」(起業家大学, 2012; 210頁)。

　従業員教育、すなわち従業員の資質向上のための研修としては、「麓村塾」がある。マーケティングやコミュニケーションなどのビジネス講座に加え、ワインや方言、温泉など地域の歴史や伝統文化を学んだり体験できる講座もある。2017年には256講座が開催され、延べ3,392人が受講している。講座は学びたい人が自分の時間を投資して受講しており、講師役が星野リゾートの社員であることにも特徴がある (前田, 2018)。

　また星野リゾートでは多様な働き方が許容されており、それは従業員の定着のみならず、彼らが自らの仕事に対してコミットを深めることを可能とする要因となっている。一例を挙げると、新型コロナウイルスが社会問題化する以前から在宅勤務を許容していたり、最長1年間、自分が成長するためにまとまった時間を使うために会社を休職できる「エデュケーショナル・リーブ」、季節ごとに勤務地を変えたり、週休5日で週末だけ働くことが認められたり、週4勤務も可能であることなどがある (中沢, 2009)。

　従業員の意思決定が経営目標達成に有効なものかどうかを判断するための正確なフィードバックについては、星野リゾートでは、宿泊客が宿泊した翌日には前日分の顧客満足度が反映され、従業員がその結果を把握できる仕組みとなっている (『週刊ダイヤモンド』2021年2月6日号)。2020年に星野により数回公表された「倒産確率」も自分たちの行動によりどの程度倒産確率を低めることができたのかを把握する指標として機能していたと考えられよ

う[7]。このように星野リゾートでは、自身の業務に関する情報だけでなく、会社についての重要な情報もしっかりと公表されることにより、従業員が自分の業務とビジョンの達成度合いを紐づけしながら考え、行動できるようにしている。

　以上のように星野はカールソンに依拠しながら、顧客満足度を高める方法として従業員に意思決定の権限を与え、自立性を高めることと、それを支援するための方策を実施したことが分かった。以下、具体的な顧客対応の方法と、従業員の自立性を発揮できる組織構造について、星野が参考にしているドン・ペパーズとマーサ・ロジャーズの『One to One マーケティング』、ケン・ブランチャード、ジョン・P・カルロス、アラン・ランドルフの『1 分間エンパワーメント』に依拠しながら検討したい。

　ペパーズ＝ロジャーズでは、顧客に焦点を当て、一人一人の顧客と最も親密な信頼関係を構築し、企業に対するその顧客の生涯価値を最大化できるワン・トゥ・ワン・マーケティングこそが、最大の成功を収めることができるとしている。そこでは従来のマス・マーケティングとは異なり、顧客が話し、企業がそれに耳を傾けることになり、顧客が要求するものを、顧客と企業の両者が対話を通じながらともに作り上げていく新しい構図がつくられていくべきであるとしている（ペパーズ＝ロジャーズによれば、そうすることにより競合他社から自社の顧客への不快なアプローチを妨害することが可能となるという）。それを実現するためには、ペパーズ＝ロジャーズは、どのような顧客からの要求があるのかを把握すること、苦情処理を成功させることと、多くの苦情を引き出すことの必要性を挙げている（Peppers & Rogers, 1993）。

　個々の顧客としっかりしたコミュニケーションによって、彼らの要求や苦情に対応することにより、顧客満足度を高め、リピーターにしていくためには、先述のように現場の最前線で顧客対応に当たる従業員に意思決定の権限を与えることが求められる。その意味では、ペパーズ＝ロジャーズが提唱するワン・トゥ・ワン・マーケティングは、現場の従業員に意思決定の権限を与える分権型の組織マネジメントにおいてこそ機能する経営方法であり、星野リゾートにおいては、ワン・トゥ・ワン・マーケティングという戦略と分権型の組織マネジメントという戦略と組織がしっかりマッチしていると指摘

することが可能である。一例を挙げると、「大浴場が使えない」という苦情を回避するために（三密回避のため）大浴場の混雑度合いをスマートフォンで把握可能なアプリを開発したり、宿泊客のクレームやキャンセルを受けての三密に配慮したビュッフェの復活など、顧客の顕在化されているニーズや苦情に対応するだけでなく、潜在的なニーズ、顕在化される可能性の高いニーズを汲み取りながらそれをサービスという形にすることにより、顧客満足の向上に繋げている（中沢, 2021）。

個々の顧客対応においては、社内で「CRMキッチン」というシステムを作り上げ、リピーターの顧客が訪れた時に、それまでに蓄積されたデータを基にして一人一人に合わせたサービスメニューが自動的に表示されるようにしている。従業員は、リピーターの顧客が宿泊するときは、事前にCRMキッチンの画面を見ながらミーティングを開き、必要なサービスメニューを確認している。そうすることにより、一度訪問した顧客に対して的確な案内を届けるだけでなく、リピーターになってもらうのに役立つ。さらにはCRMキッチンを活用し、それぞれの好みに合ったイベントや宿泊プランを電子メールで案内している（中沢, 2010）。

このように、星野リゾートでは、ペパーズ＝ロジャーズが提唱したワン・トゥ・ワン・マーケティングを実践するべく、個々の顧客と対話を深めながら、彼らのニーズや要求、不満を把握し、それに対応し、顧客満足度を高め、彼らをリピーターにすることにより、ペパーズ＝ロジャーズが指摘するところの「顧客シェア」を高めることにより、売上を高めることを実現しているということができよう。

真実の瞬間をものにするための現場の最前線の従業員への意思決定の権限の付与、一人ひとりの顧客にきめ細かく対応することを目指すワン・トゥ・ワン・マーケティングを実践していくためにはそれを可能とする組織構造の実現が必要となる。星野はこれらを実現するための組織づくりの足掛かりをケン・ブランチャード、ジョン・P・カルロス、アラン・ランドルフの『1分間エンパワーメント』に求めている（中沢, 2010）。

ブランチャード他では、組織においてエンパワーメントを進めるために、三つの鍵が存在するとしている。一つ目の鍵は全社員と正確な情報を共有す

ることである。正しい意思決定をタイムリーに行うために必要な情報を提供することが求められるということである。経営者が自らが保有する情報を包み隠さず公開することにより、従業員に自社の状況をはっきり理解させることが可能となり、責任感を持たせることが可能となる。二つ目の鍵は、境界線を引いて自律的な働き方を促すことである。これは具体的には、ブランチャード他は企業の目的や価値観、将来像、目標、個々人の役割、組織の構造・システムなどを明確に定義し、全従業員がそれを深く理解することであるとしている。第三の鍵は階層思考をセルフマネジメント・チームで置き換えることである。セルフマネジメント・チームを作り上げるためにブランチャード他は、まずは上司に頼らないで仕事ができる方法を部下に教えることから始まるとしている。その他、セルフマネジメント・チームを作り上げるには、スキルアップのための訓練、チームに対し変革のための支援と励ましを与えること、メンバーの多様性をチームの財産として活用すること、コントロールを徐々にチームに引き渡すこと、困難に襲われることがあることを覚悟しておくことを挙げている（Blanchard et al., 1996）。

　またこれら三つの鍵と併せて、失敗は進歩と能力を高める機会となりうるとして、失敗を咎めるべきではないことを指摘している（Blanchard et al., 1996）。

　先述のように星野はブランチャード他のエンパワーメント理論を自社の組織づくりに適用している（中沢, 2010：星野, 2017）。

　ブランチャードが挙げた第一の鍵の全社員と正確な情報を共有することであるが、星野リゾートでは、自分の業務に関する情報だけでなく、会社についての様々な経営情報も公開されている（中沢, 2021）。

　そうすることにより、現場の最前線で顧客サービスを提供し、顧客対応に当たる従業員が意思決定を行うのに必要な情報を提供し、支援するだけでなく、自分の業務が会社の売上、利益にどのくらい役立っているのかを把握させることにより、責任を持って業務に当たらせることを可能としている。

　星野リゾートの経営においてブランチャード他が挙げている第二の鍵に対応するものは「リゾート運営の達人」になるというビジョンとその達成度を測るための「顧客満足度」、「売上高経常利益率」、「エコロジカルポイント」

の三つの尺度、そしてフラットな組織構造とマルチタスク制であろう。ブランチャード他（1996）が指摘するように、ビジョンや目標の設定により境界線が引かれ、従業員の努力のベクトルが合うことになる[8]。フラットな組織構造やマルチタスク制は、現場の最前線の従業員に意思決定の権限を付与し、真実の瞬間をものにすること、そしてワン・トゥ・ワン・マーケティングの実践を支援することを可能とする。

　星野が多くのメディアで発言しているように、星野リゾートが目指している組織は「究極のフラット」である。星野によると究極のフラットとは、「議論のテーブルに着いたときには誰でも対等な関係で話せる会社を目指そう」ということであるという。星野は役職などは関係なく、語られている中身だけを考えていける、言いたいことを言いたい人に言いたいときに言える、自由なコミュニケーションを可能とするのがフラットな場で、それを会社の環境として保障していきたいと述べている。フラットな組織を目指すため、星野リゾートでは、電子メールのアドレスを全員に渡し、従業員一人ひとりが自分の職場やユニットを超えて自由にコミュニケーションを奨励し、会議の場でも意見を出すときは上司の考えや部門を代表するのではなく、「自分はこう思う」と個人の意見を出してもらうようにしているという。フラットな組織で意見を出し合い、意思決定を共有することにより、従業員の当事者意識やコミットメントを引き出すことを目指しているという（起業家大学, 2012）[9]。

　フラットな組織の中で、自らが考えた顧客満足度向上のための提案を会社に行い、論理立てて星野が納得できるように説明できれば[10]、それが実現することも可能であり、それは企業の売上、利益率のみならず提案した従業員のモチベーションを高めることが可能となる。従業員が臆せず「上」にモノが言える環境を構築することにより、顧客満足度をさらに高めるようなアイディアが現場発で続々と生み出されていくことが可能になるのである。

　次にマルチタスク制についてであるが、一般的な宿泊施設では、フロント、清掃、レストラン、サービスなど分業制が敷かれているところが多いが、星野リゾートでは分業制を廃止してマルチタスク制という働き方を採用している。従業員の一人一人が様々な業務のスキルを習得し、顧客の動きに

合わせて業務内容を変更することで、少ない人数でもサービスの質を落とすことなく効率的な運営が可能となる（星野, 2015）。

　第三の鍵の階層思考をセルフマネジメント・チームで置き換えることであるが、星野リゾートに対応するものとしては、従業員に顧客サービス、顧客満足度の向上についての権限を委譲し、自分たちで考えさせることが挙げられる。

　星野によると最初は、第二の鍵すなわち、ビジョンと価値観を明確にし、「自律的に行動できる仕事の領域」を設定することをせずに、第三の鍵の自由だけを奨励した結果、資金が限られている中で備品の買い直しや人員の増員、露天風呂の増設などコスト増となり経営を圧迫する提案がたくさん出てきたため、ブランチャード他（1996）のエンパワメント理論を見直し、彼らの提示したプロセス通り、第一の鍵、第二の鍵、第三の鍵のすべてを実践し直した結果、従業員に顧客満足度の向上とコストの削減を意識させたアイディアを考えさせ、提案させることが可能となった（星野, 2017）。

　ブランチャード他（1996）が提唱するエンパワーメントを実現するための三つの鍵を一つ目から手順を踏んで忠実に実現していくことにより、社内にフラットな組織文化を根付かせ、真実の瞬間をものにするための従業員への意思決定の権限の委譲と一人一人の顧客のニーズに対応していくワン・トゥ・ワン・マーケティングの実現を可能としたのである。

　こうした組織構造は、観光業界にとって強烈な向かい風となった2020年の新型コロナウイルスの発生下においても、強さを発揮している。2020年4月には緊急事態宣言が発令され、外出自粛と移動制限が要請され、星野リゾートにおいても宿泊のキャンセルが相次いだ。星野はコロナとの戦いは長期に及ぶと考え、同年4月10日に「十八ヵ月サバイバル計画」を作り、そこではインバウンドがゼロになっても、日本人の国内旅行の需要は十分大きく、この需要をしっかり捉えていけばある程度の売上をあげられると想定し、長距離移動を避け、近隣を旅行してもらう「マイクロツーリズム」の推進を戦略として、「現金をつかみ離さない」、「人材を維持し復活に備える」、「CS・ブランド戦略の優先順位を下げる」という三つの基本方針を掲げ、各施設に具体的な施策の策定と実行を求めた（『中央公論』2021年1月号）。

　星野が示した方針の下、現場では各施設の現場の従業員が創意工夫を凝らしたサービスやプランを実現するとともに、顧客が不満に感じた要素を、一丸となってひとつひとつ徹底的に改善することにより、顧客満足度を高め、業界ではいち早く施設の稼働率をコロナ禍前に近い水準へと戻すことに成功した。この過程において星野が公表していた「倒産確率」も2020年6月・7月には40％だったものが、7月には28％、8月には18％、11月には8％台へと低下していった（『衆知』2021年7月8日号）。

　コロナ禍において施設の稼働率を迅速にコロナ前に近い水準へと戻すことを可能になったのは、星野が現場の従業員に意思決定の権限を与え、自律的に行動できる組織へと変えたことが大きかったといえよう。星野が示したマイクロツーリズムという戦略と三つの基本方針という、ブランチャード他（1996）が提起する境界線の設定と、倒産確率をはじめとした各種の情報提供と自分たちの行動へのフィードバックを受けながら、従業員がコロナ禍において顧客満足度を高めるためのサービスやプランを自律的に考えることができたため、施設の稼働率を戻すことが可能になったといえよう。

　本節の最後は、星野リゾートの成長（とりわけイノベーション）を経営学理論との関連から検討したい。星野リゾートにおける従業員の自立的な行動は、先述のビュッフェの復活や大浴場の混雑状況を把握できるアプリの開発など、全社で共有される新たな経営上のシステムに昇華する可能性を秘めている。こうした新たなシステムは全施設の顧客満足度を高めることに貢献し、星野リゾートにおける収入と利益の向上に貢献する可能性が高い。そうであるのならば、組織内で新たなアイディアが生まれること、そしてその前提となる失敗を許容することが求められる。先述のように、ブランチャード他（1996）は、失敗は進歩と能力を高める機会となりうるとしてこれを咎めるべきではないとしており、コリンズ＝ポラスも基本理念に合致している限りは誤りは必ず起こるものとして認めるべきであるとしている（Collins & Porras, 1994）。失敗は飛躍のもとになるということであるが、星野はこうした見解についてドラッカーにもヒントを求めている。星野は、顧客からのクレーム、トラブル、スタッフ同士の人間関係がうまくいかなくなり、社内で対立や行き違いが起きることを「事件」と称している（星野, 2009）。星野

は、社内で継続的に発生する事件は、現場チームに大胆な発想と行動を強制的に促し、それが星野リゾートの組織にとって重要なイノベーションに繋がったとしている（星野, 2021）。星野がこうした考えに至ったのは、ドラッカーの『イノベーションと企業家精神』を読んでからであるという（星野, 2021）。

　星野が指摘するように、ドラッカーはイノベーション実現のための七つの条件の一つ目に「予期せぬ成功と失敗を利用すること」を挙げている。ドラッカーは、予期せぬ成功は、自らの事業と技術と市場の定義について、いかなる変更が必要かを自らに問うことを強いるものであり、それらの問いに答えたときにはじめて、予期せぬ成功が最もリスクが小さく、しかも成果が大きいイノベーションの機会になるとしている。またドラッカーは予期せぬ失敗は、その多くは単に計画や実施の段階における過失、貪欲、愚鈍、雷同、無能の結果であるとしながらも、慎重に計画し、設計し、実施したものが失敗したときには、失敗そのものが変化とともに機会の存在、すなわちイノベーションの機会を教えるとしている（Drucker, 1985）。

　星野は、このようにブランチャード、コリンズ＝ポラス、ドラッカーなどを踏まえ、失敗こそが顧客満足度の向上、イノベーションのもと、ひいては企業成長の源泉となると考えており、それゆえ、従業員には意思決定の権限を委譲し、「リゾート運営の達人になる」というビジョンに沿うものである限りは失敗を許容することにより[11]、失敗を学習の機会と捉え、それをサービス向上の機会と捉え、サービスの質の向上、顧客満足度の向上を実現を可能としたのである。

　以上、本節では、星野佳路の経営実践について、彼が依拠した経営学理論との関わりから明らかにしてきた。そこでは、経営とはアートではなくサイエンスであるべきであり、それゆえにサイエンスである経営学理論を自らの経営実践に適用するという星野の基本思想が、まず存在していた。こうした思想を抱くに至ったのは、大学院において多くの経営学理論に触れることができたこと、経営学理論に触れながらその現実的な有用性を確認することができたという経験があったためであった。こうした信念や、価値観、個人的

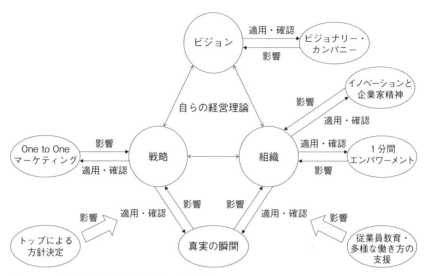

図7-1　星野の自らの経営理論の全体図
筆者作成

な経験が星野を経営学理論の経営実践への適用へと向かわせることとなったのである。そして星野はビジョン、戦略、組織など個々の要素に対応する経営学理論を自社のコンテクストに適合するように当てはめた上で実践し、絶えず経営学理論に立ち返りながら、自身の実践を自己確認（省察）する作業を経て、経営学理論を基盤とした経営理論を自らの経営理論として昇華させ、適宜新たな経営学理論を学習し、実践と省察の繰り返しにより、それを自らの経営理論へと吸収し、自らの経営理論を絶えず拡張することにより、自らの経営理論を重厚なものとして、それを意思決定のよりどころとしながら、（新型コロナウイルスなどの）外部環境の変化への対応を可能にしていることが明らかにされた。本節における議論のまとめは図7-1のようになる。

第5節　ディスカッション

　本節では、今までの議論を踏まえ、星野佳路の事例を踏まえ、経営者が自らの経営実践においてどのように経営学理論を活用しているのかを明らかに

したい。具体的には星野の事例に依拠しながら、経営者が経営学理論を活用しながら自らの経営理論を構築していくプロセスと、そのプロセスにおいて経営学理論および経営学者がなしうる貢献を明らかにしたい。

第 1 項　経営者による経営学理論を活用した自らの経営理論構築のプロセス

　ここでは、星野の事例に依拠しながら経営者による経営学理論を活用した自らの経営理論の構築のプロセスを明らかにしていく。星野の事例を踏まえると、経営学理論の経営実践への適用については経営者個人の思想、価値観、個人的な経験が小さくない影響を与えるものと考えられる。星野はアメリカの大学院を修了しており、多くの経営学理論に触れる習慣があったこと、経営実践はアートではなくサイエンスであるべきとの基本思想が、星野を経営学理論の適用へと仕向けていることは前章で確認した通りである。

　次は実際の経営学理論の適用のプロセスを検討する。星野は自身が構築したいビジョン、戦略、組織の基になりうる経営学書を選定し、そのエッセンスを抽出した上で、それを自社のコンテクストに適合するように調整し、実際の経営実践に用いていた。星野は、経営学書を「研究者が多くの企業の成功事例から導き出した法則」（『日経ビジネス』2021 年 12 月 27 日・2022 年 1 月 3 日号：42 頁）であると捉えており、その意味では経営学書の経営学理論は帰納的な理論であると認識しており、自らが演繹的に自社のコンテクストに適合するよう経営学理論を適用する必要性を認識していると考えられよう。「リゾート運営の達人になる」というビジョンを提示、組織内に共有させるだけでなくその達成度合いを測る尺度を開発し、従業員にこのスコアを高めることを目指させること、CRM キッチンの開発によるワン・トゥ・ワン・マーケティングの効果的な実施、フラット制による従業員への意思決定の権限の付与とマルチタスク制、予期せぬ成功や失敗の活用によるイノベーションの実現などによる顧客満足度の向上とコストの削減、環境への配慮、麓村塾などの従業員の資質向上のための研修や従業員の多様な働き方の奨励などがこれに該当しよう。このように星野は、経営学書を通してコリンズ＝ポラス、ブランチャード他、ペパーズ＝ロジャーズ、カールソンなどの理論（経営学理論）のエッセンスを理解し、忠実に再現しながらも、自社のコンテク

ストに適合するよう調整を加えたり、より効果を発揮できるようなアレンジ
を加えている。

　こうして経営学理論に依拠しながら、自身のビジネスモデル、そしてビジ
ネスモデルを超えた自身の経営実践における信念、経営方法論の総体でもあ
る自らの経営理論が構築されるわけであるが、先述のようにこの段階での経
営理論は仮置きのものにしか過ぎない。経営実践の中で、それが経営学理論
が示す定石どおりに実行されているのかを確認する作業が求められる。星野
は、経営学理論通りの経営実践がうまくいかないときは戦略を微調整するこ
とを考えるが、その判断は慎重にする必要があるとしている（中沢, 2011）。
「効果が出る場合には時間がまだ不足している」、「きちんと教科書通りにし
ていない」などの理由で成果が出ない場合は戦略を変える必要はなく、微調
整をするのはすべてを教科書通りにやり切ってからであるとしている（中
沢, 2011）。前章でも述べたように、星野がブランチャード他のエンパワーメ
ント理論を導入したときには、第二の鍵を省略して第三の鍵を遂行したため
にコストを無視した提案が続出し、自らを悩ませたために、自らの経営実践
への経営学理論の適用の手順を再確認した上で、第一の鍵、第二の鍵、第三
の鍵と省略せずに再度ブランチャードのエンパワーメント理論を実践してい
る。

　（自らのコンテクストに適合するような調整やアレンジを加えながらも）経営学
書の記述どおり忠実に経営学理論を適用したうえで、うまくいった場合、う
まくいかなかった場合を含めて、自分の経営実践を省察することが求められ
る。振り返りと調整・修正を経て、経営学理論を適用した経営理論は自らの
経営理論へと昇華させるのである。この作業で用いられるのは、経営学理論
である。経営者は経営学理論を活用しながら自身の経営実践を省察し、成功
した場合はその成功要因を分析し、失敗した場合はその理由を明らかにし、
定石通りでない場合は定石どおりに実施したり、定石どおりに実施しても成
果が出なかった場合はそこに調整・修正を加えるなどの作業を行うのであ
る。星野も教科書は道しるべであるとしており、経営学理論が経営者の省察
における道具として機能しうることを裏付けている（中沢, 2011）。

　省察（とそれを踏まえての調整・修正）を経て、仮置きだった経営理論は自

らの経営理論へと昇華し、経営者に意思決定のよりどころを提供する役割を
果たすことになる。しかしながら、こうして一度自らの経営理論が構築され
たからといってそれで自らの経営理論が完成したとはいえないことは星野の
事例からも明らかである。星野は自身の経営理論をさらに拡張すべく、現時
点において足りない部分を補い、伸ばすべく絶えず経営学書を狩猟し、学習
しながらそれを経営実践へと生かし、自らの経営理論へと包摂しようと試み
ている。中沢（2011）、『日経ビジネス』2021 年 12 月 27 日・2022 年 1 月 3
日号においては星野が現在の経営実践において活用している経営学書を紹介
している。こうした経営学書が経営実践と省察の過程を経て、星野の経営理
論へと包摂されていく。この作業の中で、星野という経営者の自らの経営理
論は、自らの経営理論' →自らの経営理論'' →自らの経営理論''' →…と進化
し、分厚い百科事典のように重厚なものとなっていくのである[12]。

第 2 項　経営学理論および経営学者が経営者の自らの経営理論の構築に対してなしうる貢献

　ここでは、経営学理論および経営学者が経営者の自らの経営理論の構築に
対してなしうる貢献について確認したい。先述のように経営者は経営学理論
に依拠しながら自らの経営理論を構築し、経営学理論を用いながら自らの経
営実践を省察し、経営理論を再構築し、経営理論を真の意味で自らのものに
していく。

　そうであるのならば、経営学理論および経営学者が経営実践に対してなし
うる第一の貢献可能性は、経営者が仮置きの経営理論を構築するために依拠
する（道具としての）理論の提供である。経営学理論は星野が指摘するよう
に、多くの企業の成功事例（あるいは失敗事例）の分析を（限りなく）一般化
した理論である。

　大野は、良質な経営学理論とは、経営者に（経営者）自らの経営理論の構
築、修正、再構築を促していくことを可能とすること、構築、修正、再構築
された経営理論を基盤として、コンテクストに適合したシンセシスが行われ
ることによって、経営学者は新たな経営理論を構築することを可能とすると
している（大野, 2020a）。

　経営学者により社会的に構築された経営学理論とは、科学的な手続きを経て導き出された一般解ではあるものの、優れた経営学理論であるならば、それは自社のコンテクストに適合するように調整・修正し、正しく適用することにより、経営者の経営理論の構築を可能とすること、すなわち個別解として機能する可能性が高いということである。そうならば、経営学理論および経営学者の第一の役割とは、経営者に自らの経営理論としての土台となるような優れた経営学理論を構築することであるということができる。この「優れた」というのは、「科学」として優れた研究ということである。科学は、中村（1992）が指摘するように普遍的、論理性、客観性を備えた営みである。普遍性を有するのであれば、経営者が経営する自らの企業にも適用可能性は存在し、論理的であるならば、正しい手順さえ踏めば、それが機能することになる。しかしながら、経営学は社会科学であり、それぞれの企業が置かれているコンテクストは異なる。それがゆえに、それぞれのコンテクストに適合するように調整、修正を加えていくことにより経営学理論が有効性を持つことになる。この調整、修正を行うのは経営者自身の役割となる。

　経営学理論および経営学者がなしうる第二の貢献可能性は、経営者自身により良質な省察を促進させることである。先述のように経営者は星野のように自身の経営実践を経営学理論を用いながら省察することになる。その意味では、優れた経営学理論であればあるほど省察を良い方向、すなわちより優れた経営理論の構築を可能とする方向に導いていくことを可能とするのである。優れた経営学理論は、多くの企業の調査を経て、一般化されたある種の成功のための法則であり、優れた理論であればあるほど、「科学性」の高いものとなるため、一般化の度合い、すなわち多くの企業への適用可能性、そして、コンテクストを適合させた場合は自社における再現可能性も高く、その理論とじっくり対話を重ねることにより、経営者により多くの「気づき」を与え、対話を促進させる可能性は高いものとなる。その意味では、第一の貢献と同じく経営学者は優れた経営学理論の構築に努めることが求められることになるが、経営学者ができることはそれだけに留まらない。沼上は経営学者の新たな役割として企業における実践について反省的意識の下で行われている実践家たちの対話のプロセスに経営学者が参加することを挙げている

が（沼上, 2000）、経営学者は研究を通じて経営者の省察のプロセスを明らかにすることにより、それ自身を研究として昇華させ、研究成果にすることにより、経営者などの経営実践の担い手に対して示唆を与えることが可能であるし、社外取締役やコンサルタントとして企業の経営実践に携わっている経営学者であるならば、経営者による経営学理論を用いた実際の省察をサポートし、より良質で重厚な経営者自らの経営理論の構築へと導いていくことも可能である。

　以上が経営学理論および経営学者が経営者の経営実践に対してなしうる貢献であるが、経営学者は自らの研究により、経営者の自らの経営理論の基盤を提供しうる可能性があること、そして経営者が自らの経営理論をより良質なもの、そして真の意味で自分の理論とするために必要となる省察の道具となる良質な経営学理論を提供することにより、経営者自らの経営理論をより良質で重厚なものにすることに貢献できる可能性があることが明らかになった。山城章や山本安次郎のようなわが国の経営学の発展を支えた経営学者は経営学は経営実践に資する実践科学であるべきと主張してきたことは先述の通りであるが、本章の議論を踏まえるならば、いささか逆説的になるが、科学として優れている経営学理論を構築することこそが、経営学理論および経営学者の経営実践への貢献可能性を高めることになるということである。楠木は、経営実践の基盤となる論理を提供できない経営学には価値がないとしているが（楠木, 2010）、楠木の議論を言い換えれば、経営学理論は経営実践への基盤となる論理を提供することがその義務であるということができる。そうであるならば、経営学理論の構築と経営者による省察の質の向上以外に経営学者に求められる役割とは、その研究成果を分かりやすい形で社会に発信していくことであると言える。近年では、一橋大学大学院経営管理研究科教授の楠木建や大阪大学大学院経済学研究科准教授を務めた、現株式会社やさしいビジネスラボ代表取締役の中川功一など一般書や教科書の公刊やメディアへの出演を通じて、積極的に経営学の研究成果を社会へと発信している研究者も現れている[13]。経営学者によるこうした活動は、経営者による経営学理論への自発的なアクセスの可能性を高めるものと考えられる。

第6節　小括

　以上、本章では、星野リゾート代表の星野佳路を事例として、経営者が自らの経営実践にいかに経営学理論を適用していくのかを明らかにしながら、経営学理論が経営実践において有する貢献可能性を検討した。そこでは、経営者が経営学理論を経営実践に適用するにあたっては、その価値観や思想、個人的な経験が影響を及ぼすこと、経営者は経営学理論を自らのコンテクストに適合するように調整、修正した上で、自らのビジネスモデル、ひいては経営実践における信念、経営方法論の体系でもある自らの経営理論を構築し、経営実践の経験（試行）と経営学理論を用いた省察を経て、そこに再度の調整および修正を加え、経営理論を真の意味で自らの経営理論へと昇華させ、この繰り返しにより経営者自らの経営理論は重厚なものとなり、経営者の意思決定およびその結果としての経営成果に好ましい影響を及ぼすものであることを明らかにした。また経営学理論および経営学者は、科学性を追求した質の高い経営学理論を社会的に構築することにより、経営者が意思決定のよりどころとなる自らの経営理論の土台を提供できる可能性があること、また経営者の自らの経営実践の省察の際に、彼らがより良質な省察を行うことを可能とするための道具としての経営学理論を提供できる可能性があることを指摘した。

　本章の議論を通じて、経営者が実際に自身の経営実践においてどのように経営学理論を適用しているのかを明らかにすることができた。その意味では経営実践と経営学理論との関わりについて論じた先行研究を一歩前進させることができたと思われる。その部分に本章の先行研究に対する貢献が求められよう。

　しかしながら、残された課題もある。一つ目の研究課題は経営者自らの経営理論の性格の詳細の解明である。これを明らかにすることにより、本章における研究成果の経営学的な、そして現実的、すなわち経営実践への貢献可能性はさらに高まるものと思われる。自らの経営理論は経営学理論のみならず、経営者自身の価値観、思想、個人的な経験なども大きく反映されている

と考えることができる（大野, 2020a, 2021）。しかしながら本章においては、収集した資料の不足などもあり、星野の価値観や経営実践における思想については十分明らかにすることはできなかった。今後、経営者の個人的な価値観や思想、個人的な経験なども含めながら経営者の自らの経営理論についてアプローチし、その性格を明らかにすることが求められよう。二つ目の研究課題は、星野佳路という経営者の単一事例研究であるがゆえの本章における結論が有する一般性への疑念である。今後、事例研究の量と質を充実させていくことにより、本章において提示した経営者自らの経営理論構築のプロセスを洗練させ、現実的な妥当性の高いものへと昇華させていきたい。以上二点を今後の研究課題とする。

注

1) それぞれのブランドは、ラグジュアリーブランドが星のや、温泉旅館が界、リゾートホテルがリゾナーレ、都市観光ホテルが OMO、仲間同士でルーズに過ごすホテルが BEB と棲み分けがなされている（『MARR』2020 年 10 月号；中沢, 2021）。

2) 星野リゾートでは、「環境負荷の低い運営ができる」能力を戦略の一環として位置付けており、エコロジカルポイントの測定には、グリーン購入ネットワークの「エコチャレンジホテル旅館」の項目が活用されている（乙政・近藤, 2015）。同項目の最高点は 25 点である（乙政・近藤, 2015）。

3) 星野リゾートでは、「環境負荷の低い運営ができる」能力を戦略の一環として位置付けており、エコロジカルポイントの測定には、グリーン購入ネットワークの「エコチャレンジホテル旅館」の項目が活用されている（乙政・近藤, 2015）。同項目の最高点は 25 点である（乙政・近藤, 2015）。

4) 星野によると、ビジョンの設定は従業員や組織のマネジメント以外にもメリットがあったという。就職セミナーなどで学生を前にビジョンを繰り返し熱く語ることにより、「ビジョンが明確で、経営方針がはっきりしていて、面白い会社」だと知られるようになり、90 年代中盤になると、毎年、新卒者が数名ずつ採用できるようになったという（中沢, 2009, 2010）。こうして入社した従業員は星野リゾートのビジョンに共鳴して入社しているため、抵抗なく（むしろ自ら進んで）「リゾートの達人になる」というビジョンを共有し、その達成に向け、自発的に動くことができる可能性は高いと考えられる。

5) カールソンは大学教授ではなく、経営者であり、『真実の瞬間』は自らの経営実践の経験を中心に執筆しているので、厳密な意味では、『真実の瞬間』は経営学書とは呼べないかもしれない。しかしながら『真実の瞬間』は、多くのサービスマネジメント、サービスマーケティング領域の研究論文において引用されている（Google Scholar 参照）。「多くの研究論文に示唆を与えている」という意味におい

て本章では、『真実の瞬間』を経営書ではなく経営学書と見なして議論を進めることにしたい。

6）カールソンは、従業員がこうした活動を可能とするために、中間管理職には管理ではなく、「サポート」が求められるとして、具体的な中間管理職の役割として指導、情報伝達、批判、賞賛、教育の五つを挙げている（Carlzon, 1985）。

7）星野リゾートでは、自分の業務に関する情報だけでなく、会社についての様々な経営情報も公開されている（中沢, 2021）。

8）ブランチャード他（1996）の「境界線」は、ミンツバーグ＝ウォーターズ（1985）の組織メンバーの行動に対するタイトな制御を緩和し、彼らに対し部分的な抑制力を行使する「アンブレラ」に近い概念であるといえる。

9）星野は、従業員が言いたいことを言いたい人に言えるように、会社についての情報を公開し、従業員間の情報の非対称性を無くすこと、何かを批判することで人事や評価に影響しないようにすることの二点を挙げている（星野, 2018）。

10）星野が重視しているのは、結論ではなく、結論に至るまでのプロセスであり、自律的なチームの中で、正しく十分な情報に基づき熟慮し、提供するサービスに対して情熱を持ち、論理的に発想する正しい議論が行われているのであれば結論にはあまりこだわりはないという（星野, 2021）。

11）星野リゾートの本拠地、軽井沢の施設では、顧客対応のミスを共有し、対策を練るため、「ミス撲滅委員会」を組織している（中沢, 2010）。そこでは「ミスを憎んで、人を憎まず」の方針の下、従業員に積極的にミスを公開してもらうようにして再発防止のための仕組みを作るための活動を行っているが、そこではミスをした人を絶対に叱らないことを決まりにしている（中沢, 2010）。また星野自身も社員を怒ることはないという（茂木・NHK「プロフェッショナル」制作班, 2006）。

12）この表現については、三品（2004）に着想を得ている。

13）中川は、自身の Youtube チャンネルを開設し、広く社会に向け経営学における研究成果を発信している（「中川先生のやさしいビジネス研究（https://www.youtube.com/channel/UCS89vRmX0PfWxmJWOjJq6ZA）」。チャンネル登録者は 2023 年 8 月 13 日時点で約 43,800 人）。

第8章
わが国における経営者教育の展開可能性

第1節　問題意識

　経営理念の作成、長期的なビジョン、企業戦略、企業戦略を機能させるための組織構造の設計など、経営者は、企業の存続・成長においてきわめて重要な役割を果たしていることは言うまでもない。その意味では、企業戦略の策定と同様、企業の長期的な存続・成長のためには将来的に自社の経営を担うことのできる人材を育成すること、すなわち経営者教育もまた企業経営における重要なアジェンダであることは序章や第1章でも指摘した。実際に、野村総合研究所実施の東証一部上場企業の経営トップ、経営企画担当役員を対象としたアンケートでは、人材面で抱える課題として、70.6％の企業が「次世代経営人材育成」を挙げている（岡村, 2011）。また序章や第1章でも指摘したように、2018年に改訂された日本版コーポレートガバナンス・コードでは、取締役会が十分な時間と資源をかけて後継者候補を育成していくことという内容が盛り込まれている（株式会社東京証券取引所, 2018）。

　こうした現状を踏まえ、本章では、わが国における経営者教育研究の方向性と、企業における実践としての経営者教育の展開可能性を示唆することをその研究課題としたい。本章の結論を先取りして言うと、経営者教育において重要なことは、経営者、経営幹部、経営幹部候補生などのその受け手が、経営学理論を基盤にして自らの経験を省察することにより自らの経営実践を遂行する際のよりどころとなる「自らの経営理論」（大野, 2020a）を構築させることであり、経営者教育は、彼らに自らの経営理論を構築させることをサポートすることこそがその目的であるということである。自らの経営理論が経営学理論を基盤として構築されるものであり、経営実践によりその修正が

なされるのならば、経営学理論と経営実践の相互作用により経営実践の理論である自らの経営理論は構築されるものであり、その構築を可能とするためには、経営教育の担い手である企業および大学が経営教育の受け手が経営学理論と経営実践の両方に絶えず行き来できる環境を構築することが求められる。しかしながら、現実の日本企業やわが国におけるビジネススクールにおけるMBA教育においては、経営学理論と経営実践の間には隔たりが生じており、わが国において経営者教育を機能させていくためには、この隔たりを埋めていく必要がある。

第2節　わが国における経営者教育の 先行研究の検討と本章の位置づけ

本節では、経営者教育（経営教育）に関する先行研究の検討とそれを踏まえての本章の視座を提示したい。

まずは、わが国における代表的な経営教育（学）研究者である山城章、森本三男、小椋康宏、辻村宏和の研究を検討したい。

わが国における経営（者）教育のパイオニア的な研究者としては山城章を挙げることができる。山城は、実務者の実践能力の開発こそが経営学の目的であると考え、実践経営学を提唱し、実践経営学の中核に「KAEの原理」を据えている（山城, 1968, 1970）。KAEにおけるKとはknowledgeのことであり、経営に関する知識、一般原理のことである。Aとはabilityのことであり、経営を実践する実務者の能力のことである。最後のEとはexperienceのことであり、経験、経営を取り巻く実際のことである（山城, 1970）。

山城は、経営能力であるAは経営に関する知識、一般原理であるKを基盤として構築されるものの、それだけでは十分ではなく（山城, 1968）、実践能力であるAは、原理であるKと実際の経営経験（経営実践）であるEを基盤として構築されるものであるとしている（山城, 1970）。さらに山城は、原理であるKは不変ではないと指摘している（山城, 1968）。Eに対応しながら漸次前進し、精度を高めつつ変化していくためである。このようにKとEを前提とし、両者の関係から実践能力であるAが発揮されるのである（山城, 1968）。

　また山城は、経営学は学であるだけでなく、その主体が経営活動に従事する実務者であることを踏まえ、経営学にはそれを基盤とした「教育」が必要であり、そうであるならば実践能力を啓発することができるところまで研究を高めることこそが実践行動の学問であり、実践の能力化を目指す研究の態度であるとしている（山城,1970）。山城による研究、とりわけ KAE の原理は、多くの研究者により批判に晒されながらも、それと同時に山城自らが設立に尽力した日本経営教育学会（現日本マネジメント学会）に所属し、経営教育研究に従事する経営学研究者に対し、理論的な基盤を提供しており、その影響力は今日まで持続している。

　森本は、KAE の原理における「原理」と「実際」のギャップが問題であり、それに対する「問題解決能力」が「実践」であり、それは新しい「原理」と「実際」を生み出し、こうした試みの反復としての動作過程全体が実践経営学であり、KAE の原理は、時間（time）の概念を内包した進化論的接近として理解されなければならないとして（森本,1999）、KAE の原理における A、そして A の土台となる K、E は共振的に進化することを指摘している。また森本は、別の論文においても、K と E を「反復して濃縮」して能力（A）とする場と機会（教育）、すなわち動態的 KAE の必要性を指摘している（森本,2007）。

　小椋は、経営教育の本質は、自己啓発にあるとし、経営者・管理者は「経営のやり方」を「経営美」まで高めること、すなわちマネジメントにおける実践活動を「アート」としてその経営技術を高める必要性を指摘している（小椋,2009,2014）。そのうえで、経営者に必要な経営者能力として、企業価値創造の機能、イノベーションを実現する経営革新機能の二つを挙げ、こうした能力を養成する手段として、20 代〜 40 歳までの社員を OJT 中心、40 歳からの社員を OJT を含めた、幹部候補生に子会社・関連会社、海外企業の社長等の経験を積ませることなどの内容を盛り込んだ自ら考案した日本流経営教育プログラムを提示している（小椋,2014）。

　辻村は、経営教育の目的は、経営者の育成であり（辻村,2019）、それが最終的に目指すところは、学習者が自ら経営観を確立することにあるとしている（辻村,2001）。辻村によれば、経営観とは、「経営って、○○のようなも

のだ」「経営、○○の如し」といった"ソクラテス・メソッド"的な問答において思い付いた言葉にシンボライズされるものであるが、経営観のすべてを言葉にすることは不可能で、彼の行動から類推する部分も必要であるという（辻村, 2001）。経営観について辻村は、哲学的な定言・全称命題であり、それゆえ、その構築にあたっては人文知が不可欠としている（辻村, 2019）。具体的な教育方法としては、辻村は、経営実践は個別解志向であり、経営技能もまた非実証的な性格を有するがゆえ、「授ける→学ぶ」という方式が成立せず、「授ける→学ぶ」から「経営者の苦悩を実感する」方式への育成方法のパラダイム転換の必要性を指摘している（辻村, 2001）。具体的には辻村は、経営者の苦悩を実感する方法としてケース・メソッドの有効性を指摘している（辻村, 2001）。また辻村は、自らが作成したケース・メソッドにおける「ケース分析のための設問表」に「当ケースの分析に活用できる概念・理論として何を想起し（複数可）、どのように活用しますか？」（辻村, 2001：272）という KAE の原理における K と E の関連付けを意識した質問を入れていると論じている（辻村, 2009）。

　経営教育を効果的なものにするにあたり、辻村は、経営教育が獲得を目指す経営手腕が総合個別的アートであることから、ドミナント・コンセプトは、省察（reflection）であり、経営教育の本質は情況への一体化を図るリフレクション・エクササイズであるとし、ケース・メソッドに取り組むにあたって経営教育における教育の受け手による内省の必要性を指摘している（辻村, 2016）。

　また辻村は、別の論文において、経営教育ではインストラクターである経営教育学者は、「学習者に学び方を教える」ことが不可欠であり、「自己が自己を研究対象とする＝観察する」という内観法の大切さを学習者に伝授することが何にも増して重要となるとしている。こうした視点を踏まえ、辻村は経営者育成において、良質なケースで学習者が疑似体験することが有効であると論じている（辻村, 2018）。

　以上、山城、森本、小椋、辻村のわが国を代表する経営教育研究者の研究を検討したが、総括は後述する。以下、その他の注目に値する研究論文、書籍を検討したい。

　まずは、わが国における経営教育のシステムを論じている斎藤と、吉田である。斎藤は、日本の経営教育は大学と企業との「ワンセット経営教育」であるとしている（斎藤, 1988）。学部を中心とする大学は基礎的・包括的な学修を実施し、他方で企業は実用的なニーズ別の学習を担当し、この二つの社会システムの協力によって日本の経営教育がひとつのものとして作り上げられていることを指摘している（斎藤, 1988）。それゆえ、斎藤は経営教育において重要なことは、両システムの協力関係や相互作用、それぞれの分担関係を決めること、それぞれの独自の学習の特色を発揮することとしている（斎藤, 1988）。吉田は、経営教育を組織学習と制度的マネジメント教育の二つの軸から、OJT を通して上司・先輩マネジャーから部下・後輩マネジャーに組織内既存知識や組織外既存知識が伝授・教授されるモデル 1、教育担当者によってあらかじめ設定された教育目標をマネジメント教育によって習得させ、それらの知識や技能を仕事の場で活かすことを期待する受動的マネジメント教育であるモデル 2、講師や他の受講者との相互作用を通じて、知識や技能、さらには問題発見、問題分析、問題解決などの発想や視点などを受講者に見出させ、修得させる教育であるモデル 3、一般企業型の育成モデルであるモデル 4 の四つの経営教育モデルを提示している（吉田, 2003, 2007）。吉田は制度的マネジメント教育において経営者や管理者にマネジメントについての新たな発想や視点を創造させることのできるのはモデル 3 であるとし、モデル 3 が有効に機能することが経営教育と仕事の場の組織的知識の発展を可能にするとしている（吉田, 2003）。

　経営者教育のありかたについて論じた佐藤などは、経営教育は、経営技術を経営技能（アート）に統合することで事業創造していく経営者能力の養成であるとして、経営教育は企業外での経営技能の習得と、企業外での実務経験の両方を通じてなされるとしている。具体的な経営教育の方法として佐藤は、講義方式の概念的枠組みである既存理論の経営学教育ではなく、理論の創造と活用が可能なケース・メソッドの有効性を主張している（佐藤, 2011）。

　佐藤と同じく経営者教育のあり方について論じている研究としては守島（2005）を挙げることができる。守島は、経営者能力は、経営リテラシーや論理的能力、計画策定のための知識などの学習できる能力と、リーダーシッ

220

プの持論、意味のある戦略を立てる力、リスク判断力、交渉力などの経験によってしか学習できない能力と、カリスマ性、人間としての魅力、頭の良さ、体力、持久力などの学習できない能力があるとした上で、こうした能力を獲得するための経営者育成の仕組みとして選抜、経験、研修を組み合わせていく必要性を指摘している。具体的には、守島は、経営者教育の参加者は実績ではなく能力で選ぶこと、選ばれなかった従業員のための敗者復活や複線的なキャリア・パス、経営判断が必要な業務に従事することによる良質な経験を積ませることと人材マネジメント部門がそうした場を見つけ、経営者教育の参加者に与えていくことの必要性を指摘している（守島, 2005）。

日野は経営戦略との関わりから経営者育成を論じている。日野は松下電機産業（現パナソニック）の事例研究から、明確な人材育成不振が、戦略を実行していく中で、経営者を育成する機会を見出させることに繋がっており、またさまざまな集合研修が管理者として経験を積むことによる経営者育成を補完していることを明らかにした上で、環境、戦略や組織構造の変化を織り込みつつ、内部での育成を効果的に行う明確な育成方針の必要性を指摘している（日野, 2003）。こうした経営戦略と経営教育との関わりは海外の研究においても注目されており、トンプソン他（2001）は、国内労働市場や政府の貿易政策、外部ステークホルダーなどの外部環境、文化や組織構造、所有構造、内部労働市場などの内部環境、企業が取る経営戦略などのコンテクストが企業における経営教育政策に影響を及ぼし、この政策を基に、経営教育実践がなされ、その成果（財務的な成果、目標の達成など）に影響すること、そしてこの成果が企業のコンテクスト及び経営戦略に影響を及ぼすことを明らかにしている（Thompson et al., 2001）。

経営者が成長するための学習について言及している研究としては、古野・藤村がある。彼らは、経営者へのアンケート調査からプロ経営者の学びのプロセスとして、彼らは意図的な日々の鍛錬を自ら課し、実行していること、その成長においては、一皮むけるような「修羅場」を経験しており、その成長においては、経験を教訓に変え、日々の鍛錬に活かすような内省を意図的に行っていることを明らかにしている（古野・藤村, 2012）。

研究書以外の一般・ビジネス書で注目すべき文献としては、菅野、日沖、

金井を挙げることができる。菅野はコンサルタントとしての立場から、経営者に必要なスキルとして、形式知であり、講義や演習形式により仕組化が可能なビジネス知識やロジカルシンキングなどの科学系スキルと、暗黙知であり、仕組化が容易ではないアート系スキル（強烈な意思、勇気、インサイト、しつこさ、ソフトな統率力）の二つを挙げ、科学系スキルはすべてを習得する必要はないが、アート系スキルはすべてが必須であるとして、アート系スキルの習得法として、自分なりの訓練法を構築し、それを習慣化し、それを体験を通じて習得することを挙げている（菅野, 2011）。

　日沖は、経営者教育には、経営知識の修得と経験の二つの領域が求められるとしているが、従来の社内教育のみ、最大公約数的な MBA 教育ではこれら二つの領域を満たすことは不可能であるとして、この二つを満たす方法として、学習者が自社や自部門の経営のテーマと直結した課題を設定し、実際にその課題の解決策の決定、実施、評価というプロセスを通して、実践的な知識と判断能力を養うことを目的とするアクション・ラーニングの必要性を提唱し、アクション・ラーニングを通じて人材育成と組織の活性化のための方法論を提示している（日沖, 2002）。

　金井は、リーダーシップ研究の視点から、リーダーシップを執る者に重要なことは自らがリーダーシップを執るにあたっての持論を持つことであるとしている。具体的には、金井はリーダーシップ能力を磨くにあたっては、学者の理論を自分の実践に引き寄せて理解するように努めたり、小倉昌男やジャック・ウェルチなどのリーダーの持論をお手本としたり、自分がリーダーシップを発揮する経験をくぐるたびに内省の時間を取り、自分の持論と経験との繋がりを振り返ることにより持論を磨く必要性を指摘している（金井, 2005）。

　マッコール（1998）が指摘するように、リーダーは自らの経験から学んでいると言えるが、菅野、金井の両研究から言えることは、ただ経験を積めば良いわけではなく、経験を学習へと変える練習、習慣づけが必要になるということであろう。

　わが国を代表する経営学者の一人である伊丹敬之も一般書ではあるが、経営者の養成について論じている。伊丹は、経営者の役割として組織の求心力

の中心となる「リーダー」、組織として外部に何らかの働きかけを行う際に
先頭に立つ役割と、外部からの波に対して組織の内を守る防波堤の役割を果
たす「代表者」、企業のグランドデザインの提示者としての役割を果たす
「設計者」三つを挙げている。そのうえで伊丹はこれらの役割を遂行するた
めの資質としてエネルギー、決断力、情と理、そして事を起こす人には、構
想力、事を正す人には決断力、事を進める人には、包容力が求められると論
じている。そして伊丹は経営者育成においては、本人が自律的に成長してい
く自育が重要であるとして、経営者が育つ条件として高い志、仕事の場の大
きさ、思索の場の深さの三つを挙げている（伊丹, 2007）。

　わが国における経営教育研究ではないが、経営教育における問題点の指摘
と、新たな経営教育の取り組みとして特筆すべき書籍としては、ミンツバー
グ（2004）における MBA 批判と、ミンツバーグが中心になり設立された新
たな経営教育プログラムである IMPM プログラム（国際マネジメント実務修
士課程）の紹介が挙げられる。まずは、ミンツバーグは、マネジメントに必
要な要素として、創造性を後押しし、直観とビジョンを生み出す「アート」、
体系的な分析・評価を通じて秩序を生み出す「サイエンス」、目に見える経
験を基礎に実務性を生み出す「クラフト」の三つを挙げ、マネジメントを成
功させるためにはこの三つが補完し合う必要性を指摘している（Mintzberg,
2004, 2009）。しかしながらミンツバーグはアメリカにおけるビジネススクー
ルの現状は、クラフトが抜け落ちており、経験を軽んじ、MBA は、
「Management by Analysis」の略称であるとの皮肉があるように、分析を偏重
していると指摘している。すなわち、データ分析などの形式知化しやすく、
実務経験の浅い学生にも教授可能な分析型のスキルを叩き込むことに執心し
ているということである。また、アートに関してもほぼ何もできていないと
している（Mintzberg, 2004）。またミンツバーグは、MBA が縦割り化が進み、
それぞれの領域間の壁が厚くなり、マーケティング、戦略、会計、組織行動
など領域ごとに学修を深めることは、いくらケース・メソッドなどによる学
習を行ったとしても、それは各領域（マーケティングであればマーケティング
のみの理解を深めるために執筆されたものに過ぎない）の理解を深めるための
ものにすぎず、統合こそがその本質であるマネジメントの理解を深めること

に決して繋がらないことを指摘している（Mintzberg, 2004）。

　ミンツバーグは、こうしたアメリカにおける MBA 教育の問題点を踏ま
え、マネジメント教育の対象は現役マネジャーに限定すべきこと、マネジメ
ント教育の教室ではマネジャーの経験を活用すべきこと、優れた理論は、マ
ネジャーが自分の経験を理解するのに役立つこと、理論に照らして経験を
じっくり振り返ることが学習の中核をなすこと、コンピテンシーの共有は、
マネジャーの仕事への意識を高めること、教室での省察だけでなく、組織に
対する影響からも学ぶべきであること、以上の全てを経験に基づく省察のプ
ロセスに織り込むべきであること、カリキュラムの設計、指導は、柔軟な
ファシリテーション型に変えるという八つのマネジメント教育の定石を提示
している。マネジャーは教室でおのおのの経験を共有し合い、教授陣はさま
ざまな概念や理論、モデルを紹介し、マネジャーはそれを基に省察を行う。
こうした学習の結果は仕事の場に還元されて、職場における行動にインパク
トを与え、その経験は次なる教室での省察の対象になるというように、職場
での無意識的な行動から教室での意識的な学修へ、教室の意識的な学修から
職場の無意識的な行動へ、そして再び職場の無意識的な行動から教室の意識
的な学習へというサイクルを繰り返すことにより教室で学んだ理論を用いな
がら省察により自らの経験を意味づけながら、学習の質を高め、自らの能力
を向上させていく。このような省察により、理論を用いながら自己の経験を
意味づけしていくことによる学習を中核的なコンセプトに据えたのが IMPM
プログラムである（Mintzberg, 2004）[1]。

　以上、わが国における経営教育に関する先行研究を検討した。本章におい
ても、辻村や金井が指摘するように、経営者に求められることは経営実践に
おいてよりどころとなる自らの経営理論を構築することにあると考える。し
かしながら、辻村（2009）が山城の KAE の原理における K、すなわち「原
理」と、E、すなわち「経験」との関連性がいまだ明らかにされていないと
指摘していること、また森本（1999）が KAE の原理においては時間軸の概
念が抜けていると指摘していることからも分かるように、原理、経験、経営
能力の相互作用的な発展プロセスの明確化など経営教育研究が今後明らかに
しなければならない点が存在している。わが国における経営者教育の研究で

はないが、経営学理論と経営実践との関連性についてはミンツバーグ（2004）
が IMPM の構想の中で言及しているが、ミンツバーグは、経営学理論と経
営実践の中で具体的にマネジメントに必要な能力が何なのか、それがどのよ
うに養われるのかについては明確な言及をしていない。こうした先行研究に
おける成果と未達点を踏まえ、本章において筆者は、経営者が経営教育の中
で原理、すなわち経営学理論と、経験、すなわち経営実践との相互作用の中
で自らの経営実践のよりどころ、指針となる自らの経営理論をいかに構築・
修正していくのか、そのプロセスを明らかにしたいと考えている。経営者が
その経営実践において判断基準、よりどころとする自らの経営理論の構築
は、不確実な状況における迅速は判断を可能とするだけでなく、学習により
失敗経験を教訓へと変え、自らの経営理論を豊かなものにすることを可能に
することに繋がるゆえ、自らの経営理論を構築し、それを豊かにすることは
経営能力を高めることに繋がるということができよう。

第 3 節　経営者能力の検討

　本節では、経営者に求められる能力、すなわち経営者能力について明らか
にしたい。経営者能力とは、経営者が経営実践を成功裏に収めるために求め
られる能力のことである。先述のようにこの経営者能力の養成が経営教育の
目的であるとされている。
　先述のようにミンツバーグは、マネジメントの構成要素を創造性を後押し
し、直観とビジョンを生み出す「アート」、体系的な分析・評価を通じて秩
序を生み出す「サイエンス」、目に見える経験を基礎に実務性を生み出す
「クラフト」の 3 つを挙げ、マネジメントを成功させるためにはこの三つが
補完し合う必要性を指摘している（Mintzberg, 2004, 2009）。
　これも先述ではあるが、菅野は経営者に必要なスキルとして、形式知であ
り、講義や演習形式により仕組化が可能なビジネス知識やロジカルシンキン
グなどの科学系スキルと、暗黙知であり、仕組化が容易ではないアート系ス
キル（強烈な意思、勇気、インサイト、しつこさ、ソフトな統率力）の二つを挙
げ、科学系スキルはすべてを習得する必要はないが、アート系スキルはすべ

てが必須であるとしている（菅野, 2011）。

　データ分析や統計スキルなどの形式知化しやすく教室での修得が可能な技能を「サイエンス」、暗黙知ゆえに、形式知化しづらく、経験によってのみ習得可能な技能を「アート」としてサイエンスとアートこそが経営者に求められる経営技能であるとする主張は先述の佐藤など菅野以外の研究者によってもなされており、この二分類が経営者能力における支配的な分類法であると言える。

　また、こうした能力であるが、少なくない研究者によって多様な職務間にまたがるものであることが指摘されている。三品は、マーケティング、セールス、オペレーションズ、ファイナンス、アカウンティング、人的資源管理などの職能におけるアプローチは、大きな事象を構成要素に分解するように、現象を別個に調べ、問題を究明し、解決していくアナリシス（分析）である一方で、経営戦略のエッセンスを「シンセシス（統合）」にあるとしている（三品, 2006）。シンセシスとは、個別の要素を組み合わせ、まとまりのある全体を形作ることであり、経営実践で言えば、企業における各職能を統合し、自社における経営実践の有効性を高めていくことを実現することである（三品, 2006）。

　ベーカーは、マネジャーの業務は極めてゼネラルで、可変性に富んでおり、定義不可能なものであるとしたうえで、マネジャーに求められる中核的な技能として多様な職能領域、人々の集団、環境にまたがる統合と意思決定を挙げ、マネジャーの業務は他の専門職とは異なる（統合が求められる）がゆえ、医師や弁護士と同じような、アナリシスを重視したカリキュラムではマネジャーの育成は不可能であるとしている（Barker, 2010）。

　大河内などは、経営は、さまざまの因果系列に属する諸要因を組み合わせて、ひとつの有機的構造を作りあげることであるから、「綜合」と言うべきものであるとしている。大河内によれば、この綜合は経営者が現在の経営行為の形を理解するためではなく、現在の経営諸条件が含む事象が未来において発現するであろう、その可能性や問題や意味を先見して、未来における経営行為の形を構想するために、行われるものであるという（大河内, 1989）。

　亀井は、ビジネスにおける仕事のレベルを作業、業務、事業、経営を分類

し、経営は経営者に求められる仕事であり、それは企業価値の向上を目的にするものであり、考慮すべき変数は極めて多く、ほとんどが非定型の業務であり、事業部長レベルの従業員に求められる事業、管理職レベルの管理者に求められる業務、部・課の管理者に求められる作業とは異なるものであることを指摘している（亀井, 2005）。

　以上、三品や楠木、ベーカー、大河内、亀井が論じるように、経営者による経営実践は、特定の職能や専門能力に収まるものではなく、個々の職能を統合し、全体のバランスを取りながら、自社の目標達成を実現していく類の人間的行為であり、他の職務に求められる能力とは根本的に異なるものであると言うことができる。

　具体的に経営者にどのような能力が求められるのかということについては多くの研究者、コンサルタントによって研究がなされているが（Mintzberg, 1973；清水, 1983；日沖, 2002；守島, 2005；三品, 2006；伊丹, 2007；野村マネジメントスクール・野村総合研究所, 2011；楠木, 2011；東洋大学経営力創成研究センター, 2012 など）、そこで挙げられている能力は多岐に渡っている。そうなる理由としては経営者の業務の広範さが挙げられる。経営者の業務は、理念・ビジョンの設定、企業戦略の立案、実行の監督、組織構造の設計など多岐に渡る。それゆえ、経営者の業務をすべて包摂しながらその役割を導き出そうとすると、多様な能力が必要となるという結論に達するということである。さらに言えば、経営者に求められる能力は、いついかなる時にもそれが求められるというわけではなく、状況に応じて求められるような能力もある。その意味では、経営者能力とはきわめてコンティンジェントな性格を有している。菅野なども経営者は状況に応じてスキルセットを使い分ける必要を論じている（菅野, 2011）。そうであるのならば、経営教育により経営実践に求められるすべての能力を養成することは極めて困難であると言うことができる。それでは、経営教育はまったく経営者の経営実践に資するものではないのかというとそうではなく、経営者が経営実践においてよりどころとする自らの経営理論を豊かなものにすることで、経営実践における成功可能性を高めることに貢献できるのではないかと考えることはできる。自らの経営理論を有せば、必ず成功が保証されるということではなく、失敗したとしても、

省察に基づく学習の結果、そこから教訓を得て、次の成功可能性を高めるというように自らの学習能力を高め、ひいては成功の可能性を高めることに繋がる。

　経営者能力に関する先行研究においては、経営者能力におけるアート的な側面が重視されており、サイエンス的な側面が軽視されているように読み取ることができる。これは、経営者教育における実務と正反対な現象であると言える。しかしながら、自らの経営実践における持論でもある自らの経営理論を構築するには、経験のみではその実現は困難である。まずは、経営学理論として社会的に構築された理論を自らのコンテクストに合わせ、修正し、経営実践に用い、そのうえで、その経験から導出された信念・哲学・方法論を一般化し、自らの持論を構築する作業が必要となる。ただ経験を一般化するのではなく、理論として構築された経営学理論をよりどころにしながらの自らの経験の一般化が可能となる。そして一度構築された自らの経営理論はそれで完成ではなく、都度新たな経営学理論や経営実践に触れる中で修正が繰り返されていくのである。その意味では、自らの経営実践の持論でもある自らの経営理論は、サイエンスである経営学理論を基盤として構築されるのである。その意味では、アート同様、サイエンスの修得もまた重要な経営教育となる。以上を踏まえるならば、経営教育は、サイエンス系の技能を習得するための場である教室と、アート系の技能を習得するための場である企業という両フィールドが必要となり、その往復が求められるということになる。次は、経営教育のフィールドであるビジネススクールにおける MBA 教育、企業内教育について検討する。

第 4 節　わが国における経営者教育実践の現状と問題点

第 1 項　企業における経営教育の現状と問題点

　わが国における経営教育は、ビジネススクールなどの企業外部教育よりも、企業内部において、OJT を中心とした実務を中心に行われてきたことは少なくない研究により指摘されている（辻村, 2002；日野, 2003；太田・坂爪, 2009；佐藤, 2011 など）。三品なども、日本企業は、多大なる時間をかけ、経

験主義に基づいて、従業員が身の回りで起こることを解釈し、それにうまく対処するために必要となる「基本語彙」の充実を図っていることを指摘している（三品, 2004）。金なども国内 MBA と企業を対象としたアンケート調査とインタビュー調査から、企業が国内ビジネススクールの成果やスキルは曖昧であると有していること、国内ビジネススクールへの企業派遣に対する企業の関心が高くないことを明らかにしている（金, 2009）[2]。

　こうした国内 MBA に関する情報不足や研修による技能習得にかかる時間やコストの観点からも経営教育はもっぱら企業の手により行われてきた（佐藤, 2011）。このように、わが国においては経営者教育を含む経営教育は内製中心で行われている現状を指摘できる。こうした企業内において実施されるわが国における経営教育であるが、今日十分な成果を収めているのか。これについては多くの研究者が否と回答している。以下、わが国における経営者教育の問題点を指摘したい。

　一点目は、ほとんど企業内部で育成が行われているため、獲得される技能や思考が内向きになりやすいことである。佐藤は、経営者は組織外へ向けて変革の経営能力を発揮し、事業を創造していくことが求められるため、企業外教育機関による教育の仕組みが不可欠であり、企業内における実務経験偏重に経営教育が行われた場合は、育成する側が自らが勤務する企業であるため、教育を受ける経営者が企業内の論理・考え方から抜け出せないために企業外の顧客ニーズや社会変化に気づかない危険性があることを指摘している（佐藤, 2011）。

　二点目は、具体的な育成システムの未整備が挙げられる。

　村瀬は、日本企業における経営者の年齢が高齢化していること、キヤノンの御手洗富士夫が 76 歳で代表取締役会長兼社長に復帰したこと、スズキ株式会社の鈴木修が 82 歳で同じく代表取締役会長兼社長に復帰したこと、社長を退いたファーストリテイリングの柳井正が、2005 年に代表取締役会長兼社長に復帰したことなどの社長の復帰現象や、リーブ 21 における次期社長候補の公募などの具体的な事実からわが国における経営者教育の遅れを指摘し、その理由として海外事業に関する経営ノウハウが蓄積されていないこと、企業内における経営教育の未成熟さを挙げている（村瀬, 2013）。

　村瀬が紹介している諸々の事例は、わが国の企業が経営者教育を計画的かつ効果的に行っておらず、後継者問題について場当たり的に対応していることの証明であると言えよう。

　三点目は、わが国における経営者が内部昇進者が多いことに関係がある。管理者としての経験は十分に積んでいるが、経営者としての経験を十分に積むことができていないのである。三品（2004）も指摘しているように、経営者として求められる資質、能力、役割と、管理者として求められる資質、能力、役割は異なる。その意味では、名管理者がそのまま名経営者になれるとは限らず、次世代を担う経営者は経営者になるための練習、ロールプレイングを行いながら、「世代交代」に備える必要があるわけであるが、わが国の企業においては管理者がこうした経験を十分に積む環境が整備されていない。伊丹は、1970 年代以降の日本においては、各社員に平等に仕事の機会を与えることに努めるあまり、各社員の仕事の場が小さくなり、経験の始まる年齢が遅くなったことにより、経験により育つ機会を抑制してしまったことを指摘している（伊丹, 2007）。

　四点目は、三点目の問題と関連するが、わが国の経営者が内部昇進者が多いゆえ、特定分野のプロフェッショナルではあるが、自分の「専門外」の領域には精通していないことが挙げられる。亀井は、日本企業では、「この道一筋型」の人材が出世するケースが多く、経営する立場になっても、相変わらず他文化のことを理解しようとしない経営者が多いと指摘している（亀井, 2005）。先述のように、経営者による経営実践が複数の職務にまたがるシンセシスであるならば、特定の職務のみに精通しており、その他の職務についてよく知らないのであればその経営実践は極めて有効性に欠けたものになることは議論の余地がないであろう。

　以上のわが国における経営教育に関する問題を受け、企業においても早めに幹部候補を選抜し、教育し、次世代の経営者を育成する早期選抜制度や（守島, 2005）、企業内において研修等の教育制度を備え、OJT と Off-JT を企業内部で備え、人材育成を目指す企業内大学（コーポレート・ユニバーシティ）などの制度や、アクション・ラーニングなどの具体的な教育方法の実践により（日沖, 2005）、経営課題として次世代の経営者を育成しようという動きも

出ている。早期選抜制度については、選出されなかった従業員のモチベーションの維持などの問題点は残されるが（日沖, 2002；守島, 2005）、次世代を担う経営者を事前に育成し、次に備えるという意味では有用な取り組みであると言えよう。企業内大学においても次世代を担う経営者が自らの経営実践の取りどころとなる自らの経営理論の基盤となる経営学理論を企業内で習得することが可能となる部分はメリットがあるように感じられる。しかしながら、研修を担当するインストラクターが、教育の受け手である次世代経営者による経営学理論の応用と、修正、その上での次世代経営者の自らの経営理論の構築にどこまで貢献できるのかは検討の余地があると言えよう。

第2項　国内 MBA 教育の現状と問題点

　次にわが国における MBA 教育の現状と問題点について明らかにしたい。ビジネススクールが目指すのは学生の経営実践能力の向上である。それを実現するため、経営戦略、マーケティング、会計、組織行動などの各領域の研究者である教員による講義・演習が行われ、そこではケース・メソッド、統計・データ処理などを活用した問題分析などが用いられている。こうした教育課程を経た修了者は MBA の学位を得ることになる。わが国における MBA 教育は、主に大学院を修了した研究者によりその研究が担われている。その意味ではその教育の中心は経営学理論の応用や経営理論の構築などの経営実践能力の養成に関するトレーニングよりは、受講者同士のディスカッションと（竹内, 2009；慶應義塾大学ビジネス・スクール, 2013）、経営学理論の修得がメインとなる（佐藤, 2011）。こうした教育方法のあり方については、ビジネススクールの教員のキャリア（研究がメインの経営学研究者）が大きな影響を与えている他、先述したように、経営実践技能が暗黙知的な性格を有しており、口頭で伝授することが困難であり、経験によってしか修得しえず、教室で学ぶことが不可能なことも大きく関係している。そこで得られる論理的思考力や多様な業種の社会人が参加し、熱い議論を交わすことにより培われる人的なネットワークなどを肯定的に捉えているビジネススクール修了生も多い（慶應義塾大学ビジネス・スクール, 2013）。小野は、わが国におけるビジネススクールは、ゼネラルマネジメント・リーダー育成型、機能分

野専門家養成型、ベンチャー起業家養成型、会計専門職養成型、国際マネジメント人材養成型、MOT など教育内容の多様化、夜間中心型、、週末開講型、e ラーニングを用いた遠隔授業型、英語で学べる MBA、海外のビジネススクールと連携した MBA 教育課程など授業形態の多様化が進んでいることを指摘している（小野, 2009）。以上のように、わが国のビジネススクールは、アメリカのビジネススクールを参考にしながらも独自の発展を見せていると言える。

次にわが国における MBA 教育の問題点を指摘したい。

まず一点目は、企業側が MBA 教育の効果に関する情報や知識を十分持ち合わせていないことが挙げられる。先述のように、金は国内 MBA と企業を対象としたアンケート調査とインタビュー調査から、企業が国内ビジネススクールの成果やスキルは曖昧であると認識していること、国内ビジネススクールへの企業派遣に対する企業の関心が高くないことを明らかにしている（金, 2009）ランキング上位校の MBA ホルダーが出世を約束されているアメリカとは異なり、金の調査からも分かるように、日本においては企業における MBA への期待はさほど高くないのが現状である。こうした企業側が MBA 教育の効果について十分な知識や情報を持ち合わせていないがゆえ、MBA 修了後も企業内における職務や待遇が変わらない企業が多いのである（慶應義塾大学大学院経営管理研究科, 2009）。

二点目は、MBA 教育と経営実践との乖離を挙げることができる。すなわち、MBA を取得したとしても MBA 本来の目的である経営実践技能の向上には繋がらないということである。なぜそうなるかであるが、そのカリキュラム、教育方法に問題が見いだせる。

アメリカの事例ではあるが、ミンツバーグは、アメリカにおけるビジネススクールが、実務経験の少ない、あるいは実務経験のない学生が入学しており、そこにおいては、彼らが容易に習得でき、容易に応用できるハードデータの収集と活用、すなわちサイエンス教育に偏重しており、アートとクラフトが抜け落ちていることを指摘している。またミンツバーグは、アメリカにおける MBA 教育においてマーケティング、戦略、会計、組織行動など各領域の縦割り化が進み、それぞれの領域間の壁が厚くなっており、統合こそが

その本質であるマネジメントを習得することと逆行していることを指摘している（Mintzberg, 2004）。

　森本もまたアメリカにおける MBA 教育の問題点を論じた先行研究のレビューから、研究とそれを土台とした縦割りの強化・教育が前面に出過ぎて、経営力養成という目的が忘却されていることを指摘している（森本, 2007）。

　カリキュラムが縦割りであるがゆえ、ケース・メソッドもまた各経営機能全般にわたるものではなく、各領域や職能に特化したものとなり、マーケティング、経営戦略、組織行動など個々の領域への理解を深め、技能を習得する上では適したワークとなるが、各職能の統合的な活動でもある経営と、そこで求められる経営実践技能の構築には繋がらないということである。

　ミンツバーグの事例はアメリカにおけるビジネススクールの現状と問題点の指摘ではあるが、日本初のビジネススクールである慶應義塾大学院経営管理研究科がケース・メソッドを重視した教育を展開したようにそのあり方はアメリカのビジネススクールの影響を大きく受けており、ミンツバーグの指摘は日本においても有効性を有していると言えよう。

　最後三点目は、国内を含めた MBA 教育において経営者の技能におけるアート的な側面に関して十分な教育・育成方法を持ち合わせていないことが挙げられる。辻村は、ビジネススクールでは、形式知を伝授し、実践に導入する方法についてはかなり確立されているが、経営技能に代表される暗黙知の領域での教育方法が洗練されておらず、その意味では、真の経営者育成のための論理的基盤が確立されておらず、経営技能の理論的考察を欠いた擬制的な経営教育に留まっていると指摘している（辻村, 2002）。またミンツバーグも、ビジネススクールでは、企業倫理のようなハードではないソフトな経営技能に関してはその教育が立ち遅れていることを指摘している（Mintzberg, 2004）[3]。

第3項　第4節の小括

　以上、本節ではわが国における経営者教育の現状と問題点を企業とビジネススクールの両側面から検討した。そこでは、企業の側は経営者育成に関す

る明確な方法論を持ち合わせていないこと、とりわけ理論と実践の繋がりについてはほとんど知識を持ち合わせていない状態であり、理論のない経験を積ませているのが実情であることが明らかになった。その意味では、わが国企業における経営（者）教育の実践は、明確な地図を持たず航海している状態であるとも言える。ビジネススクールの側では、言語化しにくいアート的な技能について教える知識やスキルを持ち合わせていないためそれへの教育はなされず、言語化しやすい統計、データ分析などのハードスキルの教授や自らの専門である経営学理論の教授に教育がとどまっており、真の意味での経営実践能力の向上のための教育ができていないことが明らかになった。この両者が抱える問題点から明らかになったことは、経営教育における経営学理論と経営実践との乖離である。経営実践は理論なき状態で経験を積み重ねているのが現状であり、ビジネススクールでは経営実践に繋がらない経営学理論の教授がなされているのが現状ということである。

　今後、経営者教育に求められるのは、経営者や次世代の経営者の経営能力の養成である。それにあたっては、現状の経営学理論と経営実践との乖離を埋め、両者の交流を深め、その相互作用の中で経営教育の受け手の経営実践能力を高めていく必要がある。すなわちそれは経営実践のよりどころとなる自らの経営理論の構築・修正である。次節で、経営学理論と経営実践との距離を縮め、両者の相互作用の中で、経営者はいかに自らの経営理論を構築していくべきか、そして経営者教育はそこにいかに貢献できるのか若干の私案を提示してみたい。

第5節　ディスカッション
──わが国における経営者教育の展開可能性──

　本節では、経営学理論と経営実践との相互作用的な経営者自らの経営理論の発展モデルを提示することにより、その発展に経営者教育がいかに資することができるのか、そのあり方を提示することにより、わが国における経営教育の展開可能性を提示したい。

　先に述べたように、経営実践においてはその担い手である経営者等の実践者が、そのよりどころ、判断基準の役割を果たす自らの経営理論を持つ必要

がある。金井（2005）も指摘しているように経営実践に関わる者は皆、その日常的な業務の実践、すなわち経験を通じて、自らの実践に対する持論を有している。この持論の基盤となるのは、実務者の日常的な実務経験であり、研修などの Off-JT により得られる知識である。持論は言うまでもなく、ある種の「論理」である。それゆえ、論理性を有する必要がある。さらに言えば、経営者になる人材においては企業の根幹的なあり方を決定づけるような経営理念の策定にも携わることになる。こうした作業においてはビジネス知のみでは従業員の心を動かし、ひいてはステークホルダーの行動を引き起こすような経営理念の作成は困難であり、豊かな教養、すなわちリベラルアーツが求められる。三品は、見えない未来に向かって時代の趨勢を読み、世界の動向を捉え、技術と市場の深化を予見し、大きな投資判断をするために必要になるのは、実務能力の確かさではなく、視野の広さであり、歴史観、世界観、人間観が問われているとしたうえで、大学生が将来経営者になるために学ぶべきものとして歴史を挙げ、歴史を学ぶ意義として非凡な発想の土台となることを挙げている（三品, 2006）。辻村は、経営者の経営観は、哲学的な定言・全称命題であり、それゆえ人文知が不可欠としている（辻村, 2019）。実際の企業経営においても東芝は、「リベラルアーツ」を根幹に掲げた人材育成を行っている（野村マネジメント・スクール・野村総合研究所, 2011）。西田厚聰会長（2011 年当時）によるとそのねらいはグローバル市場への対応力の構築を志向してのものであるが、それを従業員の自己啓発のベースにしたい想いがあるという（野村マネジメント・スクール・野村総合研究所, 2011）。民間教育組織においても、日本アスペン研究所主催のアスペン・エグゼクティブ・セミナーでは、プラトン、アリストテレス、孔子、福沢諭吉などの古典を読んだ上でセミナーへの参加が求められ、古典を素材として自らの思考を鍛え直し、対話を通じて他者の思考を理解し、新しい視点や多元的視点を形成することが意図されている（松本, 2012；一般社団法人日本アスペン研究所ホームページ）。

　ビジネススクールが社会経験のある学生を対象とするのならば、それは各学生が自らの実務に対する持論を有していることを前提としていると言うことができる。次に必要なのは、自らの経営実践が理論として昇華された経営

学理論を学習することである。これはビジネススクールでの正規の学習でも、ビジネススクールにおけるノンディグリーの短期集中の経営教育、外部研修、セミナーでも構わない（が、経営学理論をベースにするならばそのインストラクターは経営学理論に熟達していることが望ましい）。重要なことは経験に基づく持論を経営学理論を用いながら解釈することにより、持論を経営学理論を用いながらアレンジして、自らの経営理論を構築することである。そこにおいては、経営学理論を用いながら自らの経験を意味づけ、経営理論へと発展させていくことが求められる。具体的に言えば、省察の力が求められる。経験の集大成である持論を経営学理論を用いながら省察することにより、修正を施し自らの経営理論へと変換していく作業が必要になるのである。

　こうして構築された自らの経営理論は、経営教育の受け手が経営実践を遂行するにあたってのよりどころ、判断基準となる。自らの経営理論は一度構築したら終わりなわけではなく、外部環境、内部環境の変化に応じて修正され、都度、広がりを見せ、発展を遂げていくものである。そうであるならば、企業側の実務としての経営教育としては、経営教育の受け手である実務者の自らの経営理論が拡張し、成長を遂げられるような経験ができるような場の構築が必要となる。具体的には、販売、製品開発などの単一の職務ではなく、複数の職務を掌握し、統合していける経験を積ませることが必要となる。具体的には、小椋（2009）、野村マネジメント・スクール・野村総合研究所（2011）が提案しているような子会社の経営者、海外事業の責任者などの経営者としての疑似体験ができる場所があれば、そこで疑似経営者としての経験を積みながら、その経営理論も洗練されていくことになろう。田中なども研究者としての視点から経営人材の育成における新規事業創出の経験の重要性を指摘している（田中, 2021）。あるいは、日沖（2002）が指摘するようなアクション・ラーニングにより企業が抱える経営課題に取り組むこともまた自らの経営理論を洗練させることに繋がると言えよう。

　こうして疑似経営者としての経験の中で、自らの経営理論は拡張し、洗練されていくことになるが、絶えず理論的な視点からも検討を加え、必要があれば修正を施す必要がある。とりわけ企業規模の成長や、事業形態の拡張な

236

どは企業と社会とのあり方を変えることにも繋がる重要な経営事項である。そうした際には、再度、経営学理論を習得し、自らの経営理論を経営学理論に基づきながら捉えなおしていくことにより、その再構築を図る必要がある。そこでは言うまでもなく、経営学理論を用いながら自らの経験を意味づけていく省察が重要となる。そうして再度、自らの経営理論に経営学理論を取り入れ、その再構築を実現した上で、それを基盤に日々の経営実践に当たり、経験を省察しながら、自らの経営理論を修正し、漸進的に変化させていくことが求められる。

　この経営学理論の修得と省察による自らの経営理論の進化と経営実践における経験の省察に基づく自らの経営理論の進化という二つの作業の行き来により、経営者は自らの経営理論を進化させることを可能とする。そしてそれは、自らに課せられた経営者としての役割を達成できる可能性を高めていくことを可能とすることに繋がっていく。

　経営者教育に求められるのは、教育を受ける実務者の持論に適合した経営学理論の提供と、学習者が自らの経営実践やアクション・ラーニングなどの企業内の経営者教育における経験を理論的に意味づけ、自らの経営理論を構築することをサポートすることである。すなわち、それは省察をサポートすることである。省察は、持論→自らの経営理論、自らの経営理論→新たな自らの経営理論へと進化を遂げる際に、経営実践において経験を意味づけ、自らの経営理論を発展させる際に根幹をなす行為である。先述のミンツバーグなどは、自らが企画した新たなマネジメント教育の場であるIMPMの運営に携わっているが、そこでは、「省察」を中核概念としてマネジャー自らの経験を題材として、省察し、経験を理論的に意味づけ新たな洞察や気づきを得ることを主眼に置いた教育活動を展開している（Mintzberg, 2004）。IMPMの問題点は、平田（2007）や松本（2012）などにおいて指摘されているが、経営者能力に求められるアート的な技能を養う上では、省察は有効な手段であると考えることが可能であり、今後の教育実践の発展を期待したいところである。ミンツバーグのIMPMに近い取り組みとしては、山城章が1972年に設立した株式会社山城経営研究所が開講している「経営道フォーラム」を挙げることができる。経営道フォーラムでは、業種、経営規模、ポジショ

ン、世代、性別の異なる混成チームをテーマごとに編成し、コーディネーターの下で集団的に討議することを通じて、価値観の多様性を学び、自らの価値観（座標軸）を確立する「経営の心と道」を探求している（松本, 2012；株式会社山城経営研究所ホームページ）。経営道フォーラムで目指されているのは自己啓発による経営能力の向上であり、同フォーラムの取り組みもまた詳細に追っていくこともまた経営教育における経営者能力におけるアート的な技能の構築プロセスを明らかにできる可能性を秘めていると言えよう。

　今までの社員教育は従業員の豊かな持論を作るうえで利点があるゆえ、それは継続するとして、企業において求められるのは、人材の選抜と、経営教育の受け手である次世代の経営者が自らの経営理論を発展させることのできるような疑似経営者としての経験と、学習のための場であろう。自らの経営理論の基盤となる持論は豊かなビジネス経験や知識のみでは構築されず、人文知に基づく豊かな教養を基に構築される。こうした教養が自らの持論を論理性のあるものにするだけでなく、広い視野、多くの人々の心を動かす理念の創造を可能にするのである。そうした経営者としての素養を持つ幹部候補者社員を選抜し、経営者教育の非教育者として選定することが求められよう。また、疑似経営者としての体験が可能であり、自らの経営理論を洗練させるための場については、そうした場がなければ、ビジネススクールなどの外部機関で自らの経営理論を構築したとしても、そこに経験を裏付けていく場所がなくなり、それは単なる哲学に留まるものとなり、実践哲学ではなくなってしまうことになる。このように企業側もまた経営者教育を成功させるためには、ただ単に OJT と称し実務経験を積ませるだけでなく、それに適した人材の選抜や、経営判断を求められるような場所への配置や業務の割り当て、アクション・ラーニングなどの教育プログラムなど経営者能力の向上に繋がるような学習のための場を提供し、その経験を学習、成長へと繋げることが求められるのである。以上の議論を図示すると図 8-1 のようになる。

第 6 節　小括

　以上、本章では、先行研究と現在の日本における経営者教育の現状と問題

238

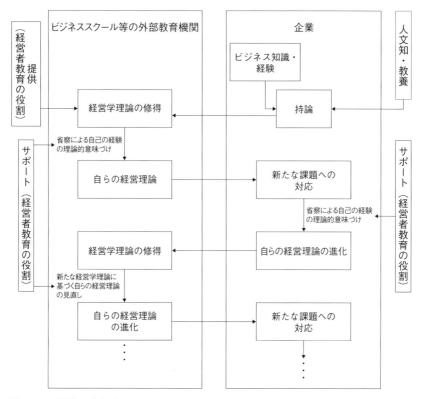

図 8-1　議論のまとめ
筆者作成

点を踏まえながら、その問題を克服し、経営者能力の向上を実現する経営者教育のあり方を模索してきた。そこでは、経営教育の受け手である実務者が教育機関と企業の中で学修と実践を重ね、都度自己の経験を省察しながら、経営実践のよりどころとなる自らの経営実践のよりどころとなる自らの経営理論を漸進的に進化させることこそが、経営者能力の向上に繋がること、経営者教育の主たる役割は経営者、経営幹部、経営幹部候補生などの教育の受け手による理論を用いた省察をサポートすることであるということを明らかにした。

　本章では、先行研究で十分に明らかにされてこなかった、経営学理論と経

営実践との繋がり、関連性を省察、自らの経営理論を基盤として明らかにすることに成功した。その部分において先行研究で不明確であった経営学理論と経営実践との関連性、ひいてはこの両者の相互作用によって何を目指すのかが不明確であった先行研究に対し、本章では、経営学理論と経営実践との相互作用により経営実践能力の向上に資する、経営教育の学習者自らの経営理論の構築・修正の理論モデルを提示することに成功した部分において先行研究に対するインプリケーションを見いだせよう。

　今後、ビジネススクールにおいても、経営者能力の養成のため、ミンツバーグの IMPM のような自己の経験をケースとした省察を主たる目的とするカリキュラム構築が求められよう。その意味では、経営道フォーラムや日本アスペン研究所などの民間教育組織などの取り組みは大いに学ぶべき点があると言えよう。

　今後は本章にて言及した省察の詳細な検討が必要であろう。それにより、本章にて提示した経営者の自らの経営理論の発展プロセスをより詳細なものにすることができるものと考えている。それにあたっては、心理学的なアプローチと、フィールドワークにより経営道フォーラムや日本アスペン研究所などの経営者能力の養成を試みている組織の研修、学習会参加者の省察とそれによる自己の経営理論の構築、再構築の具体的なプロセスをフィールドワークなどにより明らかにすることなども有効であろう。また経営者の自らの経営理論の発展プロセスについても実践的な妥当性があるのかどうか、定性研究に基づく実証研究から検討した上で、必要に応じて本章において提示した理論モデルを修正する必要があろう。以上を今後の研究課題としたい。

注

1) IMPM プログラムの詳細は、ミンツバーグ（2004）を参照されたい。

2) その一方で、金はその調査結果から「国内ビジネススクールは日本のビジネスリーダーの育成に貢献する」という結論を導出している（金、2009）。しかしながら、金（2009）によるアンケートの回答結果は、国内 MBA の 7 割が先の結論を肯定している一方で、企業側はそれへの肯定の比率はわずか 3 割にとどまっており、企業が国内ビジネススクールは日本のビジネスリーダーの育成に貢献すると認識していると結論付けることについては検討の余地がある。

3) 森本（2007）や佐藤（2011）は、こうした MBA 教育における（企業）倫理の軽視

がアメリカにおける多くの企業不祥事を引き起こした原因となっていると指摘している。

第9章
若干の検討

第1節　問題意識

　以上、本書では、経営学理論と経営実践の統合を可能とする経営者理論の構築という研究課題の下、経営者が意思決定のよりどころとする自らの経営理論の構築、修正プロセスの理論モデルの解明という課題について、第1章では日本企業の現状と課題、第2章では先行研究の検討、第3章では経営実践と経営学理論の関係性、第4章では経営哲学と宗教、第5章では社会的責任、第6章では実践知、第7章では経営者による経営学理論の経営実践への適用、第8章では経営者教育という多面的な視点から検討を試みてきた。本章では、本書第1章から第8章までにおける議論を踏まえ、経営者の自らの経営理論がいかに構築され、深化していくのか、そのプロセスを理論的な視点から明らかにしていきたい。それをもって経営者研究における先行研究および経営実践への貢献を目指すこととしたい。

第2節　経営者の自らの経営理論の構築に関する検討

　経営者の自らの経営理論は、経営者の経営実践における価値観や信念と経営者の経営実践における方法論であることは先述の通りである。経営者は、自らの経営実践における価値観や信念を基盤として自らの経営方法論を構築する。そしてこの経営方法論をよりどころとして自らの経営実践やそれに伴う戦略的意思決定を下すこととなる。その意味では、経営者の経営実践における価値観や信念は経営者の経営方法論のみならず、経営実践における根幹をなすものであるということができる。

242

　この経営者の経営実践における価値観や信念は言うまでもなく経営者としての（経営実践の）経験がそれに強い影響を及ぼす。経営者は経営者としての経験の中で経営者としての価値観や信念を構築するということである。その他、経営者としての哲学（経営者哲学）もまた経営者としての価値観や信念に影響を及ぼす。経営者哲学は、小笠原（2004）や佐藤（2013）が論じるように経営者の経営実践における（経営者個人の）哲学である。繰り返しになるが本書では、経営哲学を小笠原（2004）が「狭義の経営哲学」と称している経営者個人の哲学という意味で使用している。経営者がその経営実践の経験の過程で導出した経営実践に関する哲学であるがその構築と発展には、経営者個人の人生経験や信念や思想や、その宗教観、人文知なども多分に影響を及ぼしてくる。日本人の場合は、無宗教である人の割合は低くはないが、そうした人々の場合でも、宗教学者の島田（2013）がファーストリテイリング会長兼社長の柳井正の経営哲学には、団塊の世代特有の価値観が色濃く反映されていると指摘しているように、経営者が生まれ育った世代における価値観や思想とは無縁ではなく、そうした価値観に少なからず影響は受け、それは自らの価値観や信念へと組み込まれることになる。それだけでなく、後天的に学習をしてきた経営学理論などもそのあり方に影響を及ぼしてくる。その意味では、経営哲学は一度構築されたら固定化されるものではなく、経営者の経営実践の経験や事後的な学習に応じて漸進的に変化していくものであると捉えることができる。このように、経営者としての哲学は経営者の価値観や信念に強い影響を及ぼすと指摘できる。

　先述のように経営哲学は、経営者が自らの事業をどのように捉え、事業を通していかに社会に貢献していくべきかに関する信念である社会的責任観の構築に影響を及ぼしている。第5章でも検討したように、経営者は自らの社会的責任観を基盤として自らの経営方法論を構築していくのである。ただ、それだけではなく、経営者の社会との関わり方、事業を通じた社会への貢献の仕方の信念でもある社会的責任観は経営者の価値観や信念にも影響を及ぼしてくるものと考えられる。事業という形を通して自分や自分が経営する企業がいかに社会に貢献するかは、企業の存立の根幹でもあり、経営者の経営の動機の根幹をなすものであるためである。第5章で述べたように、社会的

責任に関する信念なき経営実践では、「自己利益」、「成長」という誘惑に打ち勝つことは難しく、自己利益のためにステークホルダーに犠牲を強いる戦略的意思決定を下し、企業不祥事を起こしてしまう危険性を払拭することは難しく、また社会貢献に対する信念なき経営実践では自らを取り巻くステークホルダーの支持を得て、企業における活動の正当性を得ることは難しく、経営活動において必要な経営資源の獲得を将来的に困難とする危険性も高いと言える。企業の存続・成長を実現していくためには、ステークホルダーの共感・支持を獲得する必要があり、企業の事業を通した社会貢献に影響を及ぼす経営者の社会的責任観は、ステークホルダーの共感・支持に少なくない影響を与えるものであり、その意味では経営者がどのような社会的責任観を構築、保持するかが重要であるということになる。

　経営者の自らの経営理論に影響を及ぼすのは経験、哲学や信念だけではない。座学や書籍による学習もまた彼らの経営理論に影響を及ぼす。その代表は、経営学理論であろう。先述のように経営学理論は、企業における経営実践を研究対象とする経営学者によって社会的に構築された企業の経営実践に関する理論である。経営学もまた（社会）科学であるため、中村（1992）が指摘するような普遍的、論理性、客観性という科学が持つ特徴を備えている。それゆえ、経営学理論もまた科学であり、どの企業にも共通する特徴を有する普遍的な現象を理論として導出している。その意味では、辻村（2001）が指摘するように、経営学理論は、どの企業にもある程度適用することが可能な全体解であり、個別企業に最適に適用可能な個別解ではない。経営学理論が全体解であるのならば、個々の経営者が経営する企業に対してそのままそれを適用することは不可能であり、自らが経営する企業のコンテクストに適合するように修正を施す必要がある。「経営学（理論）は（経営）実践には役に立たない」という批判は、ここに原因があるということである。すなわち、経営学者が提供する経営学理論というものの性質に関する誤解である。経営学者が構築し、社会に提供する経営学理論は全体解である一方で、経営者が求めるのは、自らの経営実践において即使用可能な個別解である。この認識が上記の批判を生んでいるということになる。経営学理論を経営実践において有用なものにしていくためには、経営者側が経営学理論を自ら及び自

らが経営する企業のコンテクストに適応するよう修正を施す作業が求められるのである。経営者は、経営学理論を学んだ上でそれを自らと自社のコンテクストに適合するよう修正を施しながら、自らの経営方法論を構築することは先述の通りである。以上を踏まえると、経営学理論は、経営者の自らの経営理論における経営方法論の土台をなすものであると指摘することができる。経営学理論は自ら学習するだけでなく、ビジネススクールなどの教育機関でも学習することが可能である。先述のように、経営理論は一度構築されても経営者の経営実践の経験や経営学理論の学習により拡張されたり、変化していく性格を有する。その意味では、経営学理論は経営方法論の構築のためだけに求められるわけではなく、深化による拡張、変化を実現していくためにも、第7章の事例研究で検討した星野佳路のように絶えず新たな経営学理論を学習し、必要に応じて自らの経営方法論へと組み込んでいくことが求められるのである。経営者自らの経営理論を深化させることにより、変化、

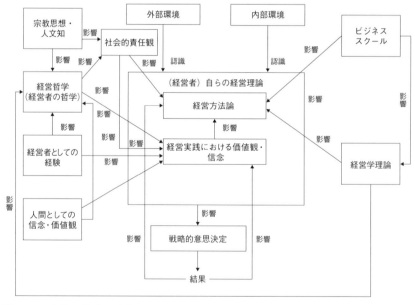

図9-1　本節の議論のまとめ
筆者作成

拡張を実現することが自らの経営実践の経験を顧みる学習である省察である。省察に基づく学習については次節で詳述したい。

　上記のプロセスを経て構築される経営者の経営実践のための理論である自らの経営理論をよりどころとしながら経営者は、自らを取り巻く外部環境と内部環境（組織）を認識しながら、企業の存続・成長を実現するための戦略的意思決定を下していくのである。自らが下した意思決定の結果もまた、経営者による経営実践の結果であり、経営者の価値観や信念、そして経営方法論に影響を与える。その意味では、経営者の自らの経営理論は固定化されたものではなく、絶えず再生産される性格を有するものであると言うことができよう。後述するように、自らの経営理論を洗練させていくためには、自らの経験をしっかりと意味付けていくことが重要となろう。以上の本節の議論を図示すると、図9-1のようになる。

第3節　経営者の自らの経営理論の深化に関する検討

　続いて本節では、経営者自らの経営理論の深化について検討を試みたい。先述のように経営学理論を自らと自社のコンテクストに適合するように修正されたものと、自らの経営実践における価値観や信念、社会的責任観、経営哲学などを基盤として構築された経営者の自らの経営理論は一度構築されたらそれで完成ではない。企業が外部環境の変化に応じてその戦略や組織を変化させていくように、自らの経営理論もまた経営者や企業を取り巻く状況に応じて変化を遂げていくのである。この変化において中心的な役割を果たすのが、自らの経験を顧みてその経験を理論的に意味づけることによる学習である省察である。第2章でも述べたように省察は自己の行為を見直すことにより、自らの行動の変革を実現する行為であり、それにより経営者の認識の修正がなされ、行動の修正が実現されるのである。経営者は自らの経営実践を事後的に意味づけ、反省的な学習を繰り返すことにより、その学習成果を自らの経営理論に反映させることにより、自らの経営理論を深化させていく。そこにおいて重要なのは成功体験よりも失敗体験である。プラハラット＝ベティス（1986）などにおいても指摘されているように、成功体験は補強

されていくものであるがゆえ、現状に慢心し、そこに存在する変化の兆候などを見落としたり、現象への変革を迫るような新たな事項の学習を拒絶し、機会を逸失するなど、失敗をもたらす可能性も否定できない。そうであるのならば、失敗体験に基づく省察的な学習や、現状に対する批判的、ある種の懐疑的な認識を有しながらの省察的な学習が求められるということになろう。

　この省察の過程で用いられるのは、第7章でも述べたように経営学者によって構築された経営学理論である。経営学理論は、経営者の経営方法論の土台をなすだけではなく、第7章でも検討した星野がそうであったように自らの経営実践を省察するための道具となる。その意味では、経営学理論は経営者の省察に耐えうるものであり、その省察をより良いものとするような質の高いものであることが望ましいと言える。第6章でも検討したように、アリストテレスはフロネーシスを個別的な物事を行うための知であると捉えてはいるものの、それをうまく行うためには、個別的な物事を行うための知識だけでなく、普遍的な知識も必要であるとして（アリストテレス, 2016：邦訳）、個別的な物事をより良く行うための普遍的な知識の重要性を指摘しており、筆者の主張を裏付けている。

　こうして自らの経営実践を題材とする省察的な学習の過程で構築されるのが深化した自らの経営理論（自らの経営理論'）であるが、この新たな経営理論もまた、経営者の経営実践の経験とそれを題材とする省察的な学習や、経営者による新たな経営学理論の習得と、新たな経営学理論を自らの経営理論へと包摂していくことにより、深化を遂げていくことになる。第7章の事例研究で検討した星野佳路のように経営者が事業拡張や新規事業に参入する際に新たなビジネスモデルの構築が求められる際に、それに適合するような経営学理論を学習し、それに自らのコンテクストに適合するよう修正を施しながら新たな経営理論を構築することになる。この新たな経営理論は、経営者が今まで構築してきた経営理論の一部をなすものとなる。しかしながら、これは先述のようにあくまで仮置きの経営理論に過ぎず、自らの経営実践の省察を経て、修正が施され、真の意味での自らの経営理論へと昇華するのである。

　以上のように、経営者の自らの経営理論は、経営実践、そして経営学理論の学習と、経営学理論を用いた省察の繰り返しにより深化を重ね、重厚なものとなっていくわけであるが（図9-2に記した通り、自らの経営理論→自らの経営理論'→自らの経営理論"というような深化)[1]、この省察は、人によって教わったり、気づかされる類のものではなく、山城（1968）などが指摘するように、あくまでも自分で気づいて学んでいくことが求められる自己啓発的な行為である。自らの自問自答と自己研鑽によって経営理論をより深化させていくことが求められるということを考えると、経営者による自らの経営理論の構築と深化という作業は、決して終わることのない求道的な営みであるということができ、その意味で、経営を「経営道」と称した山城（1990）の主張とも通じるところがあると言えよう。また、自らの経営理論の深化という営みは、三品（2006）が指摘するように教科書の存在しない世界での数十年単位での鍛錬が求められるということができよう。

　以上はあくまで経営者自身による自己啓発での自らの経営理論の深化のプロセスとなる。経営者教育は経営者に対してなしうる貢献はどのようなものとなるのであろうか。この問いに対しての答えであるが、本書における今までの議論を踏まえると、第8章でも述べたように経営者教育の真の役割とは、ミンツバーグ（2004）なども指摘しているように、経営者による経営学理論を用いた自己の経営実践の経験の省察をより良いものとすることをサポートすることではないかと言える。より良い省察が行えれば行えるほど、それは自らの経営理論の洗練化に貢献可能であるためである。経営学理論の習得と修正もまた経営者教育には求められる内容であると言えるが、こうした経営学理論を活用しながら、実りある省察を実現していくことこそが経営者教育に求められる真の役割であると言える。その意味では、企業内における幹部教育、すなわち将来の経営者候補の教育においては、野村マネジメント・スクール・野村総合研究所（2011）や田中（2021）が提案しているような子会社の社長や事業部長、新規事業創出などの経験を積ませながら、そこにおける自らの経営実践の経験を省察的に学習し、意味付けながら、自らの経営理論を構築し、洗練化させていくためのカリキュラムが必要であるということになる。そうした訓練を積むことにより、経営者となった後も自らの

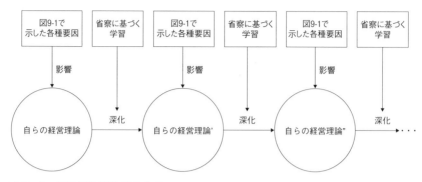

図9-2　第3節の議論のまとめ
筆者作成

力により、誰の手助けも借りることなく、自らの力でそれを実践していくことが可能になるためである。ビジネススクールなどの教育機関においては、経営者の自らの経営理論の根幹をなす経営学理論の習得、それを自らのコンテクストにいかに落とし込んでいくべきか、経営学理論を用いながら自らの経験をいかに意味づけていくかなどの作業において、経営者教育における貢献可能性を見出すことが可能であろう。そして第7章でも述べたように、経営実践を研究の対象とする経営学者は、経営者の経営方法論の土台となる経営学理論の提供と、経営者による自己反省、現状否定的な経営実践の省察的な学習を手助けする素材を提供するという方法において経営者の経営実践に貢献できる可能性があると言えよう。そして経営学者が経営実践に貢献するためには、省察の道具となるような良質な（科学的に優れた）経営学理論を構築する必要があることは第7章でも述べた通りである。これも先述の通り、沼上は経営学者の役割は、（経営実践に関する）法則の発見と伝授だけではなく、彼らの反省的意識における対話のプロセスに参加し、その対話を活性化することであるとしている（沼上, 2000）。本書における今までの議論や沼上の指摘を踏まえても、優れた経営学理論であればあるほど省察を良い方向、すなわちより優れた経営理論の構築を可能とする方向に導いていくことを可能とするということである。以上の議論を踏まえるならば、経営学（理論）は経営実践において決して役に立たないものではありえず、要はその

「使用のされ方」と科学理論としての優秀性が重要であるということになろう。言い換えると、経営学理論は正しく使用されない場合と、科学性が低い場合は経営実践への有用性を欠いたものとなるということである。

　以上の本節における議論を図示すると図9-2のようになる。

第4節　小括

　以上、本章では、経営者の経営実践における意思決定のよりどころとなる自らの経営理論がいかに構築され、修正されながら深化していくのか、その理論的なプロセスの解明を試みた。そこでは、経営者としての経営実践の経験のみならず、経営者個人の信念、思想、そして宗教思想、経営哲学、（経営者の）社会的責任観などの要因が経営者の価値観、信念の構築に影響を与え、それを基に自らの経営実践における経営方法論が構築されることになるわけであるが、この経営方法論には、経営学理論や（経営者の）社会的責任観が影響を与えることが確認された。こうして経営者個人の信念、思想と経営方法論を基に構成される自らの経営理論を基に経営者は外部環境、内部環境の認識や戦略、組織の決定などの経営実践における意思決定を下していくことになるが、意思決定による経営結果も、また彼ら・彼女らの価値観や信念、経営方法論に影響を及ぼすことになり、その意味では自らの経営理論は（経営）実践と（省察による）学習の繰り返しの中で再生産されるものであることを明らかにした。そしてこの再生産を経営理論の深化に繋げていくためには、自らの経営実践を顧みて意味付けしていく作業である省察が重要となることを明らかにした。自らの経営実践における意思決定、そしてその結果を振り返り、意味付けしていくことにより、それを自らの経営理論、すなわち経営者としての価値観や信念、経営方法論へと反映させることこそが自らの経営理論の深化を実現することに繋がることなる。こうした省察の過程で経営者により構築された理論である経営学理論が用いられることになり、こうした経営学理論が科学的で、汎用性の高いものであればあるほど、すなわち理論として優れているものであればあるほど省察が促進される可能性が高まることが明らかとなり、その意味において経営実践を研究対象とする経営

250

学者の経営実践における貢献可能性とは、経営者の自らの経営理論の土台を構築すること、そして、その省察を促進させるような科学的に優れた経営学理論を構築することの二つであることが明らかとなった。経営学者が優れた経営者の自らの経営理論の構築と省察の促進に貢献できれば、経営者の経営実践の質は高まる可能性が高くなる。経営者の経営実践の質が高まれば、経営実践を研究対象とする経営学者はそこに新たな現象を見出し、経営学理論を構築するかもしれない。そうして構築された経営学理論は経営者により新たな自らの経営理論の構築の足掛かりとして活用されるかもしれない。このように、経営学者が優れた経営学理論を構築することは経営者の経営実践を構築させるだけでなく、経営学者自身の学術研究をも促進させる可能性（経営者と経営学者が WIN-WIN 関係になることができる可能性）を秘めているのである。

　本章の結論は、経営者が意思決定のよりどころとする自らの経営理論がいかに構築され、深化していくのかという理論的なプロセスを明らかにすることができたという意味においては、経営者における職務遂行能力、すなわち経営者能力がいかにして構築、深化していくのかという理論的なプロセスを明らかにすることを可能にしたものと指摘することできる。その部分に、本章の議論における経営者研究における先行研究に対する貢献を見出すことができよう。しかしながら、本書および本章における議論では、経営者による具体的な経営学理論を用いた経営者による省察のプロセス、省察を経て自らの経営理論を深化・発展させていく具体的なプロセスにまでは踏み込むことができなかった。こうしたプロセスを明らかにするためには、理論的な側面としては、教育学や学習論など経営学以外の領域の知見を用いながら理論構築を試みていくことが有効なのではないかと考えられる。実践的な側面としては、第 7 章で試みたような実際の経営者の単一事例研究が有効なのではないかと考えられる。教育学、学習論的なアプローチと単一事例研究による個別事例の深堀りにより、経営者の自らの経営理論の構築、深化のプロセスをより詳細なものにできるのではないかと考えている。それを本章から導かれる筆者の今後の研究課題として、本章を閉じることとしたい。

注

1）経営実践と経営学理論を踏まえながら経営実践のよりどころとなる経営実践のための理論である経営理論が構築されるという意味では、経営能力（Ability）とは（経営）経験（Experience）と知識（理論：Knowledge）を土台にして構築される自己啓発的な営みであるとした山城（1970）が提唱した KAE の原理に通じるところがあると言える。

終章

本書の貢献と限界、今後の研究課題

　以上、本書では、経営者こそが企業における業績に重要な影響を及ぼす個人であるとの認識の下、経営者を直接的な研究対象として、9章にわたり多面的な角度から経営者が、その戦略的意思決定のよりどころとする経営者自身の価値観、信念と経営方法論から成り立つ（経営者）自らの経営理論を構築、深化させていく理論的なプロセスの解明を試みてきた。本章では、本書における結論の確認と本書における先行研究への貢献、本書の限界および本書に関わる筆者の今後の研究課題を明らかにしたい。

第1節　本書の結論と貢献

第1項　本書の結論

　本項では本書の結論を再度明らかにする。本書では、経営者研究における先行研究の検討を踏まえ、経営者の戦略的意思決定において参照される認知図が構築され、深化されていくプロセスに関して十分な解明がなされていないことを指摘し、経営者研究及び経営者による経営実践を進化させていくためにはこれらを明らかにする必要があることを指摘した上で、経営者能力と相関性の高い経営者の意思決定のよりどころとされる経営者の自らの経営理論の構築と深化の理論的なプロセスを明らかにした。

　まずは、経営者の意思決定のよりどころとなる自らの経営理論とは、経営者の経営実践における価値観や信念と経営者の経営方法論から成り立つものであることを指摘した上で、経営者の経営実践における価値観や信念の構築には、経営者個人の信念や価値観、経営者としての経験、経営者の経営実践に関する哲学である経営哲学、社会的責任をどのように捉えるのかという社会的責任観が影響を及ぼすことを明らかにした。また経営哲学と経営者の社

会的責任観の構築には、経営者自身の人文知や宗教思想などが影響を及ぼすことを明らかにした。一方で経営方法論は、経営者が後天的に習得した経営学者によって社会的に構築された経営実践に関する理論である経営学理論、そして自己利益や成長という誘惑に打ち勝ち、ステークホルダーの支持を得て企業の活動の正当性を獲得するための、企業が社会に対してどのように貢献していくべきかという指針である経営者の社会的責任観が、その構築に影響を及ぼすことを明らかにした。

　次に経営者の自らの経営理論の深化であるが、一度構築された自らの経営理論はそれで完成というわけではなく、経営実践という経験と経験の振り返りと意味付けである省察の過程の中で深化を遂げていくことになることを指摘した。この省察に用いられるのが経営学理論である。経営者は経営学理論を用いながら、自らの経営実践の経験を振り返り、意味付けながら適宜自らの経営理論に修正を施していく。それだけでなく、事業の拡張や新たな試みの際には経営者は進んで経営学理論を学修し、自らの経営学理論に修正を施していく。こうした経験と省察、学習の繰り返しにより経営学理論は深化を遂げ、洗練されたものとなっていくことを本書における議論を通じて明らかにした。

　そして経営学理論が自らの経営者の経営理論の構築と経営実践という経験の省察において活用されるのならば、経営学（理論）及びその構築者の経営学者が経営実践とその行為主体である経営者に対してなしうる役割とは、彼らの自らの経営理論の構築と省察に貢献しうる優れた理論を構築することであることを指摘した。そしてこの優れた理論とは、科学的で、汎用性の高いものであればあるほど、すなわち理論として優れており、経営者の自らの経営理論の構築と省察が促進される可能性が高まることを明らかにした。このように経営学者が優れた経営学理論を構築することは経営者の優れた自らの経営理論の構築と省察を促進させ、優れた経営実践に貢献し、ひいては自らの学術研究を推し進め、経営者、経営学者双方にとってWIN-WIN関係を構築することに繋がることを明らかにした。

　以上が簡潔ではあるが、本書の結論である。

第2項　本書の貢献

　本項では、先行研究や経営実践に対する本書の貢献を明らかにしたい。本書においては、先行研究において事業観、経営観、スキーム、（経営者の）経営理論などと呼ばれる経営者の認知図すなわち経営者自らの経営理論がいかなる要因に影響を受け、いかにして形成され、深化していくのか、その理論的なプロセスを明らかにすることに成功した。先行研究においては、こうした認知図は経営者の戦略的意思決定においてそのよりどころとなるものであり、重要な役割を果たすものであることが指摘されながらも、それがいかなる要因に影響を受けるのかとその形成・深化プロセスについては十分に明らかにされることがなかった。本書では、多面的な視点から経営者自らの経営理論の解明を試み、その一端を明らかにすることに成功した。その部分に経営者研究における貢献が見いだせよう。また、経営者の戦略的意思決定のよりどころとなる経営者自らの経営理論の姿を明らかにし、その形成・深化要因とプロセスを明らかにすることは、山城（1970）の指摘するところの実践主体（経営者、管理者）の行為能力（経営能力）の啓発（＝教育）に資する実践経営学[1]への一定の貢献を可能とするものであるとも言えよう。

　また本書では、経営者が経営実践における遂行能力である経営者能力を高める際に必要となる諸要因を明らかにすることに成功している。そのため、本書は経営者は自己啓発としてどのような学習や行為を繰り返すことにより経営者能力を高めていく具体的な方法論を示唆していると言えよう。この部分に本書の経営実践における第一の貢献が見いだされる。また、上述のように経営者が経営者能力を高めるための諸要因を明らかにしており、それは後継の経営者の育成、すなわち経営者教育の具体的な教育内容、カリキュラムを考えるにあたって一定の示唆を与えるものであると言える。経営者教育における貢献こそが本書の経営実践への第二の貢献であると言えよう。この第二の貢献については、経営者の教育を主たる研究対象とする経営教育論[2]への貢献も見いだせよう。この経営者教育については後継者の育成にとどまらず現役の経営者も対象となる。山城（1970）などが指摘しているように経営能力の向上とは自己啓発の側面が強い。そうであるのならば経営者は自ら経営者能力の向上のため進んで学習していなければならない。本書における議

論はそうした現役の経営者が経営者能力の向上のため、自ら進んで学習をする上での道しるべとしての役割を果たすものであると言えよう。

　本書では、経営学理論と経営実践との関係性についても検討を試みている。本書、とりわけ第7章において、経営者が経営学理論に依拠しながら自らの経営理論を構築し、それを活用しながら自らの経営実践を省察し、自らの経営理論に修正を施しているのならば、経営学者が経営実践およびその担い手である経営者に対してなしうる貢献とは、その土台となりうる科学性を追求した質の高い経営学理論を社会的に構築することこそが経営学者が経営実践に対する最大の貢献であることを指摘した。少なくない文献において経営実践と経営学理論との乖離が指摘されているが（辻村, 2001, 2009；Rousseau, 2005；服部, 2014 など）、経営者が経営学理論をいかに自らの経営理論へと包摂し、深化させるために活用するか、そのプロセスを明らかにすることにより、経営実践と経営理論の歩み寄り方、そして経営学者の経営実践への具体的な貢献の仕方を明確化したことに経営学研究と経営実践両方への貢献が求められよう。

第2節　本書の限界と今後の研究課題

　本書には、前節第2項のような先行研究や経営実践への貢献が見い出されるものの、限界、そして残された課題もある。本節では本書の限界と今後の研究課題について言及したい。

　まず一点目の本書の限界は、本書が提示する経営者自らの経営理論の具体像についてである。本書では、自らの経営理論とは経営者の経営実践のための理論であるとして、それは経営者の経営実践における信念・価値観と経営方法論から成り立つとしたが、その詳細な姿については十分に明らかにすることはかなわなかった。今後は、詳細な事例研究、すなわち調査対象の経営者について記述された二次資料の狩猟と整理、のみならず経営者へのインタビュー・サーベイを通して経営者の自らの経営理論の姿を明らかにしていく必要があると言えよう。

　二点目の本書の限界は、経営者自らの経営理論を深化させる過程で求めら

256

れる自らの経営実践の省察の具体的なプロセスの明確化である。本書では、第7章にて星野リゾート・星野佳路を対象とした事例研究を行ったが、具体的な省察のプロセスについては十分に解明できたとは言い難い。こちらも今後、インタビュー・サーベイを中心とした定性研究により明らかにしていきたいと考えている。また、教育学、学習論（一例を挙げれば省察的実践など）などの知見を用いることにより、省察の理論モデルが精緻化されるものと考えられる。それゆえ、教育学、学習論の知見を深め、これらの知見を用いながら省察による自らの経営理論の深化の理論的モデルを精緻化させることが二点目の限界に関連した本書の今後の研究課題となると言えよう。二点目の研究課題に取り組み、自らの経営理論の深化の理論モデルを洗練化、精緻化させることにより、企業における経営者教育の実務にも貢献可能性が高まるものと考えられる。2018年に改訂された日本版コーポレートガバナンス・コードにおける補充原則4-1③においても取締役会が経営資源と時間を割き、後継の経営者の育成を行うことが求められている（株式会社東京証券取引所, 2018）。こうした要請を踏まえるならば、本書がその理論モデルを精緻化、洗練化させることは経営者論、経営教育論を中心とする経営学理論のみならず経営実践においても高い貢献を有するものと考えられる。

　以上を筆者の今後の研究課題として本書を閉じることとしたい。本書がわずかではあれ、経営者における経営実践と経営学理論の前進に貢献できたのであればまたとない幸いである。

注
1) 小島（2010）などは、経営学を過去との対話（＝経営学史）、現在との対話（＝実践経営学）、将来との対話（＝経営システム論）に分類し、実践経営学を「経営者の実践した足跡を理論化および普遍化した健全で効率的な企業経営研究」（小島, 2010：89）であると定義している。
2) 小椋は、経営教育論を「経営実践主体の目的達成活動の行動能力を高め、啓発し、教育することを内容とする学問である」（小椋, 2009：4）と定義している。

初出一覧

第1章

大野貴司（2023b）「日本企業の現状と課題に関する一考察 ―コーポレートガ
　バナンスと経営者に注目して―」『関西実践経営』第63号、1-25頁

第2章

書き下ろし

第3章

大野貴司（2020a）「経営学の経営実践への貢献可能性に関する一考察 ―経営
　学理論と経営実践の統合にむけて―」『帝京経済学研究』第54巻第1号、
　33-55頁

第4章

大野貴司（2021）「わが国経営者の経営哲学に果たす宗教の役割に関する一考
　察」『帝京経済学研究』第55巻第1号、43-70頁

第5章

大野貴司（2022b）「経営者と企業の社会的責任に関する一考察 ―現代企業の
　経営者は社会的責任をどのように捉えるべきなのか？―」『帝京経済学研
　究』第56巻第1号、45-61頁

第6章

大野貴司（2022a）「経営者能力の性格に関する一考察 ―実践知の視点から―」
　『関西実践経営』第61号、35-54頁

第7章

大野貴司（2023a）「経営者による経営学理論の経営実践への適用に関する一考
　察 ―星野リゾート・星野佳路の事例から―」『帝京経済学研究』第56巻
　第2号、53-77頁

第8章

大野貴司（2020b）「わが国（日本）における経営者教育の展開可能性」『日本
　近代學研究』第70号、265-293頁

第9章

書き下ろし

258

参考文献

青木英孝（2021）「コーポレート・ガバナンスが企業不祥事に与える影響」『組織科学』第 55 巻第 2 号、18−30 頁

青木崇（2016）『価値創造経営のコーポレート・ガバナンス』税務経理協会

Argyris, C. & Schön, D.（1978）, *Organizational Learning : A Theory of Action Perspective*, Addison-Wesley.

アリストテレス著、渡辺邦夫・立花幸司訳（2016）『ニコマコス倫理学（下）』光文社

Barker, R.（2010）, "No, Management is not a Profession," *Harvard Business Review*, Vol.88, No.7, pp.52−60.

Barnard, C. I.（1938）, *The Functions of Executives*, Harvard University Press.（山本安次郎・田杉競・飯野春樹訳『新訳経営者の役割』ダイヤモンド社、2017 年）

Bellah, R. N.（1985）, *Tokugawa Religion : The Cultural Roots of Modern Japan*, Free Press.（池田昭訳『徳川時代の宗教』岩波書店、1996 年）

Bennis, W. G. & O'toole, J.（2005）, "How Business School Lost Their Way," *Harvard Business Review*, Vol.83, No.5, pp.96−104.

Bartlett, C. A., & Ghoshal. S.（1994）, "Changing the Role of Top Management: Beyond Strategy to Purpose," *Harvard Business Review*, Vol.72, No.6, pp.79−88.

Bettis, R. A.（2000）,"The Iron Cage Is Emptying, The Dominant Logic No Longer Dominates,"In Baum, J. & Dobbins, R.（eds.）, *Economics Meets Sociology in Strategic Management*, JAI Press, pp.167−174.

Bettis, R. A. & Prahalad, C. K.（1995）, "The Dominant Logic : Retrospective and Extension,"*Strategic Management Journal*, Vol.16, pp.5−14.

Bettis, R. A. & Wong, S.（2003）, "Dominant Logic, Knowledge Creation, and Managerial Choice," In Easterby-Smith, M. & Lyles, M. A.（eds.）, *Handbook of Organizational Learning and Knowledge Management*, Blackwell Publishing, pp.343−355.

Blanchard, K., Carlos, J. P. & Randolph, A.（1996）, *Empowerment Takes more than a Minute*（*Second Edition*）, Berrett-Koehler Publishers.（星野佳路監訳、御立英史訳『社員の力で最高のチームをつくる―（新版）1 分間エンパワーメント』ダイヤモンド社、2017 年）

Carlzon, J.（1985）, *Riv Pyramiderna*, Albert Bonniers Förlag AB.（堤猶二訳『真実の瞬間』ダイヤモンド社、1990 年）

Carroll, A. B.& Buchholtz, A. K.（2015）, *Business & Society : Ethics, Sustainability, and*

Stakeholder Management (*9ᵗʰ Edition*), Cengage Learning.

Collins, J. & Porras, J. I. (1994), *Built to Last*, Curtis Brown Ltd.（山岡洋一訳『ビジョナリーカンパニー　時代を超える生存の法則』日経 BP マーケティング、1995 年）

Davis, K. & Blomstrom, R. L. (1975), *Business and Society : Environment and Responsibility* (*Third Edition*), McGraw-Hill.

土光敏夫（1995）『日々に新た　わが人生を語る』PHP 研究所

Drucker, P. F. (1954), *The Practice of Management*, Harper & Row.（上田惇生訳『現代の経営〔上〕・〔下〕』ダイヤモンド社、2006 年）

Drucker, P. F. (1974), *Management : Tasks, Responsibilities, Practices*, Harper & Row.（上田惇生訳『マネジメント〔上〕・〔中〕・〔下〕』ダイヤモンド社、2008 年）

Drucker, P. F. (1985), *Innovation and Entrepreneurship*, HarperCollins Publishers.（上田惇生訳『イノベーションと企業家精神』ダイヤモンド社、2007 年）

江頭憲治郎（2016）「コーポレート・ガバナンスの目的と手法」『早稲田法學』第 92 巻第 1 号、95 - 117 頁

江川雅子（2018）『現代コーポレートガバナンス』日本経済新聞社

栄原幸二（1990）「西田天香の思想」『社会科学年報』第 24 号、5 - 48 頁

遠田雄志（1999）「心の中の経営」佐々木恒男編『現代経営学の基本問題』文眞堂、303 - 323 頁

Freeman, R. E. (1984), *Strategic Management : A Stakeholder Approach*, Pitman.

古野庸一・藤村直子（2012）「プロ経営者になるための学びのプロセス　『覚悟』と『内省』で支え、『日々の鍛錬』と『修羅場』で学ぶ」『経営行動科学学会年次大会発表論文集』第 15 号、373 - 378 頁

合力知工（2004）『現代経営戦略の論理と展開―持続的成長のための経営戦略―』同友館

Greenwood, R. & Hinings, C. R. (1993), "Understanding Strategic Change : The Contribution of Archetypes," *Academy of Management Journal*, Vol.36, No.5, pp.1052 - 1081.

Hage, J. (1972), *Techniques and Problems of Theory Construction in Sociology*, John Wiley & Sons.（小松陽一・野中郁次郎訳『理論構築の方法』白桃書房、1978 年）

Hall, M. H. & Johnson, M. E. (2009), "When Should a Process be Art, Not Science ?," *Harvard Business Review*, Vol.87, No.3, pp.58 - 65.

Hambrick, D. C. (2007), "The Field of Management's Devotion to Theory : Too Much of a

Good Thing ?," *Academy of Management Journal*, Vol.50, No.6, pp.1346－1352.

花田光世（2009）「企業・学生が求める総合的な力を身に付ける道筋を示せ」慶應義塾大学大学院経営管理研究科編『検証ビジネススクール　日本で MBA を目指す全ての人に』慶應義塾大学出版会、62－63 頁

波多野誼余夫（2001）「適応的熟達化の理論をめざして」『教育心理学年報』第 40 号、45－47 頁

服部泰宏（2014）「経営学の普及に関する『エビデンス』」『彦根論叢』第 399 号、38－53 頁

服部泰宏（2015）「経営学の普及と実践的帰結に関する実証研究」『経済学論及』第 69 巻第 1 号、61－86 頁

林廣茂（2019）『日本経営哲学史―特殊性と普遍性の統合』筑摩書房

林淳一（2015）『変化の経営学―戦略・組織・経営者―』白桃書房

林順一（2022）『コーポレートガバナンスの歴史とサステナビリティ―会社の目的を考える―』文眞堂

日野健太（2003）「組織変革への経営者育成の適応：松下電器産業の事例を中心に」『日本経営学会誌』第 10 号、3－14 頁

日沖健（2002）「アクション・ラーニングと企業内大学における経営者教育」『企業と人材』第 805 号、30－35 頁

平田光弘（2008）『経営者自己統治論―社会に信頼される企業の形成』中央経済社

平田透（2012）「哲学の意義」野中郁次郎編著『経営は哲学なり』ナカニシヤ出版、4－19 頁

Hodgkinson, G. P. & Johnson, G.（1990）, "Exploring the Mental Models of Competitive Strategists : The Case of Processual Approach," *Journal of Management Studies*, Vol.31, No.4, pp.525－551.

星野佳路（2009）「解説　事件が会社を強くする」中沢康彦著、日経トップリーダー編『星野リゾートの事件簿　なぜ、お客様はもう一度来てくれたのか？』日経 BP マーケティング、216－222 頁

星野佳路（2015）「計画達成よりノウハウ向上が成長のカギ 数値で管理すべきは結果よりプロセスである」『Diamond ハーバード・ビジネス・レビュー』第 40 巻第 2 号、38－44 頁

星野佳路（2017）「監訳者あとがき」星野佳路監訳、御立英史訳『社員の力で最高のチームをつくる―（新版）1 分間エンパワーメント』ダイヤモンド社、193－205 頁

星野佳路（2018）「フラットな組織文化こそが競争力の源泉―星野リゾートの組織

論」前田はるみ著、『THE21』編集部編『トップも知らない星野リゾート 「フラットな組織文化」で社員が勝手に動き出す』PHP 研究所、226‒238 頁

星野佳路（2021）「解説　変わったことと変わらないこと」中沢康彦『星野リゾートの事件簿　なぜお客様は感動するのか？』日経 BP マーケティング、214‒222 頁

出光佐三（1971）『日本人にかえれ』ダイヤモンド社

出光佐三（2013）『働く人の資本主義＜新版＞』春秋社

出光佐三（2016）『マルクスが日本に生まれていたら』講談社

池田光穂（2010）『看護人類学入門』文化書房博文社

井上達彦（2017）『模倣の経営学　実践プログラム版』日経 BP 社

入山章栄（2012）『世界の経営学者はいま何を考えているのか　知られざるビジネスの知のフロンティア』英治出版

石井研士（1997）「会社と宗教」中牧弘允・日置弘一郎編著『経営人類学ことはじめ　会社とサラリーマン』東方出版、89‒104 頁

石井耕（1996）『現代日本企業の経営者―内部昇進の経営学―』文眞堂

伊丹敬之（2000）『日本型コーポレートガバナンス　従業員主導企業の論理と改革』日本経済新聞社

伊丹敬之（2007）『よき経営者の姿』日本経済新聞出版社

伊藤智明（2018）「創業経営者による使用理論の省察と経営理念の制作：創業期のベンチャーにおけるアクション・リサーチ」『組織科学』第 51 巻第 3 号、98‒108 頁

岩井洋（2017）「宗教と経営―宗教経営学の視点から―」『宗教研究』第 91 巻第 2 号、237‒256 頁

Jeffrey, P. & Sutton, R. I.（2006）, *Hard Fact Dangerous Half-Truths, and Total Nonsense : Profiting from Evidence-Based Management*, Fietcher & Parry LLC Literary Agency.（清水勝彦訳『事実に基づいた経営』東洋経済新報社）

株式会社ダスキン編・発行（1983a）『祈りの経営　鈴木清一の世界　第一巻』

株式会社ダスキン編・発行（1983b）『祈りの経営　鈴木清一の世界　第三巻』

株式会社ダスキン編・発行（1983c）『祈りの経営　鈴木清一の世界　第五巻』

加護野忠男（1988）『組織認識論―企業における創造と革新の研究―』千倉書房

加護野忠男（2010）『経営の精神―我々が捨ててしまったものは何か―』生産性出版

加護野忠男・砂川伸幸・吉村典久（2010）『コーポレート・ガバナンスの経営学―企業統治の新しいパラダイム』有斐閣

亀井敏郎（2005）『「経営職」を育成する方法―次世代リーダーはこうしてつくる』

262

　　ファーストプレス

神渡良平（2011）『敗れざる者　ダスキン創業者・鈴木清一の不屈の精神』PHP 研
　　究所

金井壽宏（2005）『リーダーシップ入門』日本経済新聞出版社

金井壽宏・楠見孝編著（2012）『実践知―エキスパートの知性』有斐閣

菅野寛（2011）『BCG 流経営者はこう育てる』日本経済新聞出版社

勝部伸夫（2021）「わが国における機関所有の変遷とその意義」『経済系』第 282
　　号、1 – 33 頁

Katz, R. L.（1974）,"Skills of an Effective Administrator,"*Harvard Business Review*, Vol.51,
　　No.5, pp.90 – 101.

慶應義塾大学ビジネス・スクール編（2013）『経営人材を育てる！― CEO 人材欠乏
　　症の日本を変える』慶應義塾大学出版会

慶應義塾大学大学院経営管理研究科編（2009）『検証ビジネススクール　日本で
　　MBA を目指す全ての人に』慶應義塾大学出版会

起業家大学著、真田茂人監修（2012）『組織づくりの教科書　成長し続けるリー
　　ダーが実践していること』起業家大学出版

橘川武郎（2019）『イノベーションの歴史』有斐閣

金雅美（2009）「国内ビジネススクールに対する 7 つの幻想―国内 MBA と企業に
　　対する意識調査から―」『経営教育研究』第 12 巻第 1 号、45 – 56 頁

岸本英夫（1961）『宗教学』大明堂

小池和男（1981）『日本の熟練 すぐれた人材形成システム』有斐閣

小島大徳（2010）『株式会社の崩壊―資本市場を幻惑する 5 つの嘘―』創成社

駒井茂春（1985）『ダスキン　成長への戦略ノート―コングロ・フランチャイズの
　　発想―』ダイヤモンド社

駒井茂春（1992）『フランチャイズは人生の道』天理時報社

駒井茂春（1996）『損の道をゆく経営』経済界

金光教本部教庁編（2009）『天地は語る―金光教教典抄―（第六刷）』金光教徒社

琴坂将広（2014）『領域を超える経営学―グローバル経営の本質を『知の系譜』で
　　読み解く』ダイヤモンド社

楠見孝（2012a）「実践知と熟達者とは」金井壽宏・楠見孝編著『実践知―エキス
　　パートの知性』有斐閣、3 – 31 頁

楠見孝（2012b）「実践知の獲得　熟達化のメカニズム」金井壽宏・楠見孝編著『実
　　践知―エキスパートの知性』有斐閣、33 – 57 頁

楠見孝（2014）「ホワイトカラーの熟達化を支える実践知の獲得」『組織科学』第

48 巻第 2 号、6‒15 頁

楠木建（2011）「経営『学』は役に立つのか」『一橋ビジネスレビュー』別冊 No.1、4‒12 頁

前田はるみ著、『THE21』編集部編（2018）『トップも知らない星野リゾート　「フラットな組織文化」で社員が勝手に動き出す』PHP 研究所

松本芳男（2011）「経営者教育のあり方」『経営力創成研究』第 7 号、95‒106 頁

松野弘（2019）『「企業と社会」論とは何か―CSR 論の進化と現代的展開―』ミネルヴァ書房

松下幸之助（2001）『実践経営哲学』PHP 研究所

松下幸之助（2011）『［復刻版］　企業の社会的責任とは何か？』PHP 研究所

McCall, M. W.（1998）, *High Flyers*, Harvard Business University Press.（金井壽宏監訳『ハイ・フライヤー』プレジデント社、2002 年）

Mintzberg, H.（1973）,*The Nature of Managerial Work*, Harper & Row.（奥村哲史・須貝栄訳『マネジャーの仕事』白桃書房、1993 年）

Mintzberg, H.（2004）, *Managers not MBAs*, Berrett-Koehler Publishers.（池村千秋訳『MBA が会社を滅ぼす～正しいマネジャーの育て方』日経 BP 社、2006 年）

Mintzberg, H.（2009）, *Managing*, Berrett-Koehler Publishers.（池村千秋訳『マネジャーの実像　「管理職」はなぜ仕事に追われているのか』日経 BP 社、2011 年）

Mintzberg, H., Ahlstrand, B. W. & Lampel, J.（1998）, *Strategy Safari*, Free Press.（齋藤嘉則監訳『戦略サファリ　第 2 版』東洋経済新報社、2013 年）

三品和広（2004）『戦略不全の論理』東洋経済新報社

三品和広（2005）「日本企業の構造改革案」三品和広編著『経営は十年にして成らず』東洋経済新報社、271‒281 頁

三品和広（2006）『経営戦略を問いなおす』筑摩書房

三品和広（2011）『どうする？日本企業』東洋経済新報社

三品和広・日野恵美子（2011）「日本企業の経営者―神話と実像」『日本労働研究雑誌』第 53 巻第 1 号、6‒19 頁

宮坂純一（1999）「期待される経営者像―ビジネス倫理学から見た経営者の役割」『産業と経営　奈良産業大学経営学部創設記念論文集』1‒18 頁

三好明久（2014）「神のことばが良い実を結ぶ―山崎製パン飯島延浩社長のキリスト教信仰と企業経営」住原則也編『経営と宗教―メタ理論の諸相』東方出版、43‒59 頁

茂木健一郎・NHK「プロフェッショナル」制作班編（2006）『プロフェッショナル仕事の流儀　星野佳路　リゾート再生請負人 "信じる力" が人を動かす』

NHK 出版

森本三男（1994）『企業社会責任の経営学的研究』白桃書房

森本三男（1999）「実践経営学と経営教育―日本経営教育学会の軌跡―」森本三男
編著『実践経営の課題と経営教育』学文社、2 - 18 頁

森本三男（2007）「経営者教育：MBA コースとその対極」『創価経営論集』第 31
巻第 3 号、1 - 11 頁

森岡孝文（2017）「経営行動と宗教―金光教における経営の教え―」『経営情報学部
論集』第 31 巻第 1・2 号、111 - 124 頁

守島基博（2005）「総合的人事・育成施策としての早期選抜型の経営者育成　『選抜
―研修―配置』のサイクルの中で」『企業と人材』第 852 号、28 - 33 頁

Moxter, A.（1957）, *Mehodologische Grundfragen der Betriebswirtschaftslehre*,
Westdeutscher Verlag.（池内信行・鈴木英壽訳『経営経済学の基本問題』森山書
店、1967 年）

村澤竜一（2021）『機関投資家のエンゲージメント　協調型コーポレートガバナン
スの探求』中央経済社

村瀬慶紀（2013）「日本企業における経営者の後継者育成」『経営力創成研究』第 9
号、103 - 114 頁

村田晴夫（1997）「経営哲学の構想―経営管理論の新しい展開のための序説―」『桃
山学院大学経済経営論集』第 38 巻第 4 号、99 - 119 頁

村田晴夫（2003）「経営哲学の意義」経営哲学学会編『経営哲学とは何か』文眞
堂、3 - 17 頁

村山元英（1990）『経営宗教学事始め：元（モト）の理追求』文眞堂

村山元理（2012）「信仰と事業の『共信共栄』神話―近江兄弟社の創業と再生」日
置弘一郎・中牧弘允編著『会社神話の経営人類学』東方出版、61 - 91 頁

内藤莞爾（1978）『日本の宗教と社会』御茶の水書房

中牧弘允（2006）『会社のカミ・ホトケ　経営と宗教の人類学』講談社

中村雄二郎（1992）『臨床の知とは何か』岩波書店

中野雅至（2013）『ビジネスマンが大学教授、客員教授になる方法』ディスカ
ヴァー・トゥエンティワン

中沢康彦著、日経トップリーダー編（2009）『星野リゾートの事件簿　なぜ、お客
様はもう一度来てくれたのか？』日経 BP マーケティング

中沢康彦（2010）『星野リゾートの教科書　サービスと利益　両立の法則』日経 BP
マーケティング

中沢康彦（2021）『星野リゾートの事件簿　なぜお客様は感動するのか？』日経 BP

マーケティング

並松信久（2009）「西田天香の経済倫理と一燈園生活」『京都産業大学日本文化研究所紀要』第 14 号、329‐369 頁

NHK「仕事のすすめ」制作班編（2010）『柳井正　わがドラッカー流経営論』NHK 出版

西田天香（2018）『懺悔の生活（新版）』春秋社

庭本佳和（2003）「日本の経営哲学の再構成―『日本の経営哲学は死んだか』とは何を問うているのか―」『甲南経営研究』第 44 巻第 2 号、27‐59 頁

庭本佳和（2006）『バーナード経営学の展開―意味と生命を求めて―』文眞堂

野林晴彦（2020）「日本の経営理念の歴史的変遷―概念の誕生・変容と普及―」滋賀大学大学院経済学研究科博士論文

野間口隆郎（2012）「経営者能力と事業継承」『名古屋商科大学論集』第 57 巻第 1 号、131‐140 頁

野村敦子（2013）「銀行の出資規制緩和を巡る議論」『JRI レビュー』第 2 巻第 3 号、2‐28 頁

野村マネジメントスクール・野村総合研究所（2011）『トップが語る次世代経営者育成法』日本経済新聞出版社

野中郁次郎・紺野登（2012）『知識創造経営のプリンシプル』東洋経済新報社

沼上幹（2000）『行為の経営学―経営学における意図せざる結果の探求―』白桃書房

沼上幹・浅羽茂・新宅純二郎・網倉久長（1992）「対話としての競争―電卓産業における競争行動の再解釈―」『組織科学』第 26 巻第 2 号、64‐79 頁

小笠原英司（2004）『経営哲学序説―経営学的経営哲学の構想―』文眞堂

小倉栄一郎（1970）「経営理念と宗教―二事例による試論」『滋賀大学経済学部附属史料館研究紀要』第 3 号、1‐30 頁

小椋康宏（2009）「経営教育の体系と枠組み―経営者教育と管理者教育」日本経営教育学会編『経営教育論』中央経済社、3‐24 頁

小椋康宏（2014）「日本企業の経営力創成と経営者教育モデル」東洋大学経営力創成研究センター編著『日本企業の経営力創成と経営者・管理者教育』学文社、1‐27 頁

小倉幸雄（2016）「長寿企業における『長寿性』の研究―菩薩行を中心として―」『岐阜経済大学論集』第 49 巻第 2・3 号、17‐39 頁

大橋靖雄（2011）「ほとけの教えに基づくマネジメントの展開―経営仏教論序説―」『経営学研究』第 20 巻第 3・4 号、355‐368 頁

老川芳明（2002）『起業の遺伝子』経済界

岡田耕一郎（2000）「経営理念の形成と発展―ダスキンにおける経営理念の精緻化のプロセス―」佐藤邦廣・石川文康・半田正樹編著『ビジネスにおける知の饗宴』学文社、128－153頁

岡村篤（2011）「次世代経営者育成の現状」野村マネジメントスクール・野村総合研究所編『トップが語る次世代経営者育成法』日本経済新聞出版社、39－60頁

大河内暁男（1979）『経営構想力』東京大学出版会

小野桂之介（2009）「日本における MBA 教育発展史」慶應義塾大学大学院経営管理研究科『検証ビジネススクール　日本で MBA を目指す全ての人に』慶應義塾大学出版会、24－27頁

大野貴司（2014）『人間性重視の経営戦略論―経営性と人間性の統合を可能とする戦略理論の構築にむけて―』ふくろう出版

大野貴司（2015）「組織の人間性と経営性の統合の企業家史的接近―波多野鶴吉の経営思想と企業家行動の検討から―」『岐阜経済大学論集』第48巻第2・3号、47－64頁

大野貴司（2020a）「経営学の経営実践への貢献可能性に関する一考察―経営学理論と経営実践の統合にむけて―」『帝京経済学研究』第54巻第1号、33－55頁

大野貴司（2020b）「わが国（日本）における経営者教育の展開可能性」『日本近代學研究』第70輯、265－293頁

大野貴司（2021）「わが国経営者の経営哲学に果たす宗教の役割に関する一考察」『帝京経済学研究』第55巻第1号、43－70頁

大野貴司（2022）「経営者と企業の社会的責任に関する一考察 ―現代企業の経営者は社会的責任をどのように捉えるべきなのか？―」『帝京経済学研究』第56巻第1号、45－61頁

小野琢（2013）「山城章―主体的な企業観・実践経営学の確立者―」経営学史学会監修、片岡信之編著『経営学史叢書 XIV　日本の経営学説 II』文眞堂、82－106頁

O'Rilly, C.A. & Tushman, M.L.（2016）, *Lead and Disrupt : How to Solve the Innovator's Dilemma*, The Board of Trustees of the Leland Stanford Junior University.（入山章栄監訳『両利きの経営「二兎を追う」戦略が未来を切り拓く』東洋経済新報社、2019年

大下徳也（2001）『ダスキンの崩壊』文芸出版

太田康広・坂爪裕（2009）「卒業生600人・企業150社が本音で語った MBA の価値」慶應義塾大学大学院経営管理研究科編『検証ビジネススクール　日本で

MBA を目指す全ての人に』慶應義塾大学出版会、36 - 60 頁

乙政佐吉・近藤隆史（2015）「顧客満足度向上を通じた財務成果獲得のためのマネジメントに関する研究―星野リゾートの事例を通じて―」『日本管理会計学会誌』第 23 巻第 1 号、43 - 60 頁

Peppers, D. & Rogers, R.（1993）, *The One to One Future*, Bantam Doubleday Dell Publishing.（井関利明監訳『One to One マーケティング―顧客リレーションシップ戦略―』ダイヤモンド社、1995 年）

Post, J. E., Frederick, W. C., Lawrence, A. T. & Weber, J.（1996）, *Business and Society Corporate Strategy, Public Policy, Ethics（Eight Edition）*, McGraw-Hill.

Post, J. E., Lawrence, A. T. & Weber, J.（2002）, *Business and Society : Corporate Strategy, Public Policy, Ethics*, McGraw-Hill.（松野弘・小阪隆秀・谷本寛治監訳『企業と社会（上）―企業戦略・公共政策・倫理―』ミネルヴァ書房、2012 年）

Prahalad, C. K. & Bettis, R. A.（1986）, "The Dominant Logic: A New Linkage Between Diversity and Performance, "*Strategic Management Journal*, Vol.7, pp.485 - 501.

Porac, J. F. & Thomas, H.（1990）, "Taxonomic Mental Models of Competitor Definition,"*Academy of Management Review*, Vol.15, No.2, pp.224 - 240.

Rousseau, D. M.（2005）, "Is There such a Thing as "Edivence-Based Management"？, "*Academy of Management Review*, Vol.31, No.2, pp.256 - 269.

Rousseau, D. M.（2012）, "Envisioning Evidence-Based Management," In Rousseau, D. M., *The Oxford Handbook of Evidence-Based Management*, Oxford University Press, pp.3 - 24.

斎藤毅憲（1988）『現代の経営教育』中央経済社

櫻田大造（2011）『大学教員　採用・人事のカラクリ』中央公論新社

櫻井克彦（1976）『現代企業の社会的責任』千倉書房

佐藤聡彦（2010）「経営者のリーダーシップに関する一考察―経営者のリーダーシップにおける『創造性』と『社会性』―」『経営学研究論集』第 32 号、129 - 144 頁

佐藤聡彦（2012）「経営学における『経営実践』に関する一考察―経営学との関係について―」『経営学研究論集』第 36 号、183 - 197 頁

佐藤聡彦（2013）「経営者哲学に関する一考察―哲学形成の視点から―」『経営学研究論集』第 39 号、37 - 55 頁

芹川博通（1987）『宗教的経済倫理の研究』多賀出版

渋沢栄一（2008）『論語と算盤』KADOKAWA

島田裕巳（2013）『7 大企業を動かす宗教哲学』角川書店

清水龍瑩（1983）『経営者能力論』千倉書房

清水龍瑩（1997）「企業倫理と日本的経営」『三田商学論集』第 40 巻第 5 号、45 –
　　67 頁

島薗進（1992）「現代日本の経済と宗教　経営と勤労に関する宗教＝倫理的教説の
　　役割」『東洋学術研究』第 31 巻第 1 号、41 – 51 頁

塩澤好久・住原則也（2014）「天理教信仰と企業経営の狭間で見えてくるもの―事
　　業は、損得で考えるのではなく善悪で考える―」住原則也編『経営と宗教―メ
　　タ理論の諸相』東方出版、114 – 143 頁

Schön, D.（1983）, *The Reflective Practitioner : How Professionals Think in Action*, Basic
　　Books.（柳沢昌一・三和建二監訳『省察的実践とは何か―プロフェッショナル
　　の行為と思考』鳳書房、2007 年）

朱亮（2014）「キヤノン電子経営者・酒巻久氏に与えたドラッカーの影響に関する
　　研究―製造企業の経営者に与えたドラッカーの影響を中心にして―」『東洋大
　　学大学院紀要』第 51 号、79 – 101 頁

朱亮（2016）「日本の経営者に与えたドラッカーの影響に関する研究―経営学説か
　　ら戦略経営論への再構成一」東洋大学大学院経営学研究科博士論文

祖田修（1976）「波多野鶴吉の地域計画―郡是製糸成立の歴史的意義―」『社会科学
　　研究年報』第 7 号、50 – 68 頁

住原則也（2008）「先行文献から見る経営理念研究―綜合的アプローチ事例と世代
　　間経営理念継承の事例―」住原則也・三井泉・渡邊祐介編『経営理念　継承と
　　伝播の経営人類学的研究』PHP 研究所、65 – 96 頁

住原則也（2009）「『お道』と企業経営―天理教信仰と事業が融合する論理のありか
　　と実例」中牧弘允・日置弘一郎編『会社のなかの宗教―経営人類学の視点』東
　　方出版、21 – 43 頁

住原則也（2014a）「『『メタ理念』『精神財』、宗教と経営（者）の関係の諸類型」住
　　原則也編『経営と宗教―メタ理論の諸相』東方出版、17 – 40 頁

住原則也（2014b）「ゾロアスター教徒の造ったインドの巨大財閥―タタ・グループ
　　の経営理念に見られる『包摂的合理主義』の精神」住原則也編『経営と宗教―
　　メタ理論の諸相』東方出版、189 – 221 頁

住原則也（2020）『命知と天理　青年実業家・松下幸之助は何を見たのか』天理教
　　道友社

鈴木清一（1973）『われ損の道をゆく』日本実業出版社

鈴木清一（1974）「祈りの経営」赤松勇太郎・大庫典雄・鈴木清一・茅野弘・信元
　　安貞・村上松夫『私の経営（第 2 集）』日本工業新聞社、75 – 116 頁

鈴木清一著、浅野喜起監修（1997）『鈴木清一のことば　ダスキン祈りの経営』致

知出版

高巌（2009）「経営哲学とは何か：7つの定義」京都大学京セラ経営哲学寄附講座
　　編『経営哲学を展開する―株主市場主義を超えて―』文眞堂、21－57頁

高田馨（1967）「経営哲学―とくに経営理念論について―」『経済論叢』第100巻第
　　5号、403－421頁

高田馨（1984）『経営者の社会的責任』千倉書房

高田馨（1985）「経営学と経営実践」『追手門経済論集』第20号、1－16頁

高田馨（1988）『経営の倫理と責任』千倉書房

高橋正巳（1994）「駒井茂春とダスキンの『祈りの経営』」『仏教経済研究』第23
　　号、247－256頁

武井昭（1994）「経営者の宗教意識と日本的経営」『仏教経済研究』第23号、165－
　　178頁

田坂広志（1997）「デカルト的パラダイムからの脱却　複雑系の七つの知」週刊ダ
　　イヤモンド編集部・ダイヤモンドハーバード・ビジネス編集部編『複雑系の経
　　済学』ダイヤモンド社、205－272頁

田中一弘（2014）『「良心」から企業統治を考える』東洋経済新報社

田中聡（2021）『経営人材育成論　新規事業創出からミドルマネジャーはいかに学
　　ぶか』東京大学出版会

田中照純（1998）『経営学の方法と歴史』ミネルヴァ書房

Thompson,A., Mabey, C., Storey, C., Gray, C. & Lles. P.（2001）, *Changing Patterns of Management Development*, Blackwell.

東洋大学経営力創成センター編（2012）『経営者と管理者の研究』学文社

土屋守章（1980）『企業の社会的責任』税務経理協会

土屋喬雄（2002）『日本経営理念史』麗澤大学出版会

辻井清吾（2004）「日本の近代化におけるキリスト教的経営のあり方―武藤山治と
　　大原孫三郎の経営理念を事例として―」『日本経営倫理学会誌』第11号、75－
　　81頁

辻村宏和（1995）『組織化技能への接近　経営組織論の実学性』成文堂

辻村宏和（2001）『経営者育成の理論的基盤―経営技能の習得とケース・メソッド
　　―』文眞堂

辻村宏和（2002）「経営教育」経営学史学会編『経営学史事典』文眞堂、153－156頁

辻村宏和（2007）「経営教育学序説―中心的『命題及び仮説』の意義」『創価経営論
　　集』第31巻第1号、51－62頁

辻村宏和（2008a）「経営教育学序説―中心的『命題及び仮説』の意義」『経営教育

研究』第 11 巻第 1 号、59 - 71 頁

辻村宏和（2008b）「経営学と経営者の育成」経営学史学会編『現代経営学の新潮流
　　　—方法、CSR・HRM・NPO—　経営学史学会年報　第 15 輯』文眞堂 46 - 60 頁

辻村宏和（2009）「『経営者育成の理論＝経営教育学』構想—中心的『命題・仮説』
　　　を支える下位仮設の整理及び傍証」日本経営教育学会編『経営教育論』中央経
　　　済社、25 - 44 頁

辻村宏和（2018a）「経営教育学序説—経営者の『主客合一性』と一人称レベルの持
　　　論—」『経営教育研究』第 21 巻第 1 号、37 - 45 頁

辻村宏和（2018b）「経営学の"実践性"と経営者教育論（経営教育学）の構想」経
　　　営学史学会編『経営学史研究の挑戦　経営学史学会年報　第 25 輯』文眞堂、
　　　36 - 50 頁

辻村宏和（2019）「経営教育学序説—実践概念と経営手腕概念による経営教育学の
　　　公理的体系化—」『経営教育研究』第 22 巻第 2 号、27 - 36 頁

塚本明子（2008）『動く知フロネーシス—経験にひらかれた実践知』ゆるみ出版

植松忠博（1998a）「土光敏夫の宗教と経済活動」『国民経済雑誌』第 177 巻第 2 号、
　　　35 - 48 頁

植松忠博（1998b）『信仰とビジネス』大修館書店

占部都美（1980）『経営学原理』白桃書房

王向華（2008）「『経営理念』が『経営風土』に遭遇したとき—ヤオハン香港」住原
　　　則也・三井泉・渡邊祐介編『経営理念　継承と伝播の経営人類学的研究』PHP
　　　研究所、207 - 231 頁

Weber, M.（1905）, *Die protestantische Ethik und der "Geist" des Kapitalismus*, J.C.B.
　　　Mohr.（大塚久雄訳『プロテスタンティズムの倫理と資本主義の精神』岩波書
　　　店、1989 年）

Weber, M.（1920）, *Gesammelte Aufsätze zur Religionssoziologie*, J.C.B. Mohr.（大塚久
　　　雄・生松敬三訳『宗教社会学論選（新装版）』みすず書房、2019 年）

Weick, K. E.（1969）, *The Social Psychology of Organizing*, McGraw-Hill.（遠田雄志訳
　　　『組織化の社会心理学』文眞堂、1997 年）

八木陽一郎（2012）『内省とリーダーシップ—後継経営者はいかにしてリーダーへ
　　　と成長するか—』白桃書房

山本安次郎（1959）「経営学の学的性格の問題—実践科学説を中心に—」『彦根論
　　　叢』第 59・60・61 号、140 - 155 頁

山本安次郎（1971）『経営学本質論』森山書店

山本安次郎（1982）「経営存在論」山本安次郎・加藤勝康編著『経営学原論』文眞

堂、14 − 46 頁

山本安次郎（1989）「経営存在論から経営発展論へ─経営学本格化への道の探求─」
　　『彦根論叢』第 258・259 号、3 − 30 頁

山城章（1968）『新講経営学』中央経済社

山城章（1970）『経営原論』丸善

山城章（1976）『日本的経営論』丸善

山城章（1982）『経営学（増補版）』白桃書房

山城章（1990）「実践学としての経営学」日本経営教育学会経営教育ハンドブック
　　編集委員会編『経営教育ハンドブック』同文館出版、5 − 16 頁

柳原範夫（1999）「実践経営の課題と教育」森本三男編著『実践経営の課題と経営
　　教育』学文社、19 − 37 頁

吉田優治（2003）「『戦略的組織学習のための創造的マネジメント教育』検討のため
　　のモデル 1・2・3・4」『国府台経済研究』第 14 巻第 2 号、13 − 21 頁

吉田優治（2007）「経営者交代と経営教育：㈱ミスミの事例を手がかりとして」『創
　　価経営論集』第 31 巻第 3 号、63 − 74 頁

吉原英樹（2014）『「バカな」と「なるほど」　経営成功の決め手！』PHP 研究所

参考資料

中央公論新社『中央公論』2021 年 1 月号

ダイヤモンド社『週刊ダイヤモンド』2021 年 2 月 6 日号

毎日新聞社『毎日新聞（オンライン）』2021 年 2 月 18 日

日経 BP『日経ビジネス』2021 年 12 月 27 日号・2022 年 1 月 3 日号

PHP 研究所『衆知』2021 年 7 月 8 日号

レコフデータ『MARR』2020 年 10 月号

参考 URL

ほくらの履歴書「星野佳路の履歴書｜星野リゾートが「ボロボロの宿」だった頃。
　　お金はない、人も採れない、ビジョンはある」
　　https://employment.en-japan.com/myresume/entry/2020/04/14/103000（最終アクセ
　　ス 2023 年 8 月 13 日）

B-plus「スペシャルインタビュー　株式会社星野リゾート代表取締役社長星野佳路
　　日本の観光産業に変化をもたらす星野リゾートのマネジメント戦略」https://

272

www.business-plus.net/special/1008/158901.shtml（最終アクセス 2023 年 8 月 13 日）

CiNii　　https://ci.nii.ac.jp/（最終アクセス 2023 年 8 月 13 日）

Google Scholar　https://scholar.google.co.jp/schhp?hl=ja&as_sdt=0,5（最終アクセス 2023 年 8 月 13 日）

IASMR ホームページ　https://www.iamsr.org/（最終アクセス 2023 年 8 月 13 日）

一般社団法人日本アスペン研究所ホームページ　https://www.aspeninstitute.jp/（最終アクセス 2023 年 8 月 13 日）

出光興産株式会社ホームページ「誓いの言葉」
　　https://www.idemitsu.com/jp/enjoy/history/idemitsu/founder/archive/53.html（最終アクセス 2023 年 8 月 13 日）

出光興産株式会社ホームページ「経営の原点・企業理念」
　　https://www.idemitsu.com/jp/company/philosophy/index.html（最終アクセス 2023 年 8 月 13 日）

星野リゾートホームページ　https://www.hoshinoresorts.com/（最終アクセス 2023 年 8 月 13 日）

一般社団法人日本アスペン研究所ホームページ　https://www.aspeninstitute.jp/（最終アクセス 2023 年 8 月 13 日）

株式会社ダスキンホームページ　https://www.duskin.co.jp/（最終アクセス 2023 年 8 月 13 日）

株式会社帝国データバンクホームページ「特別企画：全国『社長年齢』分析調査（2021 年）」https://www.tdb.co.jp/report/watching/press/pdf/p220301.pdf（最終アクセス 2023 年 8 月 13 日）

株式会社東京証券取引所（2015）「コーポレートガバナンス・コード〜会社の持続的な成長と中長期的な企業価値の向上のために〜」https://www.jpx.co.jp/news/1020/nlsgeu000000xbfx-att/code.pdf（最終アクセス 2023 年 8 月 13 日）

株式会社東京証券取引所（2018）「コーポレートガバナンス・コード〜会社の持続的な成長と中長期的な企業価値の向上のために〜（改訂版）」https://www.jpx.co.jp/rules-participants/public-comment/detail/d1/nlsgeu0000031fnd-att/nlsgeu0000031fpg.pdf（最終アクセス 2023 年 8 月 13 日）

株式会社東京商工リサーチホームページ「社長の平均年齢 過去最高の 62.77 歳 2021 年『全国社長の年齢』調査」https://www.tsr-net.co.jp/news/analysis/20220425_01.html（最終アクセス 2023 年 8 月 13 日）

株式会社山城経営研究所ホームページ　https://kae-yamashiro.co.jp/（最終アクセス 2023 年 8 月 13 日）

経済産業省（2022）「コーポレート・ガバナンス・システムに関する実務指針（CGS ガイドライン）」https://www.meti.go.jp/policy/economy/keiei_innovation/keizaihou sei/pdf/cgs/guideline2022.pdf（最終アクセス 2023 年 8 月 13 日）

企業組織の変革に関する研究会（2021）「プライム市場時代の新しい企業組織の創 出に向けて〜生え抜き主義からダイバーシティ登用主義への変革〜企業組織の 変革に関する研究会 報告書」https://www.cas.go.jp/jp/seisaku/seicho/PJT/houkoku sho.pdf（最終アクセス 2023 年 8 月 13 日）

金光教ホームページ「あいよかけよの生活運動」 http://www.konkokyo.or.jp/undou/ aiyokakeyo/movement/movement.html（最終アクセス 2023 年 8 月 13 日）

ミツトヨグループ理念体系 https://www.mitutoyo.co.jp/corporate/idea/（最終アクセ ス 2023 年 8 月 13 日）

中川先生のやさしいビジネス研究
https://www.youtube.com/channel/UCS89vRmX0PfWxmJWOjJq6ZA（最終アクセ ス 2023 年 8 月 13 日）

「日本再興戦略」改訂 2014 ― 未来への挑戦 https://www.kantei.go.jp/jp/singi/keizai saisei/pdf/honbun2JP.pdf（最終アクセス 2023 年 8 月 13 日）

日 本 取 引 所 グ ル ー プ ホ ー ム ペ ー ジ FAQ https://faq.jpx.co.jp/disclo/tse/web/ knowledge6921.html（最終アクセス 2023 年 8 月 13 日）

日本取引所グループホームページ「改訂コーポレートガバナンス・コードの公表」 https://www.jpx.co.jp/news/1020/20210611-01.html（最終アクセス 2023 年 8 月 13 日）

スチュワードシップ・コードに関する有識者検討会（2020）「責任ある機関投資家」 の諸原則≪日本版スチュワードシップ・コード≫〜投資と対話を通じて企業の 持続的成長を促すために〜 https://www.fsa.go.jp/news/r1/singi/20200324/01.pdf （最終アクセス 2023 年 8 月 13 日）

著者紹介

大野　貴司（おおの　たかし）

帝京大学経済学部・大学院経済学研究科教授

略歴
1977 年　埼玉県浦和市（現さいたま市）生まれ
2001 年　明治大学経営学部卒業
2003 年　明治大学大学院経営学研究科博士前期課程修了　修士（経営学）
2006 年　横浜国立大学大学院国際社会科学研究科博士後期課程単位取得退学
岐阜経済大学（現岐阜協立大学）経営学部専任講師、准教授、東洋学園大学現代経営
学部准教授、教授、帝京大学経済学部、同大学院経済学研究科准教授を経て
2022 年　現職

主要業績
『人間性重視の経営戦略論 ―経営性と人間性の統合を可能とする戦略理論の構築にむ
けて―』ふくろう出版、2014 年
『スポーツマネジメント論序説 ―理論と実践の統合を可能とするマネジメント理論の
構築にむけて―』三恵社、2021 年
『経営者育成の経営学 ―脈打つグッドウィルを基盤としたダイナミズム―』櫻門書
房、2015 年（分担執筆）

現代企業の経営者論
―経営実践と経営学理論の統合にむけて―

2023年 12 月25日　第 1 刷発行

著　者　大野貴司
発行者　黒川美富子
発行所　図書出版　文理閣
　　　　京都市下京区七条河原町西南角 〒 600-8146
　　　　TEL（075）351-7553　　FAX（075）351-7560
　　　　http://www.bunrikaku.com
印刷所　亜細亜印刷株式会社
© OHNO Takashi 2023
ISBN978-4-89259-944-6